铝的物质流分析与生态环境影响研究

陈伟强 刘 刚 石 磊 王婉君 等 著

科学出版社
北京

内 容 简 介

本书从国家和全球两个尺度构建了系统的铝的物质流分析框架，研究了铝在社会经济系统中的源与汇和全生命周期流动路径，探索了铝的物质流动规律与时空分布特征；结合生命周期评价方法，探讨了铝存量和流量变化及其驱动能源需求与温室气体排放的未来趋势和情景，提出了促进我国和全球铝工业节能减排、实现铝工业碳中和目标与可持续发展的建议。

本书可作为产业生态学与循环经济研究方向研究生的学习用书，也可供生态、环保、区域经济、可持续发展、产业管理等领域的科技人员和管理人员参考，还可作为高等院校环境学、经济学、生态学、材料学等专业师生的扩展读物。

图书在版编目（CIP）数据

铝的物质流分析与生态环境影响研究/陈伟强等著. —北京：科学出版社，2023.12
ISBN 978-7-03-076536-9

Ⅰ.①铝… Ⅱ.①陈… Ⅲ.①铝工业–环境资源–资源管理–研究–中国 ②铝工业–生态环境–环境影响–研究–中国 Ⅳ.①F426.32 ②X37 ③X822.5

中国国家版本馆 CIP 数据核字（2023）第 189455 号

责任编辑：马　俊　郝晨扬 / 责任校对：郑金红
责任印制：肖　兴 / 封面设计：无极书装

科学出版社 出版
北京东黄城根北街 16 号
邮政编码：100717
http://www.sciencep.com

北京九州迅驰传媒文化有限公司印刷
科学出版社发行　各地新华书店经销

*

2023 年 12 月第 一 版　开本：720×1000　1/16
2024 年 5 月第二次印刷　印张：13 3/4
字数：277 000

定价：198.00 元
（如有印装质量问题，我社负责调换）

前 言

金属是支撑现代社会生产和生活方式必不可少的物质基础。然而,自20世纪以来,全球金属生产、消费和贸易量持续快速增长,带来了资源耗竭、生态破坏和环境污染等可持续发展挑战。2000年以后,我国几乎所有金属的生产量和消费量都飞速增长,目前已有30多种金属矿产的消费量位居世界第一。总体来讲,我国金属资源生产和消费面临资源储量不足,现阶段单位经济产出的资源投入过高,再生循环利用比例较小,冶金工业的能耗和碳排放量大,以及金属供应链复杂和产业风险过大等多方面的严峻挑战。

铝是生产和消费量仅次于钢铁的金属,也是生产和消费量最大的有色金属。2000年以后,我国电解铝的生产和消费量持续快速增长,到2004年我国的铝生产和消费均已位居世界第一。2021年,我国电解铝的产量达3850万t,占世界总产量的57%。相应地,前述我国金属工业所面临的挑战在铝工业上得到了全方位和深刻的体现。因此,科学地回答如下问题就显得重要而紧迫:①全球各国特别是发达国家的铝生产和消费发展历程有何规律?②我国过去几十年——特别是21世纪以来——生产和消费了多少铝,这些铝应用在何处,这种生产和消费体现了怎样的规律和特征,背后有怎样的驱动力?③铝的世界贸易体系是怎样的,在这个贸易体系中,各个国家特别是我国占有怎样的地位,面临哪些风险?④铝的全生命周期过程具有哪些和多大的生态环境影响,特别是在气候变化日益严峻的背景下,铝工业作为高能耗工业具有怎样的气候变化影响?⑤如何在确保人类福祉得到满足的情况下,实现铝工业的安全、高效、低碳和绿色可持续发展?本书正是为回答上述问题而写的。

本书的主体内容建立在陈伟强和刘刚的博士论文基础上。书中内容凝聚着陈伟强的导师钱易院士、汤姆·格雷德尔(Tom Graedel)院士、石磊教授和刘刚的导师丹尼尔·穆勒(Daniel Müller)教授的心血,并汇聚了陈伟强和刘刚所指导的学生王婉君、陈伍、代敏、卢浩洁、科尔顿·班斯(Colton Bangs)等的工作。

2006年,在清华大学任教的石磊教授受中国铝业股份有限公司委托,开展一项题为"中国铝业物质流分析及循环经济发展对策研究"的项目,使得当时在钱易院士和石磊教授指导下的博士生陈伟强以此为契机开展研究,并于2010年完成了题为《中国铝存量与流量分析：环境影响、需求模拟及政策启示》的博士论文。巧合的是，就在陈伟强完成博士论文的前一年，也就是 2009 年底，美国铝业协会委托耶鲁大学产业生态学研究中心主任汤姆·格雷德尔院士开展一项有关"北美金属铝的物质流、贸易和循环利用潜力"的研究，使得陈伟强在 2010 年完成博士论文之后顺利进入耶鲁大学，进一步开展铝和其他各种金属的生命周期物质流与环境影响评价研究。

另外，可能既是机缘巧合也是时代需求使然，刘刚的导师丹尼尔·穆勒教授于 2009 年从美国耶鲁大学回到欧洲并任教于挪威科技大学，随之受国际铝业协会、欧洲铝业协会和挪威海德鲁铝业有限公司等委托开展另一项有关金属铝的物质流、贸易和环境影响的研究，而刘刚则成为丹尼尔·穆勒教授的博士生并从事该项研究。此后，刘刚和陈伟强作为产业生态学学科中从事金属物质流分析的同行经常在一起开会交流。2015 年，陈伟强从耶鲁大学回国，加入了中国科学院城市环境研究所，并在国际铝业协会、国家自然科学基金委员会和中国科学院的资助下领导团队在这一领域继续耕耘；而刘刚则在 2015 年初任教于南丹麦大学，并在国际铝业协会、欧盟"地平线 2020"、丹麦独立研究基金等的资助下持续开展相关研究。

2020 年，在征得汤姆·格雷德尔院士、钱易院士、丹尼尔·穆勒教授和石磊教授以及多名其他合作者同意的前提下，陈伟强和刘刚商议决定在陈伟强的中文博士论文和双方此前发表的多篇英文论文的基础上，结合王婉君、陈伍、代敏和卢浩洁等学生的进一步工作，重新整理大纲并补充部分内容，汇聚成本书。本书各章的主要作者如下。

第 1 章，王婉君、陈伟强、石磊；第 2 章，陈伟强、石磊、钱易；第 3 章，陈伟强、石磊、钱易；第 4 章，陈伟强、石磊、钱易；第 5 章，陈伟强、汤姆·格雷德尔；第 6 章：刘刚、丹尼尔·穆勒；第 7 章，刘刚、丹尼尔·穆勒、科尔顿·班斯；第 8 章，刘刚、丹尼尔·穆勒；第 9 章，王婉君、陈伟强、刁周玮、卢卡·西亚奇（Luca Ciacci）、莱拉·普尔扎赫迪（Leila Pourzahedi）、马修·J. 埃克尔曼（Matthew J. Eckelman）、杨易、石磊；第 10 章，代敏、汪鹏、陈伟强、刘刚；第 11 章，卢浩洁、王婉君、代敏、陈伟强、石磊；第 12 章，刘刚、科尔顿·班斯、丹尼尔·穆勒；第 13 章，陈伟强、王婉君。

一本书的出版，需要很长的过程和大量烦琐而具体的工作。也正是这种巨大的工作量，让作者很长一段时间不敢下决心将研究内容汇集成书。所幸，有科学出版社编辑坚定的支持和耐心、细致的工作，有陈伍、朱文松、刘仟策、王婉君、卢浩洁和毛婷等同学花费大量时间完成了部分英文论文的翻译和校对，才使得本书的作者最终将其校核完毕，得以呈现给读者。

由于作者的知识和能力所限，本书不足之处在所难免，很多章节的数据也难以更新到最新年份，恳请读者批评指正。我们衷心希望本书的研究思想、方法、结果和建议能够对读者有一些启发，以促进金属物质流相关研究的进一步完善，从而助力中国铝工业实现循环、低碳和可持续发展。

陈伟强

2023 年 6 月于厦门

目　录

前言
第1章　绪论 ··· 1
　1.1　研究背景 ·· 1
　　1.1.1　铝工业规模迅速扩张导致了严峻的资源环境问题 ············· 1
　　1.1.2　气候变化背景下铝工业的低碳发展面临巨大压力 ············· 3
　　1.1.3　铝国际贸易的飞速发展致使国家间贸易摩擦加剧 ············· 6
　　1.1.4　城市矿产将超越铝土矿成为铝原材料的重要来源 ············· 8
　1.2　研究问题的提出 ··· 10
　1.3　研究目的、内容和意义 ·· 11
　　1.3.1　研究目的 ·· 11
　　1.3.2　研究内容 ·· 11
　　1.3.3　研究意义 ·· 12
　1.4　本书的结构与技术路线 ·· 12
第2章　铝的物质流分析方法介绍 ····································· 14
　2.1　物质流分析方法简介 ··· 14
　　2.1.1　物质流分析方法概述 ······································ 14
　　2.1.2　物质流分析的关键术语 ··································· 15
　　2.1.3　物质流分析的基本步骤 ··································· 18
　2.2　金属元素的物质流分析模型 ·································· 19
　　2.2.1　针对流量的静态模型 ······································ 19
　　2.2.2　针对存量的静态模型 ······································ 21
　　2.2.3　流量驱动的动态物质流分析模型 ······················· 21
　　2.2.4　存量驱动的动态物质流分析模型 ······················· 26
　2.3　铝的物质流分析的研究进展 ·································· 27
第3章　经济系统铝的生命周期流量与存量解析 ················· 29
　3.1　铝的生命周期解析框架 ·· 29

3.2 铝的存量与流量的识别和分类 ········30
3.3 生产阶段含铝产品的识别与分类 ········32
3.3.1 铝土矿开采 ········32
3.3.2 氧化铝冶炼 ········33
3.3.3 原生铝电解 ········34
3.3.4 原生铝铸锭 ········34
3.4 加工与制造阶段含铝产品的识别与分类 ········35
3.4.1 铝合金的分类 ········35
3.4.2 铝半成品的加工 ········36
3.4.3 含铝最终产品的制造 ········37
3.5 使用阶段含铝产品的识别与分类 ········38
3.6 废物管理与循环阶段含铝产品的识别与分类 ········38
3.6.1 新铝废料的循环利用 ········40
3.6.2 旧铝废料的循环利用 ········40
3.6.3 铝的不断循环利用的有限性 ········42
3.7 铝在其生命周期中的损失 ········43
3.8 铝的全生命周期进出口 ········44
3.9 金属态铝的源与汇及其循环特征 ········45

第4章 中国铝的存量与流量分析 ········47
4.1 研究方法 ········47
4.1.1 系统边界的确定 ········47
4.1.2 流量的核算方法 ········47
4.1.3 存量的核算方法 ········52
4.1.4 数据来源与处理 ········53
4.2 流量及其结构的变化 ········62
4.2.1 产量及其结构的变化 ········63
4.2.2 进出口量及其结构的变化 ········68
4.2.3 表观消费量与净进口依存度的变化 ········72
4.2.4 损失量及其结构的变化 ········81
4.3 存量及其结构的变化 ········84

| 4.3.1 铝土矿存量及其减少量 ································· 85
| 4.3.2 在用存量及其增加量 ··································· 87
| 4.3.3 损失存量及其增加量 ··································· 89
| 4.3.4 国内总存量及其分布 ··································· 90
| 4.4 本章启示 ··· 91
第 5 章 美国铝的存量与流量分析 ······································ 92
| 5.1 研究方法 ··· 92
| 5.1.1 范围和系统边界 ······································· 92
| 5.1.2 数据分类和准备 ······································· 92
| 5.2 流量分析 ··· 92
| 5.2.1 铝的贸易量与组成分析 ································· 94
| 5.2.2 铝土矿和氧化铝的生产 ································· 95
| 5.2.3 进入加工环节的未锻轧铝 ······························· 96
| 5.2.4 进入制造环节的铝半成品 ······························· 97
| 5.2.5 铝在用存量的流入、流出及其变化 ······················· 98
| 5.2.6 铝废料的回收 ··· 99
| 5.2.7 铝损失、出口的报废产品以及进入休眠存量的铝 ··········· 100
| 5.2.8 美国社会经济系统铝的流入、流出和累积 ················· 101
| 5.3 存量分析 ··· 102
| 5.3.1 国内总存量及存量的不同分布 ··························· 102
| 5.3.2 绝对和人均在用存量的数量与构成 ······················· 103
| 5.4 本章启示 ··· 103
第 6 章 铝的全球物质流动网络分析 ···································· 105
| 6.1 研究方法 ··· 105
| 6.2 铝产品的生产和使用模式以及国家和地区尺度的铝的物质流分析 ······ 108
| 6.3 含铝产品的贸易网络和贸易模式 ······························· 110
| 6.4 基于贸易的全球铝的物质流网络及其影响 ······················· 111
| 6.5 本章启示 ··· 113
第 7 章 全球各国铝在用存量的演化特征 ································ 114
| 7.1 研究方法 ··· 114
| 7.2 铝的在用存量和铝土矿储量 ··································· 116

7.3 铝存量的历史演变特征························120
7.4 存量估计的不确定性························123
7.5 本章启示································124

第 8 章 铝的生命周期评价研究综述························126
8.1 铝的生命周期评价方法介绍························126
8.2 铝的生命周期评价研究现状评述························128
    8.2.1 研究范围有限且系统边界各异························128
    8.2.2 已形成行业级的通用清单数据························128
    8.2.3 回收利用环节的环境负荷分配问题························129
    8.2.4 多数仅关注能源和温室气体排放指标························130
8.3 现有研究结果存在较大差异的原因························130
    8.3.1 系统边界的差异························131
    8.3.2 行业级通用清单数据不准确························132
    8.3.3 回收利用环节环境负荷分配方法的差异························134
    8.3.4 评估使用阶段的收益方法的差异························135
    8.3.5 是否纳入更多的环境指标························136
8.4 生命周期评价在解决铝行业的可持续发展问题中的优势和不足······136
8.5 本章启示································137

第 9 章 铝贸易的多维效应分析························138
9.1 研究方法································139
    9.1.1 系统边界的确定························139
    9.1.2 数据来源和计算方法························139
9.2 各国铝贸易的总体收益和贡献························142
9.3 资源维度································143
9.4 经济维度································144
9.5 能源和环境维度························145
9.6 贸易不平衡的原因························147
9.7 本章启示································149

第 10 章 中国未来铝的物质流情景分析························152
10.1 研究方法································152
    10.1.1 系统边界的确定与存量和流量识别························152

####### 10.1.2 模型计算与情景设置 ··· 153
10.2 中国未来铝的物质流变化特征 ·· 157
####### 10.2.1 铝的物质流概况：1950~2100年 ······························· 157
####### 10.2.2 在用存量快速累积并在未来达到饱和 ·························· 158
####### 10.2.3 需求量快速增长预示着未来铝废料的大量产生 ··············· 159
####### 10.2.4 原生铝产量下降而再生铝产量增加 ······························· 160
10.3 影响因素分析 ·· 161
10.4 中国进入废铝时代的挑战与机遇 ·· 165
####### 10.4.1 原生铝产量即将达峰 ··· 165
####### 10.4.2 中国即将进入废铝时代 ··· 165
####### 10.4.3 中国铝贸易结构的变化 ··· 166
####### 10.4.4 实现更可持续的铝的物质流 ·· 166

第11章 中国铝工业能耗和碳排放的情景预测 ·· 168
11.1 研究方法 ·· 168
####### 11.1.1 系统边界的确定 ··· 168
####### 11.1.2 计算模型 ··· 169
####### 11.1.3 情景设置与数据来源 ··· 169
11.2 全生命周期铝存量与流量分析 ··· 172
11.3 全生命周期能耗情景分析 ·· 174
11.4 全生命周期碳排放情景分析 ·· 176
11.5 铝工业实现"双碳"目标的挑战与途径 ····································· 177

第12章 全球铝工业能耗和碳排放的情景预测 ·· 179
12.1 研究方法 ·· 179
12.2 全球铝循环与碳排放量 ··· 181
12.3 全球人均铝在用存量 ·· 182
12.4 全球铝工业减排策略分析 ·· 183

第13章 铝及铝工业实现可持续发展的挑战和路径 ·································· 187
13.1 铝及铝工业可持续发展面临的挑战 ··· 187
####### 13.1.1 有限的铝土矿资源与持续增长的金属铝需求不相适应 ········ 187
####### 13.1.2 提高物质福利与铝工业节能减排要求之间存在矛盾 ·········· 188

- 13.1.3 垂直型国际分工和高生产集中度加重了贸易依赖，加大了供应风险 ········ 188
- 13.1.4 由产品差异导致的产业转移扩大了国家间不平等和全球环境影响 ········ 188
- 13.1.5 城市矿产储量持续增长，但回收利用水平亟待提高 ········ 189

13.2 对中国铝工业发展的启示 ········ 189
- 13.2.1 从全生命周期角度管理铝工业，提升资源效率，尽早实现"双碳"目标 ········ 189
- 13.2.2 推进铝工业产业升级，限制高资源、能源、环境强度产品出口 ········ 191
- 13.2.3 倡导和发展可持续消费，将中国铝在用存量控制在一定水平 ········ 193

13.3 对全球铝工业发展的启示 ········ 194
- 13.3.1 提升发展中国家铝工业技术水平，建立全球可持续生产方式 ········ 194
- 13.3.2 在全球范围大力发展再生铝产业，实现废铝高效利用 ········ 195
- 13.3.3 实现生活方式的可持续转型，降低铝的人均在用存量 ········ 195

参考文献 ········ 196

第1章 绪 论

1.1 研究背景

1.1.1 铝工业规模迅速扩张导致了严峻的资源环境问题

铝是地壳中分布最广泛的元素之一,其平均含量为 8.8%,仅次于氧和硅,居第三位,在金属元素中居第一位(潘复生和张丁非,2006)。铝及其合金密度小、热导率、电导率和反射率高,没有低温脆性,无磁性,安全性能、力学性能、表面处理性能和抗腐蚀性能良好,在国民经济的各个部门都获得了广泛的应用。在所有金属中,铝的生产和使用量仅次于钢铁;在有色金属中,铝的生产和使用量则是最大的。据文献介绍,全世界的铝制品已达 80 多万种(王祝堂和田荣璋,2005)。

现代铝工业生产的金属铝包括以铝土矿作为原材料的原生铝和以铝废料作为原材料的再生铝。由于铝在支撑社会经济系统中的重要作用,自 1888 年实现工业化生产以来,世界原生铝与再生铝的产量持续快速增长。如图 1.1 所示,1980~2019 年,世界原生铝产量从 1539.0 万 t 增长到 6369.7 万 t,增加了 3 倍多;再生铝产量的增长更为显著,从 451.4 万 t 增长到 3430.3 万 t,增加了 6 倍多。这一时期全球铝产量的快速增长主要是因为中国铝工业的飞速发展。中国原生铝产量从 39.7 万 t 增长至 3579.5 万 t(增加了近 90 倍),再生铝产量则由 13.5 万 t 增长至 1082.4 万 t(增加了近 80 倍),增幅远高于世界其他地区。原生铝、再生铝产量占世界的比例也急速扩大,从 1980 年的不到 3%分别增加至 2019 年的 56.2%和 31.6%。

世界铝工业飞速发展产生了严重的资源环境问题。这是由于铝工业是高耗能高污染产业,从铝土矿到原生铝的生产过程中会造成巨大的资源和环境影响,主要体现在:①铝土矿开采环节造成对资源和植被的破坏;②氧化铝冶炼环节消耗大量的能源和氢氧化钠等辅助原材料,并产生赤泥等有毒有害污染物;③电解铝冶炼环节消耗大量的电能,产生二氧化碳和全氟化碳等温室气体,并排放氟化物和废槽衬等有毒有害物质(AA,1998;EAA,2008;IAI,2003,2007)。相较之下,利用铝废料生产再生铝的能耗只有生产原生铝的 5%~10%(AA,1998;EAA,2008),环境排放量也比较小。但是,再生铝生产仍然产生二噁英、氯化物和烟尘等有毒有害物质，其环境影响也不可忽视。研究显示，2009 年，世界铝行业温室气体排放量占世界碳排放总量的 1.1%（Liu *et al.*, 2013）。

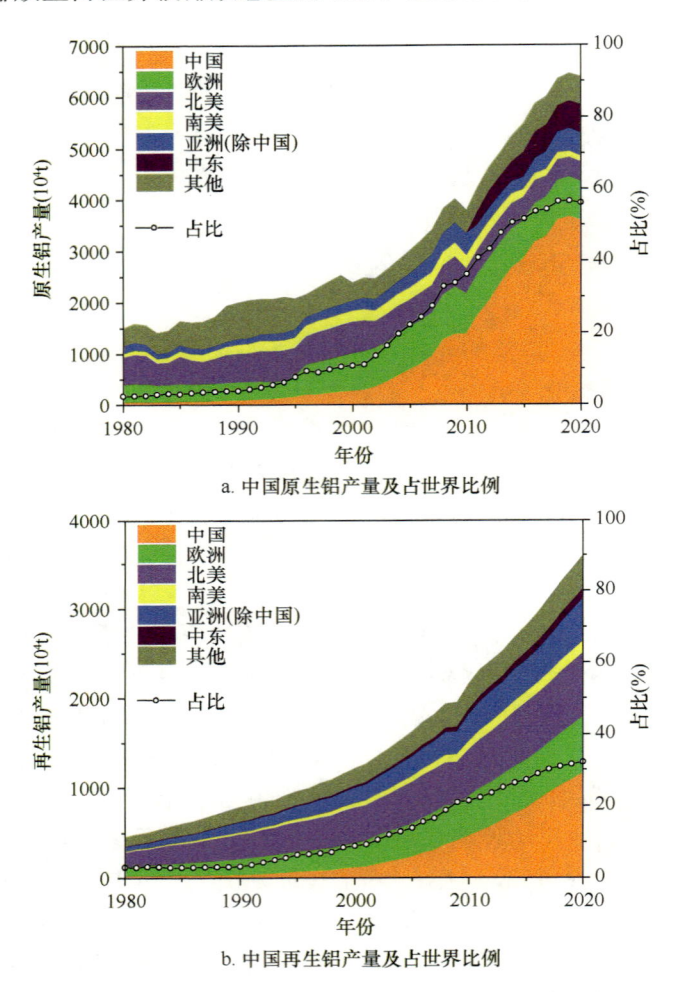

图 1.1　1980～2020 年世界主要地区原生铝、再生铝产量与中国产量占世界比例
数据来自国际铝业协会和《中国有色金属工业年鉴》

中国原生铝产量已占到世界总产量的一半以上，面临着更大的资源环境压力，主要体现在：①在资源方面，由于国内的铝土矿储量有限、铝废料产生量也比较少，中国铝土矿、氧化铝和铝废料的供应日趋紧张，因此不得不逐年增加进口量；同时，供应的紧张和价格上涨导致中国铝土矿乱采滥挖的现象比较严重，造成本就比较短缺的铝土矿资源的浪费；如果按 2015 年的采掘量计算，中国铝土矿的静态可供年限仅为 15 年，远低于世界水平（王东方和陈伟强，2018），而且国内采

掘量的一半以上来自开采损失率远高于国有矿山的民营或者集体矿山。②中国铝工业的能源消耗和温室气体排放量巨大且逐年持续递增，2016年中国原生铝生产共耗能0.57亿t标准煤，占全国能源消耗总量的1.3%，温室气体排放总量则达到1.24亿t CO_2eq。③在环境方面，与铝土矿开采相关的植被破坏、与氧化铝冶炼相关的赤泥排放，以及与原生铝电解相关的氟化物排放造成铝工业集中地区的生态破坏和环境污染问题日益严峻。

1.1.2 气候变化背景下铝工业的低碳发展面临巨大压力

气候变化已成为人类面临的严峻问题。由气候变化带来的海平面上升、洪水、干旱、森林火灾、海洋酸化等问题，不仅威胁全球生态系统的稳定性，还可能最终危害人类自身的生存。因此，减少温室气体排放成为实现全球可持续发展的关键。

全球每年排放约440亿t CO_2eq的温室气体，其中2/3来自能源和工业生产过程。在能源和工业生产过程中，工业排放是第一大来源（占比35%），而钢铁、水泥、纸、塑料和铝工业是较大的工业排放源（图1.2a，表1.1）。目前，铝工业碳排放量已占到全球总排放量的1.05%左右，是减排的关键产业。铝工业对中国实现低碳发展更为关键。由图1.2b所示，中国是制造业大国，建筑和制造业排放占能源和生产过程排放的67%，是世界占比水平（35%）的近两倍。中国铝工业排放量仅次于钢铁，占工业排放总量的6%，占能源和生产过程排放总量的4.02%，高于世界平均的1.05%。因此，铝工业对中国碳排放总量的影响远大于对世界的影响，实现铝工业低碳发展对中国的可持续发展具有重要意义。

考察铝工业各生产环节可知，电解铝生产环节的碳排放强度最高，其次是氧化铝生产环节（图1.3）。因此，降低氧化铝和电解铝生产环节的能耗与碳排放对实现铝工业节能减排尤为重要。事实上，自有记录以来，世界氧化铝和电解铝能耗强度持续下降，其中中国铝工业的能耗强度下降最为明显（图1.4），已低于世界平均水平。2019年，中国氧化铝生产的能耗强度仅为1998年的1/4，电解铝生产的能耗强度仅为1995年的80%。能耗强度的持续下降体现了2000年以来世界尤其是中国铝工业生产技术的持续进步。例如，中国氧化铝生产技术经历了从烧结法、混联法到拜耳法的转变；电解铝生产由自焙电解槽发展为预焙电解槽，电解槽电流强度从20世纪80年代的60kA到目前以400～600kA为主。这些技术的研发和应用极大地促进了铝工业节能降耗，为铝工业低碳化发展提供了机会。此外，中国自2003年开始淘汰铝工业落后产能，持续对铝土矿、氧化铝、电解铝和再生铝生产企业的工艺装备、能耗等提出要求。这些政策对提升行业技术水平起到了巨大的推动作用。但由于中国铝生产量持续扩大，技术进步所带来的能耗和碳排放强度的下降并未反映到铝工业总体能耗和碳排放上，铝工业的总体能耗和碳排放占工业比例仍较高。仅通过技术进步来降低铝工业的环境影响显然不可行，实现铝工业总体能耗和碳排放下降还需从控制产量入手。目前中国的电解铝产量已实行严格的总量控制，大致在 4200 万 t/a，氧化铝尚未出台类似的规范。但在供给侧结构性改革和铝工业转型升级的大背景下，可以预知，中国调控电解铝和氧化铝产能的决心不会变。中国铝工业有较大机会实现低碳化发展。但从全球层面来看，为满足各国持续发展经济和提升国民福利水平的需求，铝的消费量仍将持续增长（IAI，2021a）。一个国家对铝工业产能的调控仅能引发国际产业转移。仅从生产环节依靠技术进步和产能调控无法实现全球铝工业低碳化发展。

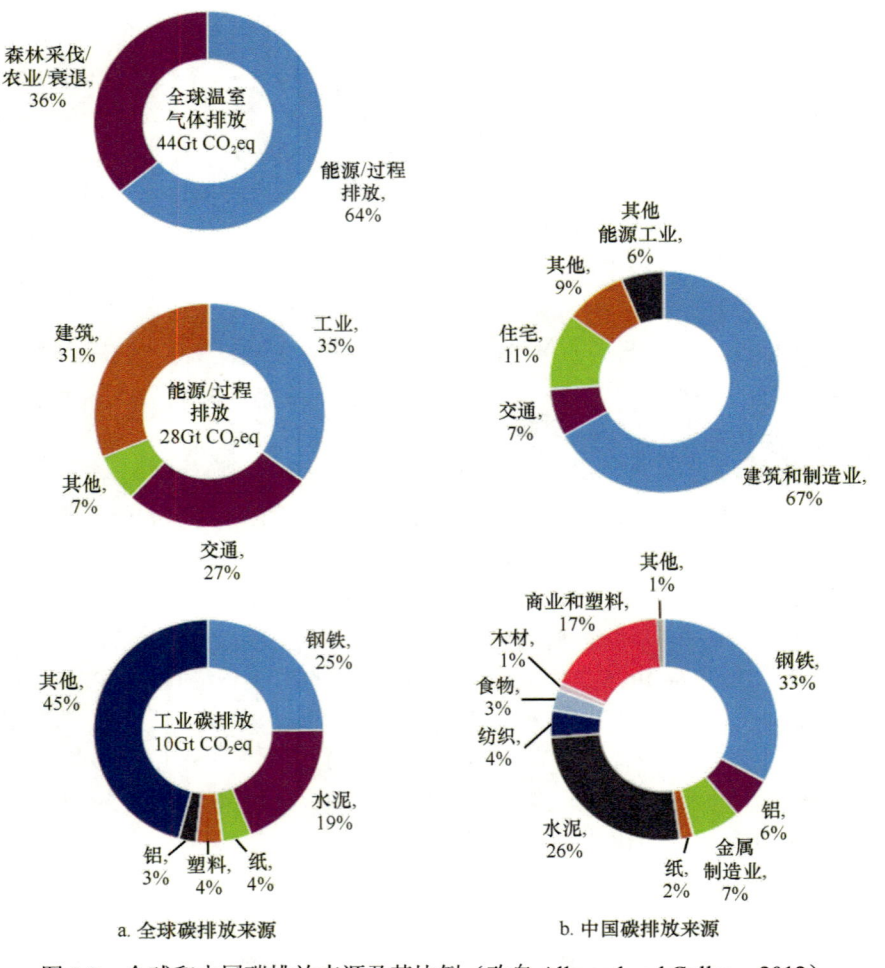

图 1.2　全球和中国碳排放来源及其比例（改自 Allwood and Cullen，2012）

表 1.1 各材料的能源和碳排放强度

材料	全球年产量（10^2 万 t）	能源强度（10^6 kJ/t）	碳排放强度（t CO_2/t）
水泥	2800	5	1
钢铁	1400	35	3
塑料	230	80	3
纸	390	20	1
铝	70	170	10

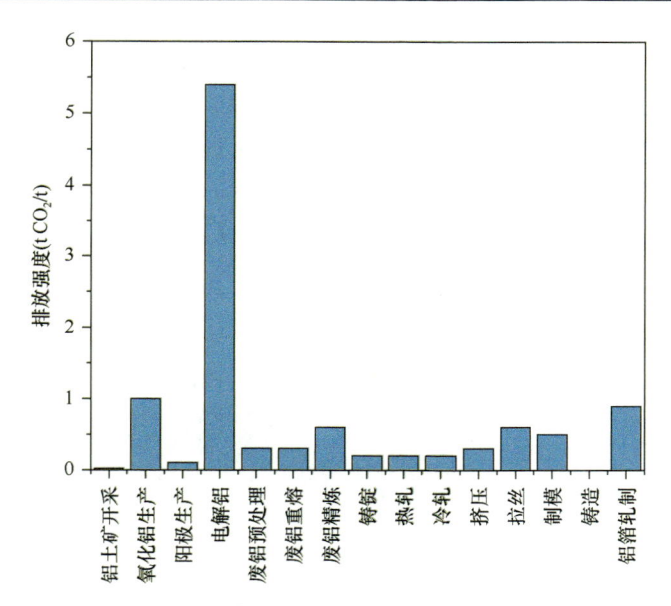

图 1.3 铝工业各生产环节碳排放强度（改自 Allwood and Cullen，2012）

a. 氧化铝生产能耗强度

b. 电解铝生产能耗强度

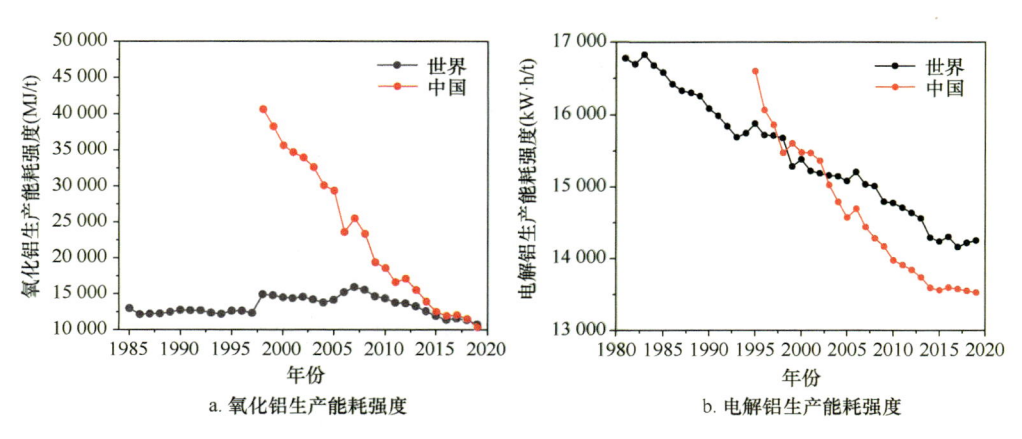

图 1.4 1980～2019 年世界和中国氧化铝与电解铝生产能耗强度

数据来自国际铝业协会

1.1.3 铝国际贸易的飞速发展致使国家间贸易摩擦加剧

第二次世界大战之后，尤其是20世纪80年代以来，国际贸易飞速增长。世界进出口总额从1985年的3.7万亿美元增长到2018年的48.9万亿美元（图1.5）。同时，世界贸易格局也发生了巨大变化，由20世纪50年代的美国一枝独秀，逐渐演变为美国、欧盟、日本、韩国、新加坡以及以中国为代表的金砖国家多极化发展（张亚斌和范子杰，2015）。其中，中国对外贸易的发展势头尤为迅猛，贸易总量从1985年的不到0.1万亿美元增长至2018年的4.6万亿美元，增加了近70倍，占世界贸易总额的比例也从2%升至10%，超过美国成为世界贸易总额最高的国家（图1.5）。中国国际贸易的商品结构也发生了很大的改变（图1.6）。中国进口了越来越多的自然资源和初级原材料，以支撑大规模工业化和城市化进程以及"世界工厂"的地位。其中，以铝土矿为代表的大宗金属矿石是进口的主要资源。

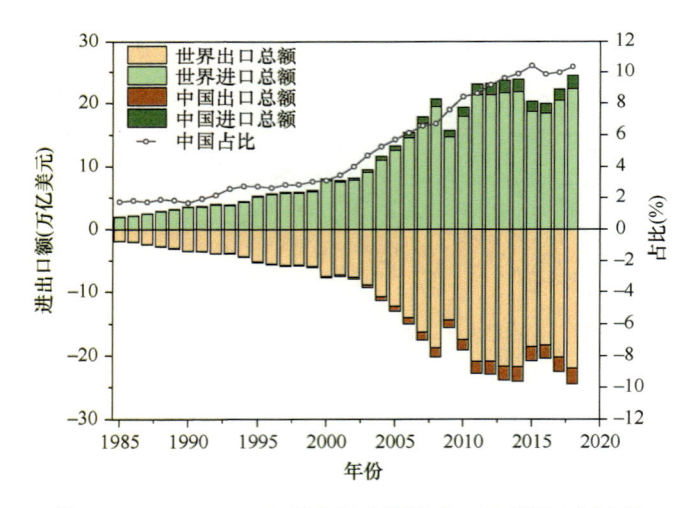

图1.5 1985～2018年世界及中国进出口总额及中国占比
数据来自联合国贸易数据库

随着铝贸易量的快速增长，中国已经超过美国成为铝贸易网络中最重要的节点。随着地区内部铝工业分工的不断深化，3个次级贸易网，即以美国领衔的北美贸易网、以德国领衔的欧洲贸易网及以中国领衔的亚洲贸易网已经形成。

另外，中国铝工业已成为我国贸易摩擦频发的产业之一。2016～2019年，已经有13个国家或经济体前后25次对中国铝制品开展反倾销反补贴调查（表1.2）。但同时，由于铝的生产过程需要消耗大量的能源并排放大量的温室气体，隐含于中国铝贸易中的能源消耗量与温室气体排放量已不可忽视。自2004年以来，中国政府已经逐步将电解铝和部分铝加工材界定为"两高一资"产品,并出台了一系列政策来调整其进出口量。但此举也引发了发达国家的担忧,认为这一推动中国铝工业产业升级的措施将会加剧中高端铝产品的市场竞争。

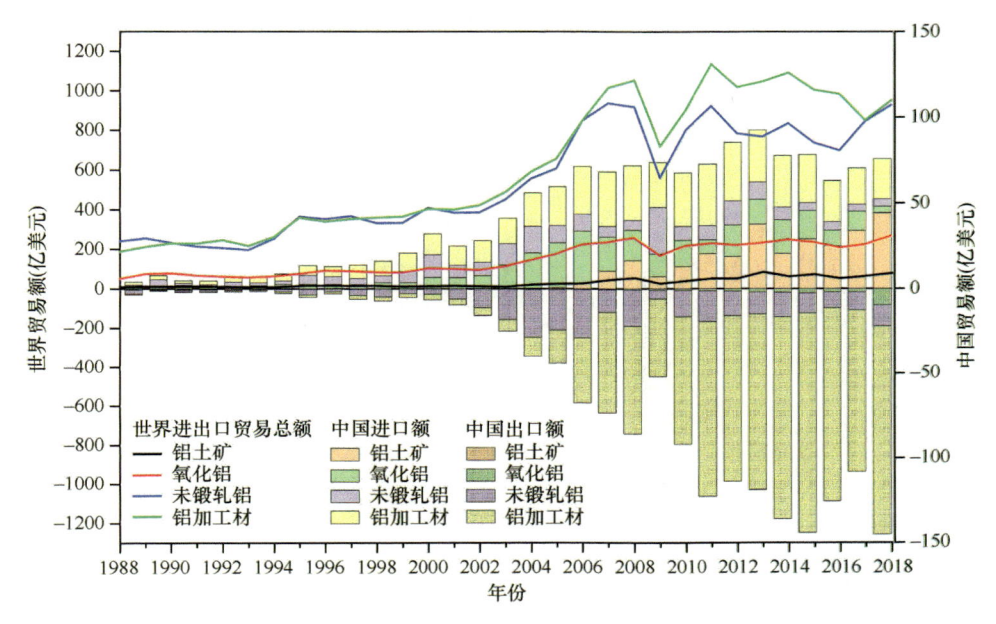

图 1.6 1988~2018 年世界和中国铝原材料与加工材进出口贸易额

数据来自联合国贸易数据库

表 1.2 2016~2019 年中国铝工业遭受的贸易摩擦

时间	国家/经济体	事件
2016 年 1 月 1 日	印度	对铝制散热器及其组件和散热器芯发起反倾销调查
2016 年 4 月 19 日	印度	对未锻轧铝发起保障措施调查
2016 年 7 月 7 日	阿根廷	对铝合金轮毂发起反倾销调查
2016 年 7 月 24 日	约旦	对铝棒材型材产品发起保障措施调查
2016 年 9 月 8 日	韩国	对铝制预涂感光板产品发起反倾销调查
2016 年 10 月 5 日	巴拉圭	对铝挤压材产品发起反倾销调查
2017 年 3 月 28 日	美国	对铝箔产品进行反倾销反补贴合并调查
2017 年 6 月 26 日	墨西哥	对铝膜气球进行反倾销调查
2017 年 10 月 19 日	澳大利亚	对铝型材进行反倾销调查
2017 年 11 月 28 日	美国	对通用铝合金薄板发起反倾销反补贴调查
2018 年 3 月 2 日	欧亚经济联盟	对铝制汽车轮毂发起反倾销调查
2018 年 3 月 8 日	美国	对铝产品全面额外征收 10%的关税
2018 年 4 月 26 日	黎巴嫩	对棒材、角材、隔板等铝型材发起反倾销调查
2018 年 6 月 28 日	阿根廷	对铝制散热器发起反倾销调查

续表

时间	国家/经济体	事件
2018 年 8 月 28 日	墨西哥	对铝箔卷发起反倾销调查
2018 年 10 月 9 日	印度尼西亚	对铝箔卷发起保障措施调查
2018 年 10 月 12 日	美国	对铝线及电缆产品发起反倾销反补贴调查
2018 年 12 月 20 日	墨西哥	对铝制高压锅发起反倾销调查
2019 年 1 月 11 日	越南	对铝型材发起反倾销调查
2019 年 2 月 25 日	阿根廷	对铝板发起反倾销调查
2019 年 4 月 2 日	印度	对镀铝锌合金扁轧钢产品发起反倾销调查
2019 年 4 月 7 日	阿根廷	对铝管发起反倾销调查
2019 年 5 月 7 日	欧亚经济联盟	对铝带发起反倾销调查
2019 年 7 月 19 日	乌克兰	对铝轮毂发起反倾销调查
2019 年 8 月 9 日	墨西哥	对铝圆片发起反倾销调查

注：数据来自中国贸易救济信息网

1.1.4　城市矿产将超越铝土矿成为铝原材料的重要来源

　　铝的可回收利用属性是其被广泛应用的原因之一。如前所述，再生铝生产所消耗的能源和排放的废弃物均少于原生铝生产，且再生铝替代原生铝可极大地保护铝土矿资源，并减少由于开采铝土矿带来的生态破坏。因此，大力发展再生铝行业是铝行业可持续发展的重要途径。

　　再生铝的产量主要受到铝城市矿产储量和废铝回收率的限制。"城市矿产"是指工业化和城镇化过程中产生并以耐用品、建筑、基础设施等产品及其部件形式堆积在城市当中的可循环利用的资源（王昶等，2017）。随着这些产品及其部件逐步到达报废年限，产品中蕴含的资源通过回收、拆解、加工等"开采"活动重新变为具有较高利用价值的材料，供人类继续使用。城市矿产中的含铝产品主要蕴含在交通工具、建筑、包装、电力工程中（图1.7a）。这些产品的服务年限通常较长，如建筑的服务年限可达 50 年（图 1.7b）。因此，随着工业化和城镇化进程的不断加深，越来越多的含铝产品在城市堆积，城市矿产储量不断提高，且随着含铝产品逐步到达报废年限，废铝产生量逐步提高，促进了再生铝行业的发展。

　　发达国家率先开启了工业化和城镇化进程，城市矿产储量丰富，含铝产品报废潜力巨大，因此早在 20 世纪 30 年代初就建立了再生铝工业体系。尤其是 70 年代石油危机之后，能源成本居高不下，北美、欧洲、日本等国家和地区均建立了较为完善的废铝回收利用体系（图 1.8），实现了较高的回收利用率（90%以上）。

2019年，世界再生铝产量已占铝总产量的35%，并将在2050年前后超过原生铝成为铝原材料的主要来源（Liu *et al.*，2013）。

a. 2007年全球含铝最终产品消费占比
（改自EAA，2006）

b. 含铝产品平均寿命
（改自GARC，2006）

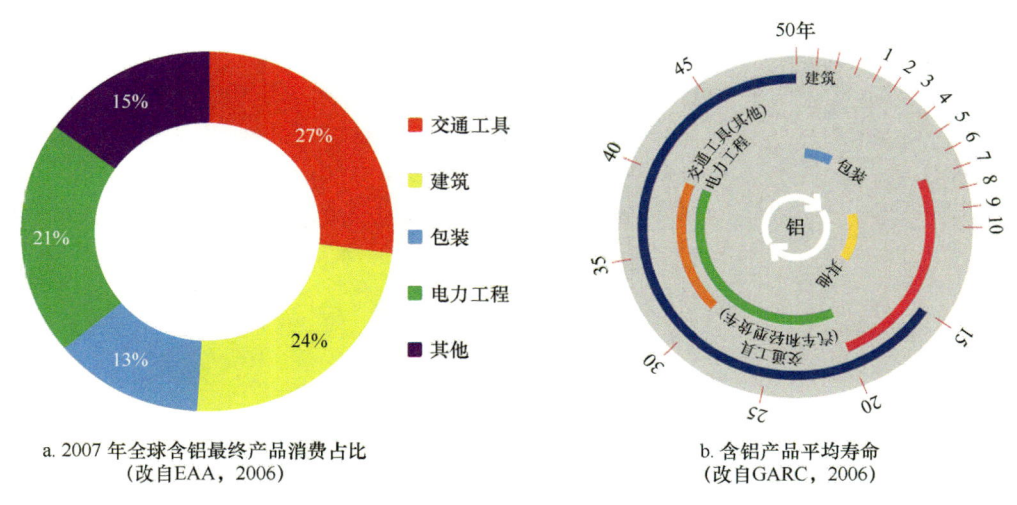

图1.7 全球含铝产品所在终端部门占比及各产品平均寿命

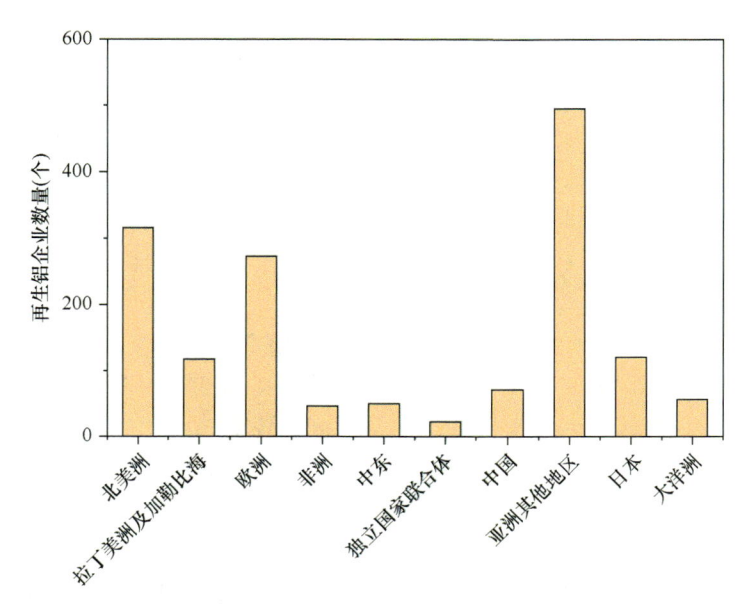

图1.8 2008年再生铝生产企业数量及分布（改自GARC，2006）

与发达国家相比，中国铝工业起步较晚，含铝产品的服务时间较短，城市矿产储量低，且尚未达到大量报废的时间。据测算，2050年左右废铝产生量将等于甚至超过铝的最终需求量。中国即将迎来铝大量报废的时代。但大量的报废并不一定意味着再生铝产量的提高，中国还需建立完善的废铝回收利用体系。

中国废铝回收利用行业起步于 20 世纪 80 年代初，经过 40 年的发展，目前已实现再生铝年产量约 800 万 t，并形成了保定、许昌、临沂、滨州、阜阳、辽阳、长春等废铝回收利用行业聚集区。但与发达国家相比，中国的废铝回收利用体系仍存在如下问题：①回收企业技术落后，导致分选出来的废铝成分复杂，再生铝产品质量参差不齐；②行业准入门槛低，企业小散乱现状未得到彻底改善，生产效率低且污染严重；③技术水平落后，绝大部分企业以生产 ADC12 等低端或非标再生铝合金为主，缺少高品质再生铝生产能力，同质化竞争严重。

1.2 研究问题的提出

针对上述研究背景，本书提出如下问题。

1）从国家层面来看，中国和美国是对全球铝工业影响较大的两个国家。两国的生产规模和消费规模持续增长，产业结构和消费结构也发生了巨大的改变。那么，进入这两个国家社会经济系统的铝从哪里来，又到哪里去，如何建立一种系统的方法来定量地追踪国家层面的铝的物质流动路径？

2）从全球来看，随着国际分工持续深化，各国产业间交流日趋增强。国际贸易对国家铝工业的影响越来越大，国家间物质流动的空间联系日益紧密，极大地影响了一国铝的物质流动的规模和方向。国际贸易考察更多的是价值流，如何建立一个基于贸易的物质流分析模型，以追踪物质的跨国流动？铝元素的国际贸易网络的形态如何，其重要节点、流动路径是什么？各国在铝国际贸易中扮演什么角色？铝贸易对本国铝的物质流的影响是什么？

3）越来越多的铝以产品形式储存在社会经济系统中，服务于人类。这些产品不仅决定了人类福利水平的高低，更决定了未来的城市矿产潜力。如何建立一个基于存量的物质流模型，模拟和量化铝在经济系统中的累积，在时间上如何变化，在空间上如何分布？

4）铝的生产和消费伴随着巨大的资源、能源和环境影响。通过铝国际贸易，这些影响可以在国家间重新分配，导致国家间铝贸易的不平等。近些年，铝贸易冲突加剧正是贸易不平等扩大的结果。铝国际贸易如何影响资源、能源和环境在国家间的分配，如何缩小贸易不平等，从而创造出一个更加可持续的贸易网络？

5）如何科学合理地判断未来几十年内中国铝生产和使用量的变化趋势，并根据该趋势制定合理的铝工业发展战略及相关的资源和环境政策？

1.3 研究目的、内容和意义

1.3.1 研究目的

在国家层面上，通过构建国家尺度铝的物质流分析框架，以中美两国为例，分析国家层面社会经济系统中铝的源与汇和流动路径，考察铝的进出口与铝的生产、使用及其在社会经济系统中的累积；在全球层面上，通过构建基于贸易的物质流分析框架以及基于存量的铝的物质流分析框架，研究铝的全球流动规律以及分布特征，并结合铝生命周期评价的最新成果，探讨国际贸易对国家资源、能源和环境的影响。在此基础上，构建存量驱动的物质流分析模型，研究中国以及全球铝的在用存量和需求量的未来变化趋势，并探讨这些变化背后的能源环境代价。最终，提出促进全球铝的可持续生产与利用的政策启示。

1.3.2 研究内容

（1）国家尺度上铝的物质流分析框架的构建

在耶鲁大学工业生态学研究中心提出的"存量与流量"分析框架的基础上，构建国家尺度铝的物质流分析框架，详细解析铝在社会经济系统中的生命周期，识别开展铝的物质流分析研究时需要关注的各种存量和流量并对其进行分类。

（2）国家尺度上铝的存量与流量核算

根据对存量和流量的识别与分类，构建铝的物质流分析的动态时间演化模型，明确各种存量与流量的计算方法，给出中美两国铝的全生命周期存量和流量，定量地追踪铝在国家社会经济系统中的源与汇和流动路径。

（3）全球尺度铝的物质流分析框架的构建及其定量分析

基于铝的物质流分析框架，采用"自下而上"的方法，构建基于贸易的物流分析框架以及基于存量的全球铝的物质流分析框架，并定量分析铝的全球贸易网络特征和存量分布模式。

（4）铝贸易的经济、资源、能源和环境的多维度影响研究

基于已构建的贸易物质流分析框架，结合现有的铝生命周期评价研究成果，计算并对比主要国家铝的进出口量、进出口额以及隐含的能耗和温室气体排放量，分析各国的贡献与收益，探讨铝国际贸易对国家的多重影响。

（5）国家尺度铝的物质流与能源环境影响分析模型构建及案例分析

建立国家尺度铝的物质流与能源环境影响分析模型，设置不同情景，模拟中国 2100 年之前铝的人均在用存量、在用存量以及需求量的变化趋势，并定量评估不同情景下的能源环境影响。

（6）全球尺度铝的物质流与能源环境影响分析模型构建及其定量分析

建立全球尺度铝的物质流与能源环境影响分析模型，设置不同情景，模拟全球 2100 年之前铝的人均在用存量、在用存量以及需求量的变化趋势，并对不同情景下的能源环境影响进行了定量评估。

1.3.3 研究意义

（1）方法学的开发与完善

本书的一大贡献是从国家和全球两个尺度建立了立体和完善的铝的物质流分析模型。首先是开发和完善了国家尺度上铝的一年静态与多年动态的物质流分析模型，该模型对理解国家层面金属元素的流动及其资源环境影响有重要意义；其次，开发和完善了全球尺度基于贸易和基于存量的铝的物质流分析模型，这些模型是国家层面模型的补充和集成。两者有机结合可以从铝全生命周期的角度构建一个立体的金属元素物质流分析框架，使我们能全面认识金属元素在社会经济系统中的代谢过程及其对可持续发展和人类福祉的影响。上述分析框架均可推广到其他金属元素的类似研究中。

（2）基础数据的搜集、整理和分析

本研究系统地搜集、整理、分析了铝的所有相关资源和产品在国家尺度和全球尺度上的产量、消费量、进出口量、循环量和损失量的数据，可为国家或全球政府部门、行业协会和铝工业企业提供大量与铝相关的基础数据。

（3）铝及铝工业可持续发展的框架构建与路径分析

本书核算了国家和全球层面的铝生命周期存量与流量及其能源环境影响，为形成铝的可持续生产与利用政策提供了量化依据。此外，这些核算模型与政策建议可为促进其他金属的可持续生产与利用提供借鉴。

1.4 本书的结构与技术路线

本书的结构和技术路线如图 1.9 所示。

第1章 绪 论 | 13

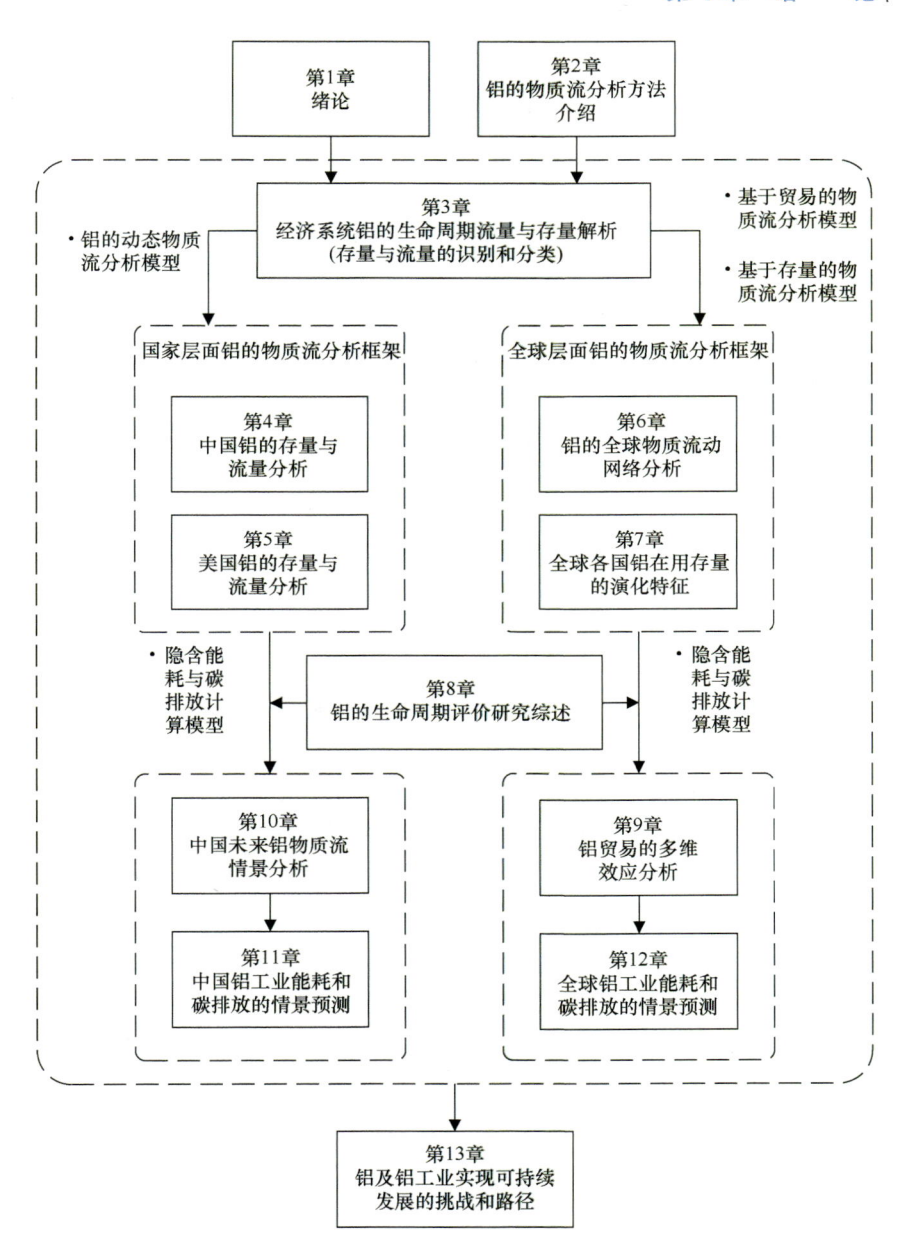

```
┌─────────────┐   ┌─────────────────┐
│   第1章      │   │     第2章        │
│   绪论       │   │  铝的物质流分析方法 │
│             │   │     介绍         │
└──────┬──────┘   └────────┬────────┘
       │                    │
       └────────┬───────────┘
                ▼
       ┌──────────────────────────┐
       │          第3章            │
•铝的动态物质  │ 经济系统铝的生命周期流量与存量解析 │  •基于贸易的物
 流分析模型   │   (存量与流量的识别和分类)    │   质流分析模型
       └──────────────────────────┘
                                      •基于存量的物
       ┌──────────────┐   ┌──────────────┐  质流分析模型
       │国家层面铝的物质流分析框架│   │全球层面铝的物质流分析框架│
       │              │   │              │
       │  ┌────────┐  │   │  ┌────────┐  │
       │  │ 第4章   │  │   │  │ 第6章   │  │
       │  │中国铝的存量与│  │   │  │铝的全球物质流动│  │
       │  │ 流量分析 │  │   │  │ 网络分析 │  │
       │  └────────┘  │   │  └────────┘  │
       │              │   │              │
       │  ┌────────┐  │   │  ┌────────┐  │
       │  │ 第5章   │  │   │  │ 第7章   │  │
       │  │美国铝的存量与│  │   │  │全球各国铝在用存量│  │
       │  │ 流量分析 │  │   │  │ 的演化特征 │  │
       │  └────────┘  │   │  └────────┘  │
       └──────────────┘   └──────────────┘

•隐含能           ┌──────────────┐         •隐含能
 耗与碳           │    第8章      │          耗与碳
 排放计           │铝的生命周期评价研究综述│         排放计
 算模型           └──────────────┘          算模型

       ┌──────────────┐   ┌──────────────┐
       │  ┌────────┐  │   │  ┌────────┐  │
       │  │ 第10章  │  │   │  │ 第9章   │  │
       │  │中国未来铝物质流│  │   │  │铝贸易的多维│  │
       │  │ 情景分析 │  │   │  │ 效应分析 │  │
       │  └────────┘  │   │  └────────┘  │
       │              │   │              │
       │  ┌────────┐  │   │  ┌────────┐  │
       │  │ 第11章  │  │   │  │ 第12章  │  │
       │  │中国铝工业能耗和│  │   │  │全球铝工业能耗和│  │
       │  │碳排放的情景预测│  │   │  │碳排放的情景预测│  │
       │  └────────┘  │   │  └────────┘  │
       └──────────────┘   └──────────────┘

                ▼
       ┌──────────────────┐
       │      第13章        │
       │ 铝及铝工业实现可持续   │
       │   发展的挑战和路径    │
       └──────────────────┘
```

图 1.9 本书结构和技术路线图

第 2 章 铝的物质流分析方法介绍

本章将对金属元素物质流分析研究、国家尺度金属需求量变化规律研究以及贸易中隐含能源消耗和温室气体排放量研究的进展进行综述，分别评价已有研究的主要成果和不足之处，为后续章节构建国家和全球尺度的铝存量与流量分析模型、核算铝贸易中隐含的能源消耗和温室气体排放量以及模拟中国和全球未来的铝需求量和能耗及碳排放量提供方法学的启示与基础。

2.1 物质流分析方法简介

2.1.1 物质流分析方法概述

人类对物质流动的过程、效应及机制的关注由来已久，但系统性方法体系的建立仅是最近几十年的事情（Fischer-Kowalski，1998；Fischer-Kowalski and Hüttler，1998）。20 世纪 60 年代以后，出于对城市化和工业化所导致的社会经济系统与自然生态系统之间物质循环代谢问题的关注，发展出了城市代谢（Wolman，1965）、社会代谢和工业代谢（Ayres and Simonis，1994）等分析方法。这些方法通过刻画物质流动的规模、结构与过程，试图建立起物质流动与经济发展和环境影响之间的关联，寻求提高资源利用效率和效益、减缓自然资源消耗和减少负面环境影响的途径。

物质流分析（material flow analysis，MFA）是一种根据物质守恒定律定量地评估具有时空边界的社会经济-自然环境系统中物质的存量与流量，从而追踪物质在该系统中流动的源、路径和汇的研究方法（Brunner and Rechberger，2003）。在截至目前的研究实践中，物质流分析（MFA）方法可分为两种类型：第一种主要关注在特定的空间系统中——一个企业、一个家庭、一座城市、一个区域、一个部门或国家——一定时间范围内进出和累积的各种物质的总量及其结构，更强调各种物质的综合性研究，一般称为经济系统物质流分析（economy-wide material flow analysis，EW-MFA）或者综合物质流分析（Bulk-MFA）；第二种主要关注某一种或一组特定的物质——包括元素（如铜、铁、铝等金属元素或者氮、碳、磷、硫等非金属元素）或者化合物（如聚氯乙烯、氟氯烃等）——在一定时空系统内的流动与贮存的过程和量，更强调各种物质的分解性研究，同时也更注重追踪物质的全生命周期流动过程，一般也翻译为物质流分析（substance flow analysis，SFA）。目前，国家尺度上的 EW-MFA 方法已经出台了用于国际比较的欧盟导则（EUROSTAT，2001）；大量基于 SFA 方法的研究也已开展，并建立了一些规范性的研究框架（Ayres and Ayres，2002；Chen et al.，2016；Graedel，2002，2019；Hansen and Lassen，2002；Michaelis and Jackson，2000；Spatari et al.，2002；Zhang et al.，2017）。

就金属元素的物质流分析研究而言，适用的方法是 SFA 而不是 EW-MFA。因此，本章在进行文献综述时将首先介绍 SFA 方法的术语体系和基本步骤，并在此基础上重点介绍金属元素物质流分析的研究进展。在本书的后续内容中，所提到的"物质流分析"一般指 SFA 而不是 MFA。

2.1.2 物质流分析的关键术语

在物质流分析中，有若干关键性的术语对于指导研究的开展并理解其结果具有重要意义。这些术语主要包括：物质、系统、过程、流量、存量以及生命周期。

（1）物质

MFA 中的 material 和 SFA 中的 substance 在中文中均可以翻译为"物质"。两者的区别在于：substance 仅仅是指特定的元素或者化合物；而 material 所包含的物质内容则更加广泛，它既包含 substance 所指的内容，也包含由多种元素和化合物构成的物质。因此，一方面，可以将 SFA 看作 MFA 的一个分支；另一方面，在对含有多种化合物的物质如塑料、纸张、木材或者生物质进行综合的物质流分析研究时，只能称为 MFA 而不是 SFA。

实际上，已有的 SFA 研究的对象大多只是单一的元素，如氮、磷、硫、铜、铁、铝、锌等。在 SFA 研究的过程中，一般需要注意两个方面的问题：①必须将对象元素与研究目的相关的各种不同的物理化学形态都考虑进来，如在进行国家尺度上铝的物质流分析研究时，必须考虑作为电解铝冶炼原料的铝土矿和氧化铝，以及金属铝自身和金属铝的各种制品，但是对于诸如氟化铝、冰晶石等不作为金属铝冶炼原料的含铝化合物，则一般忽略不计；②在进行存量与流量核算时，需要计算不同物理化学形态的物质中对象元素的质量，如在铝的物质流分析研究中，应当根据铝元素的物质的量计算铝土矿和氧化铝中铝的质量而不是铝土矿和氧化铝自身的质量。

（2）系统

在系统科学中，"系统"被认为是"相互作用的多元素的复合体"，其中的每一个元素都有其特定的使系统能够正常运行的特性。在物质流分析研究中，系统是一个实际存在的物理实体。从总体上看，如图 2.1 所示，物质流分析研究中的系统可以被划分为两大子系统，即社会经济系统和自然环境系统（Elshkaki，2007）。物质流分析所关注的主要是社会经济系统，这里的社会经济系统一般来说等同于英文中的 anthroposphere、technosphere 或者 societal subsystem（Ayres and Ayres，2002；Elshkaki，2007）。

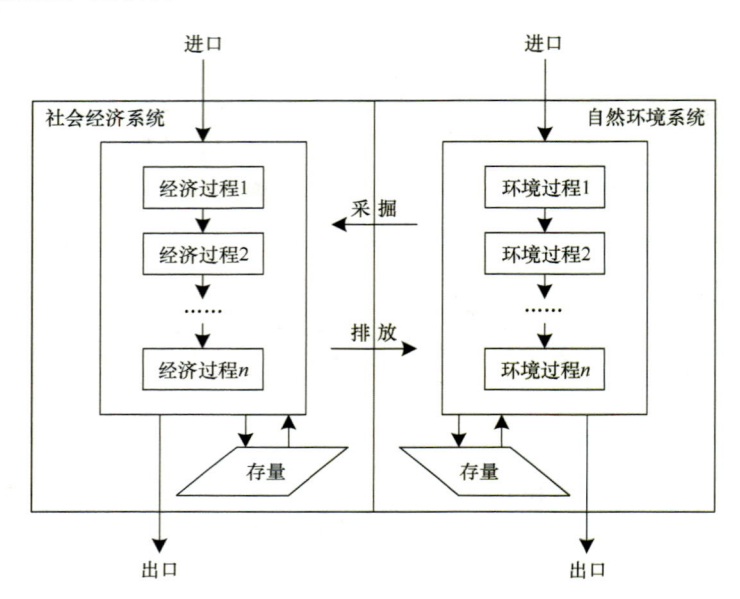

图 2.1　物质流分析中的社会经济系统与自然环境系统（改自 Elshkaki，2007）

物质流分析中的系统一般由时间边界和空间边界确定。时间边界随着研究目标的不同而有所不同，一般来说，由于数据可获得性和结果适应性的影响，时间边界以年为单位，如一年或者若干年。空间边界随着研究目的的不同也是可变的，如一座城市、一个流域或者一个国家，目前许多研究是以国家为空间边界开展的。

（3）过程

过程是指物质在系统中的转化或者输送（Brunner and Rechberger，2003）。转化是指物质发生了物理或化学形态的改变或者经济属性的变化。社会经济系统中存在各种各样的转化过程[①]。

例如，氧化铝冶炼过程将铝由铝土矿中氢氧化物的形态转变为氧化物的形态，电解铝冶炼过程则将铝由氧化物的形态转变为单质的形态，在这两个过程中铝都发生了化学形态的改变。挤压加工过程将铝由挤压圆锭的形态转变为条杆的形态，轧制加工过程则将铝由轧制扁锭的形态转变为铝箔或者铝板带的形态，在这两个

[①] 转引自许国志主编的《系统科学》。该书认为：如果一个对象集合中至少有两个可以区分的对象，所有对象按照可以辨认的特有方式相互联系在一起，就称该集合为一个系统。

过程中铝都发生了物理形态的改变。在使用过程中，各种家用电器或者交通工具中所包含的各种物质可能逐步地发生物理或者化学形态的变化，最后当其变成报废产品时还发生了经济属性的变化。自然环境系统中也到处存在着转化过程，如森林将二氧化碳转化为氧气的过程，以及植物根系的固氮过程。

输送是指物质的形态并未发生转化，但是位置发生了改变。在研究过程中，转化或者输送过程经常被看作黑箱从而只分析其输入和输出情况；但是，有时为了更加细致地分析某个过程内部的物质流，需要将该过程进一步分解为若干个子过程。

（4）流量

系统之间、系统内部的各个子系统以及不同过程之间是通过物质的输入与输出连接在一起的，这种输入与输出构成了物质的"流"，输入量与输出量就是"流量"。一般，物质流分析研究中的流量是以单位时间内输入、输出系统的物质的质量来度量的。

（5）存量

对一个系统而言，当单位时间内输入系统的物质的数量超过了输出的数量，物质就在该系统中累积或者储存，其中累积的数量就是存量。这种存量可以大致划分为两种：①暂时性的商品存量；②长期性的存量。暂时性的商品存量是指在物质的转化过程中所生产的保存在工业企业、交易商或者政府储存库中的商品数量。这些商品在这样的储存库中的储存时间一般不会是很多年，除非是产品长时间积压卖不出去。其典型代表是金属的商品存量。在交易市场上，金属的商品存量往往具有较大的规模并且能够对金属的短期价格波动以及可供性产生很大的影响。

然而，在物质流分析研究中，主要受关注的存量是对物质的可持续生产与利用具有重要意义的长期性存量。以铜为例，Kapur 和 Graedel（2006）将这种长期性的存量区分为 3 种：①地球化学存量（geochemical stock）；②应用存量（employed stock）；③损失存量（expended stock）。地球化学存量是指自然界中还存在的矿物资源存量。其可以进一步划分为两种：矿产存量（ore stock）和分散存量（distributed stock）。矿产存量是指在矿山中以集中的形式存在的存量，等同于基础储量；而分散存量则是指自然界中以分散的形式存在的矿物资源存量，其由于分散性可能无法开采利用。应用存量是指已经从自然界中开采出来供给人类使用并且还没有被废弃的存量。它也可以分为两个部分：在用存量（in-use stock）和休眠存量（hibernating stock）。在用存量是指应用存量中还在使用的部分；而休眠存量则是指目前实际上已经不再使用，但是还没有被人类废弃从而进入废物管理与循环阶段的部分，如城市地下埋藏的废弃管道。损失存量则是指已经被人类使用过并且被废弃的部分。它同样可以进一步划分为两个部分：库存性存量（deposited stock）和散失性存量（dissipated stock）。库存性存量是指以废物的形式被堆存到各种堆存场或者填埋场的部分；而散失性存量则是指失去了其金属特性或者散失到环境中的部分。

实际上，分散存量和休眠存量往往是无法核算的，因为其数据难以获取。因此，在物质流分析研究中，主要考虑的是矿产存量、在用存量与损失存量。Gordon 等（2006）认为：就金属而言，矿产存量、在用存量与损失存量三者之间的相对大小决定了人类从完全依赖原生金属到完全依赖再生金属的转变程度。

从方法学的角度来说，物质流分析方法的重要贡献在于：提出了物质的"在用存量"的概念，并且在国家尺度上发展出了对在用存量及其变化进行静态与动态模拟的方法。

（6）生命周期

一般来说，物质流分析中讨论物质生命周期时只是关注其在社会经济系统中的生命周期或者循环，而不是在自然环境系统中的生命周期或者循环。对任何一种物质尤其是某种元素而言，其在社会经济系统中的生命周期包括从采矿、冶炼、加工、制造、使用/再使用/维修、回收、循环利用到最终处置以及相关的运输和储存的全过程。物质的生命周期是由各种过程，或者说是生命周期阶段及其子阶段（有时也称为生命周期流程）所组成的，这些过程包括金属的运输和转化。在金属的生命周期中，每一个转化过程都产生特定的含金属产品。

2.1.3 物质流分析的基本步骤

截至目前，物质流分析（SFA）并没有形成一个公认的标准化方法。但是，有关学者提出物质流分析应遵循 3 个基本步骤（Ayres and Ayres，2002）：①目标和系统的界定；②存量和流量的确定与核算；③结果的解释。确定研究目标就是明确开展物质流分析研究的原因、目的以及研究结果可能应用的领域，同时要选择开展物质流分析研究的对象物质，如铜、铁、铝等元素。

系统是由时间边界和空间边界确定的。时间边界可以是一个时间断面或者一个连续的时间段，通常选择的是一年或者若干年；空间边界则可以是一座城市、一个流域、一个国家或者全球，目前许多研究是在国家尺度上开展的。在计算存量与流量之前，需要先确定系统中物质流动的拓扑结构，明确需要计算或模拟的存量与流量的清单，进而进行数据的收集和模型的构建，最后通过模型的计算或模拟得到各种存量与流量的数值。计算得到的存量与流量可以看作物质流分析的结果。但是，还应当根据研究目标对结果的可靠性、局限性和适用性进行评价，并得出物质流分析研究的启示与政策建议。

2.2 金属元素的物质流分析模型

在截至目前的研究中，针对金属元素的物质流分析模型一般可以划分为静态模型（static model）和动态模型（dynamic model）两大类。静态模型指的是针对某一个时间断面（通常为一年）的物质流分析。而动态模型区别于静态模型的特征主要有两个方面：①动态模型一般针对某一个时间序列（如多年）分析物质的存量与流量的变化；②考虑了在用存量的动态变化机制，即根据各种含金属的最终产品在使用过程中具有一定的时滞和累积作用的特性，建立输入与输出之间的动态模型从而模拟输出量。

除此之外，动态模型和静态模型的联系与区别还包括：①动态模型需要建立在静态模型所提供的存量与流量清单的基础上；②静态模型可以是单独或同时分析流量与存量，而动态模型在核算在用存量的同时需要计算与在用存量相关的各种流量；③动态模型需要搜集长时间序列的数据，因此具有更高的数据成本和不确定性；④动态模型具有更好的数理逻辑性，同时，根据对历史数据的模拟和总结，可以提供对未来长期趋势的情景和预测分析。

2.2.1 针对流量的静态模型

计算存量与流量的前提是清晰地解析物质在系统中流动的拓扑结构，明确存量与流量的清单。在金属的物质流分析研究中，需要计算的存量相对明确，即矿产存量、在用存量和损失存量。因此，拓扑结构解析的重点和难点在于确定流量及其相互之间的连接关系。现有的针对流量的金属物质流分析静态模型主要用于解析系统中金属流动的拓扑结构，并在此基础上根据收集的数据和质量守恒定律计算各个流量。

根据空间边界的不同，截至目前针对流量的静态模型主要可以分为城市层面、流域层面和国家层面的模型。目前绝大部分的研究成果集中在国家层面的研究上，在这些研究中，拓扑结构的解析就是解析金属在社会经济系统中的全生命周期流动过程。对此，Van der Voet（2002）、Michaelis 和 Jackson（2000）、Martchek（2006）、Dahlström 和 Ekins（2007）以及耶鲁大学工业生态学研究中心的学者和机构（Graedel et al., 2002；Spatari et al., 2002）分别提出了解析框架。这些框架的整体架构基本相同，但是在一些细节的考虑和表现形式上有所差异。其中，又以耶鲁大学的"存量与流量（stocks and flows）"框架最为系统，相应的研究成果也最为深入和全面。如图 2.2 所示，在该框架下，金属元素的生命周期被划分为 4 个主要阶段：①生产阶段（production）；②加工与制造阶段（fabrication & manufacturing，F&M）；③使用阶段（use）；④废物管理与循环阶段（waste management & recycling，WM&R）。基于该框架，近年来，研究人员已经开展了铜（Graedel et al.，2004；Hao et al.，2020；Hu et al.，2020）、锌（Graedel et al.，2005；Spatari et al.，2003）、银（Johnson et al.，2005；Lanzano et al.，2006）、铬（Johnson et al.，2006；Oda et al.，2010）、钢铁（Song et al.，2020a，2020b；Wang et al.，2007）、镍（Reck et al.，2008；Rostkowski et al.，2007）、铅（Lambertides et al.，2017；Liu et al.，2018；Mao et al.，2008）、铝（Chen，2018；Condeixa et al.，2017；Dai et al.，2019）、稀土金属（Licht et al.，2015；Løvik et al.，2015；Wang et al.，2020）等在全世界几十个国家、9 个大区域和全球层面的物质流分析。其研究结果为制定相关金属元素的资源与环境政策提供了有益的科技支撑。并且，该研究框架显示了在不同金属之间良好的可扩展性和适用性，借助该框架，可以帮助建立规范性的金属元素物质流分析方法和完整的数据系统。

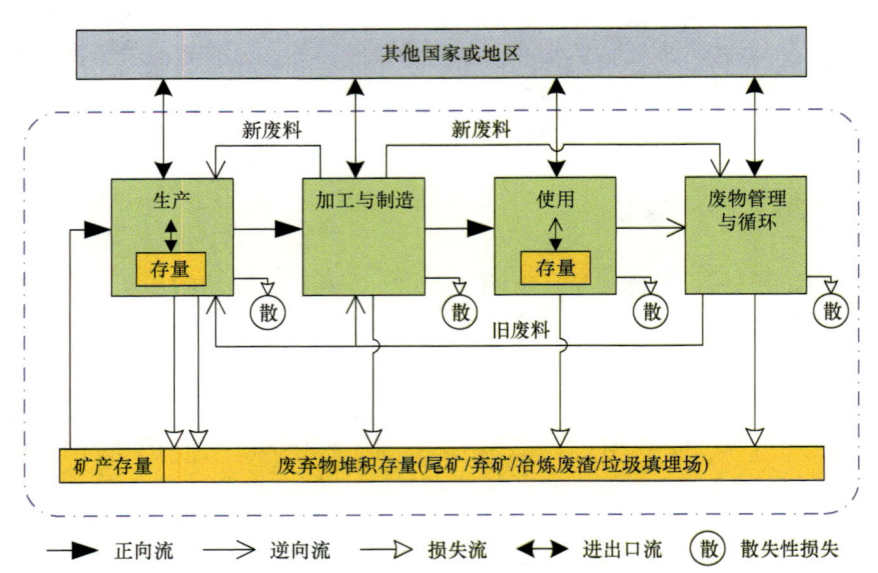

图 2.2 "存量与流量"框架：金属元素在社会经济系统中的生命周期流动过程

以"存量与流量"框架为代表的在国家层面上针对流量的静态模型的主要贡献在于：①提供了一个从全生命周期的角度定量地追踪金属元素在社会经济系统中的源、流动路径和汇的分析框架；②基本明确了流量的清单，从而为定量化分析提供了数据搜集、计算与模型建立的方向指引。

但是，已有的这些模型还存在若干方面的不足：①研究框架尚有待进一步细化和完善，体现在已有的研究框架忽视了对金属在加工与制造阶段和使用阶段的损失流的分析，已有的研究成果对废旧金属的回收和处理环节的考察不够全面，耶鲁的"存量与流量"框架将生产阶段的各个子阶段进行了过度的综合从而不利于考察某一个国家原生金属的产业链情况等；②对已有的研究成果的政策含义的挖掘不足，以耶鲁大学的研究成果为例，其贡献主要是提供了一系列的数据，但是对于这些数据能给我们带来的启示、为制定政策带来的指导，却缺乏深入的分析说明。

2.2.2 针对存量的静态模型

前文谈到，物质流分析在方法学上的独特贡献之一是提出了在用存量的概念并构建了模拟方法。在截至目前的研究中，针对存量的物质流分析模型实际上也集中在对在用存量的核算和模拟方面。

一般可以通过两种方法来核算金属的在用存量：自下而上法（bottom-up method）和自上而下法（top-down method）（Gordon *et al.*，2006；Kapur and Graedel，2006）。在自下而上法中，以铝为例，第一步需要确定研究区域内含有铝的各种最终产品的清单，如汽车、火车、建筑物、包装物等；第二步需要估算每种最终产品的平均含铝量；第三步需要确定该研究区域内各种最终产品的数量及其空间分布，该步骤有时可以借助地理信息系统（Geographic Information System，GIS）的工具进行；最后，将各种最终产品的数量乘以其平均含铝量，即可得到该研究区域内铝的在用存量及其在各种最终产品中的比例分布，如果借助地理信息系统分析了各种最终产品的空间分布，则也可以得到铝的在用存量的空间分布信息。例如，Recalde等（2008）就提供了一个以自下而上法分析美国康涅狄格州铝的在用存量的案例，该研究发现，2000年美国康涅狄格州人均铝的在用存量为360~400kg。Rauch（2009）借助GIS工具进行了第一个全球尺度的铝、铜、钢铁、锌的在用存量和矿产存量的分布研究，研究发现：2000年，全球范围内这4种金属的在用存量约有25%都分布在3个发达区域，即美国东海岸从华盛顿到波士顿的区域、欧洲西部地区以及东亚日韩地区；但是，矿产存量则比较均匀地分布在全球各个区域。

由于自下而上法实际上只是分析某个时间断面上某个区域的金属存量，因此，可以将其看作静态模型。

2.2.3 流量驱动的动态物质流分析模型

在国家尺度上，以自上而下法计算金属的在用存量时，首先需要确定每一年在用存量输入量与输出量的差额从而得到在用存量的增量，进而将某一年之前所有年份的在用存量的增量累加起来从而得到该年份的在用存量总量。采用自上而下法来模拟在用存量及其输入、输出和变化量的模型可以称为流量驱动的动态物质流分析模型。

（1）输入量的数学模拟

金属在用存量的输入量是指随着新进入使用阶段的最终产品而进入在用存量的金属的数量。在动态模型中，按照时间尺度可以将输入量划分为两类：过去的输入量和未来的输入量。

对于过去的输入量，其数值一般根据统计数据直接计算获取，并且尽可能地进行结构划分。以铝为例，根据后文第3.5节的论述，可以将含铝最终产品分为若干个大类，每一个大类又分为若干个小类，每一个小类里面又包含多种产品。因此，在用存量的输入量数据一般有一个在不同种类最终产品之间的分布，在发达国家如美国和日本，此类数据以铝的消费结构和消费量的形式由铝工业协会定期发布。以美国为例，如图2.3所示，过去几十年铝的消费总量不断增加的同时其结构呈现有规律性的变化。其中，交通工具、建筑和电力工程是用铝较多的三大类产品。自20世纪80年代以来，交通工具用铝的比例不断增加，到2015年占37.1%；而建筑用铝的比例则不断下降，由1980年的37.1%降到2015年的30.6%；电力工程用铝的比例则先上升后下降，1980年和2015年分别是18.0%和13.6%；其他四大类产品的总用铝比例大致保持不变。其中，交通工具用铝不断增加的一个原因在于单位汽车用铝量的不断增加，1970年每辆汽车的用铝量为7.3kg，1995年为96.2kg，到2004年已经增长到131kg，占整车的质量比例分别为2.3%、7.0%和8.9%（USGS，2005）。

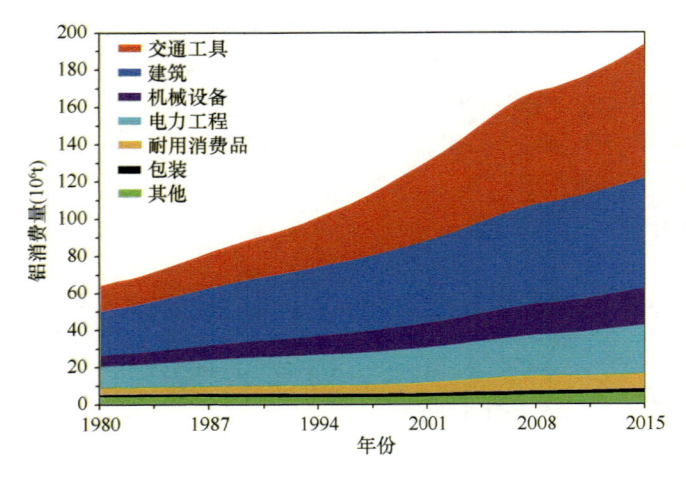

图2.3　1980~2015美国铝的各终端部门消费量

数据来自美国地质调查局报告

在实际计算在用存量的输入量时，考虑到一个国家或地区生产的含铝最终产品可能出口到其他国家或地区，而其消费的含铝最终产品也可能来自其他国家或地区，因此，必须计算隐含于国家层面上进出口的各种最终产品中铝的数量并考虑其对在用存量输入量的影响。

对于未来的输入量，则一般需要进行假设或者建立模型进行模拟。例如，Hatayama等（2007）假设2003~2050年日本铝的年消费量和消费结构与2003年相同。关于模拟法，已有研究主要是根据历史数据建立一个回归分析模型，进而在对参数进行率定的基础上对未来的金属需求量进行情景模拟。Elshkaki等（2004）提出了一个输入量与国内生产总值（GDP）或人均GDP的相关公式：

$$F^{in}(t) = \beta_0 + \sum_{i=1}^{n} \beta_i x X_i(t) + \varepsilon(t) \tag{2.1}$$

其中，$F^{in}(t)$是第 t 年时在用存量的输入量；n 是参数的个数；β_0 是初始项；$X_i(t)$是第 t 年时某一参数的值，参数的选取可能包括GDP、人均GDP、人口数量、技术进步等；$\varepsilon(t)$则代表误差调整项。通过对已有的若干年的参数和输入量进行回归得到各个 β 值，可以将该公式用于分析未来若干年输入量的预测。

（2）输出量的数学模拟

如图2.4所示，金属在用存量的输出量一般由两个部分构成：①由于腐蚀和耗散性用途导致的永久性损失；②到达服务年限的最终产品报废导致的输出，这种输出实际上是产生了可循环的旧金属废料，这部分废料在经过一系列处理后可能以再生金属的形式重新进入在用存量。上述两个部分的输出量一般可分别用腐蚀模型和时滞模型进行模拟。

腐蚀模型的公式如下：

$$F_E^{out}(t) = C \times S(t) \tag{2.2}$$

其中，$F_E^{out}(t)$是在第 t 年时由于腐蚀造成的损失量；C 是腐蚀系数；$S(t)$则是第 t 年时的在用存量。

第二种模拟方式之所以称为"时滞模型"，是基于金属随着最终产品投入使用后在社会经济系统中具有一定的服务年限的特性，这种特性可以称为"服务时间的非瞬时性"。如图2.4所示，假设铝在社会经济系统中具有平均12年的服务年限，则1981年投入使用的铝将在1993年成为在用存量的输出量。由于有30%的铝在腐蚀和耗散性用途①中被消耗，于是1993年的报废输出量就只等于1981年输入量的70%。

---

① 以铝为例，耗散性用途包括用于钢铁冶炼过程的脱氧剂、肥料、涂料、炸药以及其他的化工用途，耗散性用途实际上是一种"使用即损耗式"的用途，因此金属的耗散性用途不带来在用存量的累积。

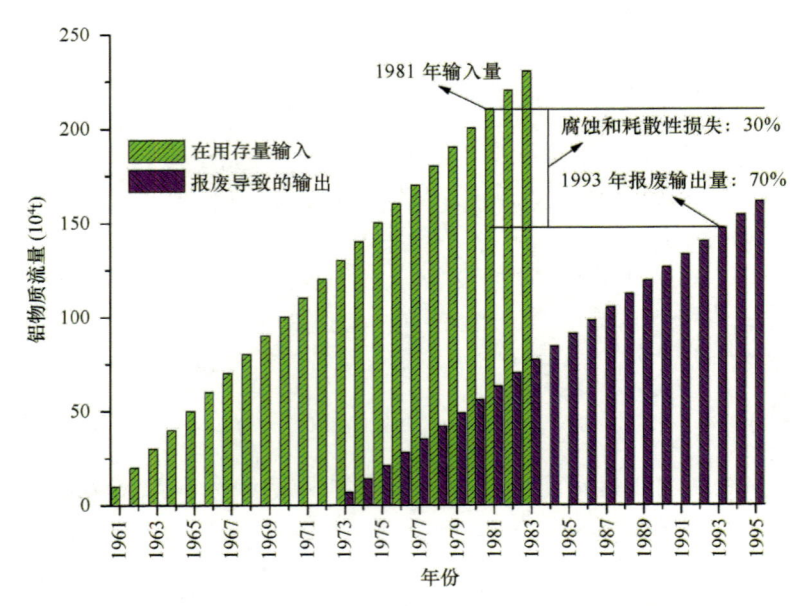

图 2.4 假设服务年限为 12 年和损失率为 30%时铝在用存量的输入与输出关系示意图

在时滞模型中，为了更准确地计算报废输出量，需要根据输入量中最终产品的分类首先设定各种最终产品的服务年限，然后计算不同年份随着这些最终产品的报废所产生的输出量或者说旧金属废料的产生量。实际上，不同最终产品的服务年限是大大不同的。以铝为例，服务年限短的如铝罐可能只有几个月甚至几天，服务年限长的如建筑铝门窗可能有几十年，汽车的服务年限则在 10 年左右。在相当简化的情况下，可以假设各种产品具有一个平均的固定的服务年限，就如图 2.4 所示一样，但这忽略了其中存在的不确定性。为了解决这一问题，如表 2.1 和图 2.5 所示，Melo（1999）给出了含金属产品服务年限可能服从的 3 种概率分布：正态分布、韦布尔分布和 Beta 分布。其中最常用的是正态分布和韦布尔分布。

表 2.1　德国各大类含铝最终产品的服务年限参数（Melo，1999）

消费部门	年限 [a, b]	平均预期年限 正态	平均预期年限 韦布尔	平均预期年限 Beta	可能性最大的年限 韦布尔	可能性最大的年限 Beta
交通工具	[10，16]	13.0	12.2	12.0	11.8	11.2
机械设备	[10，20]	15.0	13.6	13.0	12.9	12.0
电力工程	[10，25]	17.5	15.5	15.0	14.4	14.0
建筑	[23，40]	31.5	29.3	30.0	28.0	30.0
包装	1	—	—	—	—	—
耐用消费品	[5，15]	10.0	8.6	8.0	7.9	7.0
其他	[5，15]	10.0	8.6	8.0	7.9	7.0

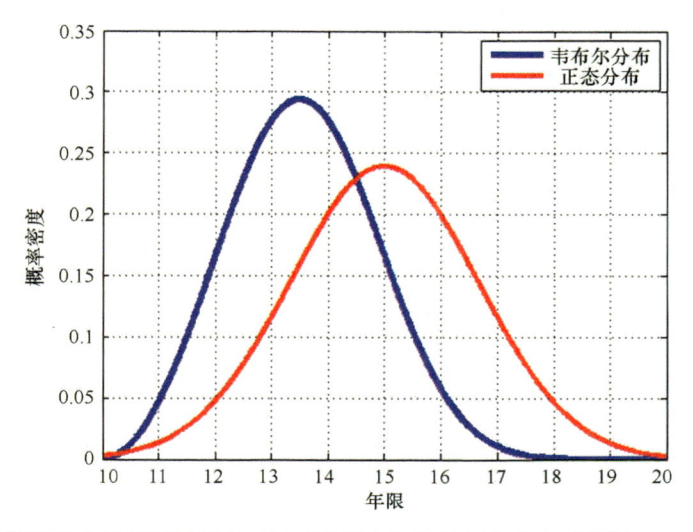

图 2.5 含铝最终产品经不同服务时间后的报废比例的概率分布示意图（Melo，1999）

在实际运用中，需要根据对相当样本量的最终产品的实际服务年限的调查来确定使用何种模型及模型中的各个参数。需要注意的是：在这些参数中，最重要的是平均服务年限，只有该参数才会影响输出曲线的形态；而服务年限的标准差或者服务年限的概率分布只是让输出曲线看上去更加平滑，不会明显影响输出曲线的形态。

在时滞模型中，第 t 年时从在用存量输出的到达服务年限的金属的量可以用公式（2.3）进行模拟：

$$F_D^{out}(t) = \sum_{i=1}^{L} F^{in}(t-i) \times P(t-i) \tag{2.3}$$

其中，$F^{in}(t-i)$ 是第 $t-i$ 年时在用存量的输入量；$P(t-i)$ 是 $F^{in}(t-i)$ 在第 t 年时的报废比例；L 是最终产品的最长服务年限。

因此，第 t 年时在用存量的总输出量可以用公式（2.4）表达：

$$F^{out}(t) = F_D^{out}(t) + F_E^{out}(t) \tag{2.4}$$

（3）对在用存量及其增量的数学模拟

确定了输入量和输出量，就可以计算在用存量的增量，可以分别用公式（2.5）和公式（2.6）来计算第 t 年的增量和第 t 年末的在用存量：

$$\frac{dS}{dt} = F^{in}(t) - F^{out}(t) \tag{2.5}$$

$$S(t+1) = S(t) + \frac{dS}{dt} = S(t) + F^{in}(t) - F^{out}(t) \tag{2.6}$$

2.2.4 存量驱动的动态物质流分析模型

存量驱动的动态物质流分析模型，简称存量驱动模型。该方法实际是将在用存量作为物质流动的驱动力，通过在用存量的动态变化反向模拟或预测各环节物质的输入量和输出量。随着对物质代谢认识的加深，存量驱动模型已成为核算社会经济系统中金属物质代谢变化的重要模型，尤其是在预测未来变化方面。该方法有以下几个优势：第一，在用存量代表着材料直接提供的物理性服务，从而提供了更加准确的需求量估算视角。第二，与容易被 GDP 等因素影响的流量指标相比，在用存量从长期来看表现得更加稳健，因为它作为所有流量的汇很难被突发事件影响。第三，在用存量为物质循环的分析提供了物质守恒的基础，这可以为可持续的材料利用提供更多新视角（如资源效率、回收潜力、环境影响等方面）。

如前所述，历史的在用存量有"自上而下"和"自下而上"两种计算方法。在此基础上，可根据未来的人口、GDP 等社会经济指标设定人均铝的在用存量饱和点，计算未来的铝在用存量及各环节的输入、输出量。

（1）在用存量的数学模拟

在用存量由人口 [$p(t)$] 和人均在用存量 [$C(t)$] 共同决定，计算公式为

$$St = p(t) \times C(t) \tag{2.7}$$

由于人均在用存量的变化符合逻辑斯谛曲线（Müller，2006；Pauliuk et al., 2013），根据三参数逻辑斯谛方程，人均在用存量满足如下公式：

$$C(t) = \frac{\hat{S}}{1 + \left(\dfrac{\hat{S}}{S_0} - 1\right) \exp\left[c\left(1 - \exp\left[d \times (t - t_0)\right]\right)\right]} \tag{2.8}$$

其中，t 是时间；$\hat{S}$ 是人均铝的在用存量饱和点；S_0 是初始时期人均铝的在用存量；c 和 d 是逻辑斯谛曲线的两个形状参数。采用该方程需给出初始时间以及初始人均铝的在用存量。人均铝的在用存量饱和点 $\hat{S}$ 可根据 GDP、人口等社会指标或其他国家的饱和点进行设置。

（2）使用阶段输入、输出量的数学模拟

与 2.2.3 所述类似，可根据"时滞模型"计算使用阶段的物质输出量，即报废量。报废量由在用存量以及组成在用存量的各种最终产品的服务年限决定。假设 t_0 时的存量水平等于输入量，则第 t 年的铝在用存量以及使用阶段铝输入、输出量满足如下公式：

$$S(t) - S(t-1) = F_{use}^{input}(t) - F_{use}^{output}(t) \qquad (2.9)$$

$$F_{use}^{output}(t) = \sum_{i=1}^{L} \left(F_{use}^{input}(t-i) \times P(t-i) \right) \qquad (2.10)$$

其中，F_{use}^{input} 是使用阶段的物质输入量；F_{use}^{output} 是使用阶段的物质输出量（即报废量）；L 是产品的最大服务年限；$P(t–i)$是产品在第 t 年时的报废比例。

（3）其他环节的输入、输出量的数学模拟

假设各阶段库存量不变，某一生命周期阶段的铝输出量（$F_i^{output}(t)$）等于下一生命周期阶段的铝输入量（$F_{i+1,t}^{input}(t)$），即本阶段的铝输入量（$F_i^{input}(t)$）减去本阶段的损失量（$F_i^{loss}(t)$），加上本阶段的净进口量（$F_i^{import}(t) - F_i^{export}(t)$）。根据质量守恒原则可推算出铝在各个阶段的输入、输出量，公式如下：

$$F_i^{output}(t) = F_{i+1,t}^{input}(t) = F_i^{input}(t) - F_i^{loss}(t) + F_i^{import}(t) - F_i^{export}(t) \qquad (2.11)$$

2.3 铝的物质流分析的研究进展

国内外已有的铝的物质流分析研究成果如表 2.2 所示。从空间边界的角度来看，这些研究包括全球范围、洲际尺度、国家层面以及省市层面的研究；从时间边界的角度来看，这些研究有针对一年的静态分析，也有针对多年动态的时间序列分析；从存量与流量的角度来看，这些研究有单独针对存量或者流量的分析，也有两者兼顾的分析。

表 2.2 铝的物质流分析研究文献小结

空间边界	时间边界	主要内容和评价
中国的邯郸市	2005 年	采取自下而上的清单分析法，计算了 2005 年邯郸市人均铝的在用存量（19.6kg/人）及其部门分布情况（建筑和交通部门分别占 61.5%和 24.4%）（楼俞和石磊，2008）
美国的康涅狄格州	2000 年	采取自下而上的清单分析法，计算了 2000 年康涅狄格州人均铝的在用存量（360～400kg/人）及其部门分布情况（建筑和交通部门分别接近 60%和 40%）（Recalde et al., 2008）
巴西的里约热内卢	2010～2090 年	估算了民用建筑中铝材料的存量，构建了不同建筑类型中含铝材料的强度系数，研究建筑和拆迁废物中含铝材料的流动情况（Condeixa et al., 2017）
德国	1986～2012 年	根据不同终端消费部门铝的使用量和产品的服务年限建立了 3 个动态模型，核算旧铝废料的产生量并对结果进行了对比（Melo, 1999）
英国	1958～2001 年	2001 年静态的铝的物质流分析及 1958～2001 年动态的铝的物质流分析（Dahlstrm et al., 2004; Dahlström and Ekins, 2007）；对于 2001 年，结合价值流分析工具研究了铝的资源生产率和资源效率（Dahlström and Ekins, 2007）；对生产和进出口的分析比较全面，但是损失被完全忽略

续表

空间边界	时间边界	主要内容和评价
日本	1990~2050 年	构建了多年动态的铝的物质流分析模型，计算了不同终端消费部门不同种类合金的铝废料的数量（Hatayama et al., 2007）
日本	2003 年	来自再生铝工业铝渣的生产、循环以及废弃量分析（Nakajima et al., 2008）
中国	1950~2009 年	利用生产、加工、制造、贸易和损失率的时间序列数据，分析了 1950~2009 年中国铝的存量和流量，并应用动态自上而下的方法对废料产生进行建模（Chen and Shi, 2012）
中国	2002~2013 年	量化了生命周期各阶段的流量和存量，通过物质流分析指数描述铝的外部依赖性、再生铝的重要性以及铝的输入量（Ding et al., 2016）
意大利	1960~2009 年	与每吨铝的排放系数结合，分析碳排放在铝生产和使用地点间的转移，考虑了未来的工业和环境政策（Ciacci et al., 2014）
奥地利	1960~2050 年	通过动态物质流模型预测铝的消费量，估计 2050 年以前 6 个使用部门铝废料的产生量和在用存量的变化，评估未来铝的回收潜力（Buchner et al., 2015a）
美国	1990~2009 年	结合存量指标分析物质循环与经济增长的关系，研究铝在生产和消费等环节对环境的压力，对经济产出或福利的弹性进行分类（Zhang et al., 2017）
美国	1960~2009 年	在产品和部门两个尺度上分析了铝在用存量的历史演变模式，与之前在部门尺度自上而下的结果相比，具有更高的精确度（Chen, 2018）
日本、美国欧洲、中国	2000~2050 年	假设各国各终端消费部门人均铝的在用存量与人均 GDP 间呈现"S"形曲线关系，进而根据动态物质流分析模型计算中国、美国、日本、欧洲各终端消费部门铝的在用存量和旧铝废料的产生量（Hatayama et al., 2009）
欧盟 15 国	2002 年	对欧洲再生铝工业铝的物质流及各种指标进行了非常详细且具有开拓性的定量研究（Boin and Bertram, 2005）
欧盟 27 国和欧洲 3 国[①]	2005 年	对欧洲原生铝、铝加工和再生铝工业进行了详细的铝的物质流分析和生命周期评价研究（EAA, 2008）
全球	2003 年，1990~2020 年	建立了一个全生命周期模型来计算 2003 年全球铝的存量与流量；模拟了 1990~2020 年全球范围内各个不同终端消费部门铝的需求量和旧铝废料的产生量（Martchek, 2006）
全球	2000 年	结合 GIS 工具和线性回归分析模型，计算了全球范围内铝的矿产存量和在用存量（Rauch, 2009）
全球	1900~2010 年	通过动态物质流模型，模拟了 1900~2010 年铝存量在地质储层和社会经济系统中的演化过程（Liu and Müller, 2013b）
全球	1950~2100 年	结合生命周期评价，研究了含铝产品在满足日益增长需求的同时产生的温室气体排放量，探索了有效的减排路径（Liu et al., 2013）

① 包括挪威、瑞士和冰岛；自 2003 年以后，国际铝业协会和欧洲铝业协会每年分别在全球和欧洲层面上对该模型的数据进行更新并发布结果。

第3章 经济系统铝的生命周期流量与存量解析

物质流分析的前提是定性解析元素在社会经济系统中的流动拓扑结构,并识别出存量与流量清单。在借助并完善如图 2.2 所示的"存量与流量"框架的基础上,本章构建了解析铝生命周期流动过程的分析框架,描述了铝在各个生命周期阶段的具体流动过程和特征,对铝的存量与流量进行了识别和分类,从而为后续章节的定量研究奠定基础。

3.1 铝的生命周期解析框架

铝的生命周期可以划分为若干个阶段及其子阶段,这些阶段或者子阶段也称为生命周期流程,包括铝的运输和转化过程。在物质流分析研究中,受到关注的主要是转化过程,包括物理转化过程与化学转化过程。如图 3.1 和表 3.1 所示,铝在社会经济系统中的生命周期可以划分为 4 个主要的阶段,每个阶段又包含若干

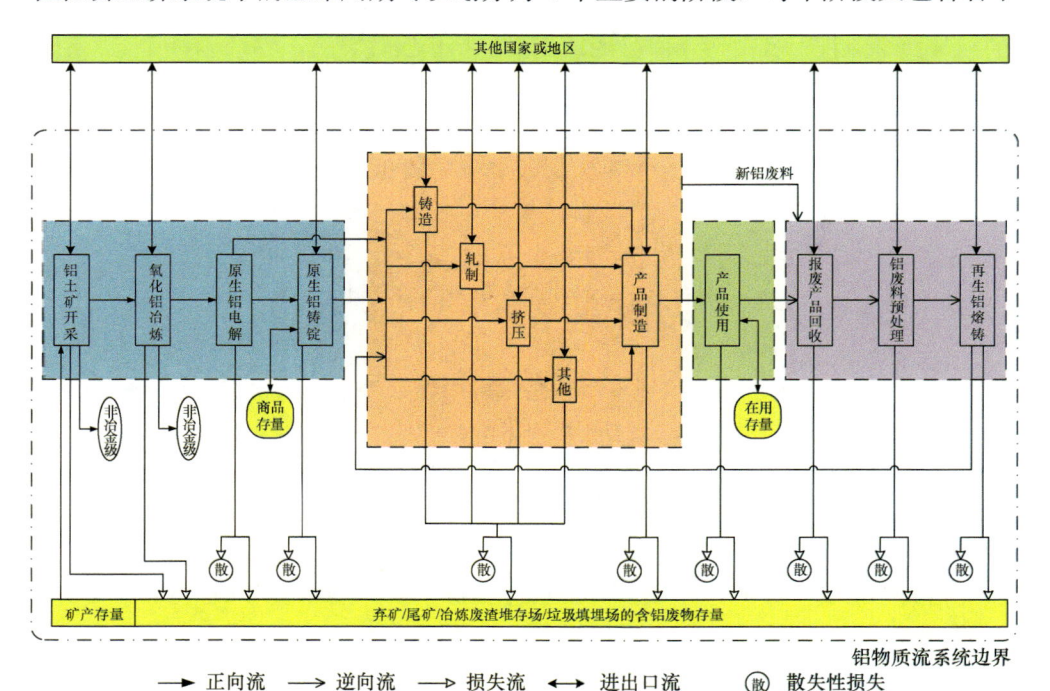

图 3.1 "存量与流量"框架:铝在社会经济系统中的全生命周期流动过程

表 3.1　铝生命周期的阶段、子阶段及各子阶段对应的编号与含铝产品清单

生命周期阶段	生命周期子阶段	子阶段编号（i）	含铝产品名称
生产阶段	铝土矿开采	1	铝土矿
	氧化铝冶炼	2	氧化铝、氢氧化铝
	原生铝电解	3	电解铝液
	原生铝铸锭	4	原生铝
加工与制造阶段	铝铸件铸造	5-a	铝铸件
	铝材轧制	5-b	板材、带材、箔材
	铝材挤压	5-c	管材、棒材、线材、排材、型材等
	其他加工过程	5-d	铝锻件、铝粉等
	最终产品制造	6	含铝最终产品
使用阶段	最终产品使用	7	报废的含铝最终产品
废物管理与循环阶段	新铝废料与报废产品回收	8	新铝废料与报废的含铝最终产品
	铝废料预处理	9	处理后的铝废料
	再生铝熔铸	10	再生铝

子阶段或者流程：①生产阶段，包括铝土矿开采、氧化铝冶炼、原生铝电解、原生铝液铸锭 4 个流程；②加工与制造阶段，包括铝半成品的加工与含铝最终产品的制造两个流程，其中铝半成品的加工又包括铝铸件铸造、铝轧制材加工、铝挤压材加工和其他加工过程 4 个平行的子流程；③使用阶段；④废物管理与循环阶段，包括新铝废料与报废产品的回收、铝废料预处理和再生铝熔铸 3 个流程。在铝的生命周期中，每一个生命周期阶段及其子阶段都产生特定的含铝产品[1]，其清单可以参见表 3.1。

3.2　铝的存量与流量的识别和分类

根据本书 2.1.2 小节的论述，铝的存量可以大致地划分为两种：暂时性的商品存量和长期性的存量。如图 3.2 所示，与每一个生命周期流程相对应，都有一个含铝产品的暂时性商品存量，这些作为商品的含铝产品可能保存于工业企业、交易商或者政府的储存库中，其典型代表是未锻轧铝锭。在金属交易市场上，未锻轧铝锭的商品存量往往具有较大的规模并且能够对铝的短期价格波动以及可供性产生很大的影响。因此，在数据可获取的前提下应该考虑暂时性存量的变化所带来的影响。

---

[1] 需要特别指出的是，在一些文献中，可能将含铝产品仅仅看作含铝最终产品。本书将含铝最终产品界定为从制造阶段生产出来的将要进入使用阶段的含铝产品。

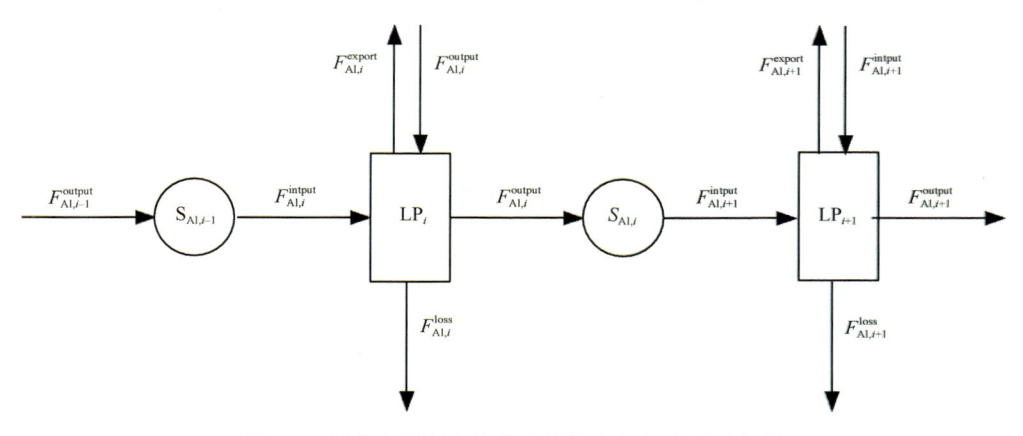

图 3.2　铝生命周期中各个流程的存量与流量平衡图

LP$_i$ 代表第 i 个生命周期流程；$S_{Al,i}$ 代表 LP$_i$ 产生的含铝产品的暂时性存量；各种流量的含义详见正文

在物质流分析研究中，主要受关注的存量并非暂时性的商品存量，而是对于铝的可持续生产与利用具有重要意义的长期性存量。在开展国家尺度上铝的物质流分析研究时，需要计算的存量包括 4 种长期性存量：矿产存量、在用存量、散失性存量和库存性存量。

如图 3.1 和图 3.2 所示，铝的每一个生命周期流程都对应着一系列的流量。

除了使用阶段，如公式（3.1）所示，每个流程的总输入流量应该等于总输出流量：

$$F_{Al,i,j}^{input} + F_{Al,i,j}^{import} = F_{Al,i,j}^{output} + F_{Al,i,j}^{export} + F_{Al,i,j}^{loss} \tag{3.1}$$

其中，F 代表流量；i 是生命周期流程的编号，其具体数字如表 3.1 所示；j 是所研究的年份的编号；$F_{Al,i,j}^{input}$ 是第 j 年时输入流程 i 用于生产其相应的含铝产品的原材料中所含的铝的输入流量；$F_{Al,i,j}^{import}$ 和 $F_{Al,i,j}^{export}$ 分别是第 j 年时流程 i 所生产的含铝产品的进口和出口所带来的铝的进口流量和出口流量；$F_{Al,i,j}^{loss}$ 是第 j 年时流程 i 所产生的铝的损失流量；$F_{Al,i,j}^{output}$ 是第 j 年时流程 i 所生产的并且进入国内市场的含铝产品中所包含的铝的数量。

对于使用阶段，由于存在长期性的在用存量，并且报废最终产品的进出口量应在报废品回收阶段（表 3.1 中的子阶段 8）进行核算，因此无法用公式（3.1）而只能用公式（3.2）来表达其物料平衡：

$$F_{Al,i,j}^{input} + S_{Al,j-1}^{inuse} = F_{Al,i,j}^{output} + F_{Al,i,j}^{loss} + S_{Al,j}^{inuse} \tag{3.2}$$

其中，$S_{Al,j}^{inuse}$ 是第 j 年末时研究系统内铝的在用存量。从图 3.1 可以看到，有两种流量直接使铝进入或者离开所研究的社会经济系统，也就是损失流量（$F_{Al,i,j}^{loss}$）和贸易流量（或称进出口流量，$F_{\mathrm{Al},i,j}^{\mathrm{import}}$ 和 $F_{\mathrm{Al},i,j}^{\mathrm{export}}$）。这两种流量必须从全生命周期的角度进行核算并且将在第 3.7 节和第 3.8 节进行进一步的论述。然而，公式（3.1）中所列的另外两种流量——$F_{\mathrm{Al},i,j}^{\mathrm{input}}$ 和 $F_{\mathrm{Al},i,j}^{\mathrm{output}}$——形成了铝从矿产开采开始到填埋或再利用的全生命周期流程。$F_{\mathrm{Al},i,j}^{\mathrm{input}}$，$F_{\mathrm{Al},i,j}^{\mathrm{output}}$ 和以 $S_{\mathrm{Al},j}$ 表示的第 j 年末流程 i 产生的含铝产品的商品存量的关系可以用如下方程表示：

$$F_{\mathrm{Al},i,j}^{\mathrm{output}} + S_{\mathrm{Al},i,j} - S_{\mathrm{Al},i,j-1} = F_{\mathrm{Al},i+1,j}^{\mathrm{input}} \tag{3.3}$$

考虑到正是人类对在用存量的需求使得金属在社会经济系统中的生命周期流动（Müller et al., 2006），因此以在用存量为核心，将 $F_{\mathrm{Al},i+1,j}^{\mathrm{input}}$ 和 $F_{\mathrm{Al},i,j}^{\mathrm{output}}$ 进一步划分为两种流量：正向流量，指从矿产存量到在用存量的流量；逆向流量，也可以称为循环流量，指从生产阶段、加工与制造阶段中产生的新铝废料和从使用阶段中产生的旧铝废料的循环利用量，与正向流量相同，循环流量也是流向在用存量。

3.3　生产阶段含铝产品的识别与分类

现代铝工业生产的金属铝包括利用铝土矿作为原料的原生铝和利用铝废料作为原料的再生铝。本节所介绍的原生铝的生产阶段由如下几个连续的子阶段构成：①铝土矿开采（也包括选矿）；②利用铝土矿冶炼氧化铝；③电解氧化铝得到原生电解铝液；④利用电解铝液铸造生产原生铝锭或铝坯。再生铝的生产链条将在第 3.7 节中进行介绍。

3.3.1　铝土矿开采

自然界中几乎没有单质形态的铝，铝土矿是制取原生铝的最主要的矿石来源。铝土矿主要用于生产氧化铝，部分还用于非冶金用途如作为耐火材料、研磨材料、化学制品及高铝水泥的原料。在铝土矿中，铝以氢氧化物的形态存在。铝土矿可以分为三水铝石型、一水软铝石型和一水硬铝石型（潘复生和张丁非，2006）。国外的铝土矿主要是三水铝石型，具有高铝、低硅、高铁、高铝硅比的特点，适合采用能耗较低的拜耳法冶炼氧化铝。中国除了广西平果之外，主要是一水硬铝石型，具有高铝、高硅、低硫、低铁、中低铝硅比的特点，多以能耗较高的烧结法或者拜耳-烧结联合法冶炼氧化铝。

目前，世界铝土矿的基础储量为 550 亿～750 亿 t（USGS，2021），其中可采储量为 300 亿 t。2020 年，15 个主要的铝土矿产国共开采 4 亿 t 铝土矿，因此世界范围内铝土矿的可供年限在 100 年以上。中国铝土矿的储量只有 10 亿 t，只占世界的 3.3%，人均储量只有世界平均水平的 1/18。若按 2020 年的采掘量计算，中国铝土矿的静态可供年限仅为 15 年左右。

铝土矿的开采方法有露天法和地下法两种，目前世界上的铝土矿主要是用露天法开采的（IAI，2018），中国冶金用铝土矿的开采也以露天法为主（张克仁等，2006）。一般，从矿山开采出来的铝土矿无须或者仅需经过简便的处理便可达到氧化铝厂冶炼的品级要求，因此，与其他金属矿石不同，铝土矿一般不需要进行选矿处理。在中国，除了用选矿拜耳法或者选矿烧结法处理的铝土矿，从矿山开采出来的铝土矿一般不进行选便直接送到氧化铝厂进行处理。在开采过程中，并非所有的铝土矿都能被开采且运输出来，其中有一部分可能遭到破坏或者遗弃在矿山附近。在中国，一般以采矿回采率衡量铝土矿开采过程的绩效。

3.3.2 氧化铝冶炼

氧化铝按其用途可分为冶金级和非冶金级两种。冶金级氧化铝作为电解生产原生铝的原料，占氧化铝使用量的绝大部分；非冶金级氧化铝也称为化学品氧化铝。由铝土矿生产氧化铝的方法主要有 3 种：拜耳法、烧结法和拜尔-烧结联合法，其中联合法又分为串联法、并联法和混联法 3 种。表 3.2 对比了 3 种方法的主要生产技术指标，可以看出，拜耳法的优点是能耗低，缺点是氧化铝总回收率也比较低；而烧结法和混联法虽然氧化铝总回收率较高，缺点是能耗比较高。

表 3.2 中国氧化铝厂主要生产技术指标

生产方法	氧化铝总回收率（%）		碱耗（kg/t）		综合能耗（GJ/t）	
	2002 年	2018 年	2002 年	2018 年	2002 年	2018 年
烧结法	93.20	85.00	64.82	18.00	36.23	32.87
混联法	91.45	91.00	60.79	69.00	30.82	19.84
拜耳法	81.65	83.00	65.51	43.00	13.73	8.40

注：2002 年数据来自中国可持续发展矿产资源战略研究"有色金属"课题组（2005 年）；2018 年数据来自高天明等（2018）的文献

目前，世界上除中国以外的所有国家和地区基本使用拜耳法。由于中国铝土矿多为一水硬铝石型，中国的氧化铝生产是从烧结法开始发展起来的。且基于对中国铝土矿高铝、高硅、低铝硅比特点的认识，通过选矿把低铝硅比铝土矿变成高品位精矿并采用能耗较低的拜耳法生产氧化铝的选冶联合的"选矿拜耳法"，成为中国氧化铝工业一个重要的发展方向。但由于拜耳法流程短、能耗低，自 2004 年起，进口优质铝土矿并采用拜耳法生产氧化铝的企业日渐增多。与此同时，基于对国内铝土矿储量不足的认识，中国企业开始购买海外铝土矿开采权。2012 年以后，海外铝土矿开发热潮进一步升温。这一时期，中国新建和扩建的氧化铝厂均以拜耳法为主。拜耳法成为中国氧化铝的主流生产工艺（门翠双，2021）。

3.3.3 原生铝电解

目前，世界上的原生铝基本上是以"霍尔-埃鲁特"工艺即冰晶石-氧化铝熔盐电解法冶炼的。其生产原理是在电解槽中将直流电通过以氧化铝为溶质、冰晶石为溶剂的电解质，在950～970℃条件下使氧化铝分解为铝和氧。阴极上析出的铝汇集于电解槽底，阳极上析出的二氧化碳和一氧化碳气体则外排。世界范围内使用的电解槽主要有两种：自焙电解槽和预焙电解槽。其中，预焙电解槽在节能和环保方面具有明显的优势。近年来，中国的电解槽技术取得了巨大的进步：一方面，自焙电解槽已经基本被淘汰；另一方面，预焙电解槽在大型化、自动控制、节能环保等方面进行了巨大的改进。

从电解槽中抽出的原生电解铝液的含铝量一般可达99.7%～99.9%，其中所含的杂质主要是硅和铁，以及较少量的铜、锌、镁、锰等。在大多数情况下，这种纯度的电解铝液即可满足用户的要求。但是，为满足一些部门对精铝（99.93%<铝含量<99.996%）、高纯铝（铝含量>99.999%），甚至超高纯铝（铝含量>99.9999%）的需求，一些电解厂还对从电解槽抽出的铝液进行进一步精炼（潘复生和张丁非，2006）。在电解过程中，会发生一小部分铝元素的损失。在中国，每吨电解铝液所耗氧化铝量是评价电解过程中铝回收效率的重要指标。

3.3.4 原生铝铸锭

每隔一定时间，电解铝液从电解槽中被抽出并运到电解铝厂的铸造车间。在一些情况下，电解铝液可能被直接运送到邻近的铝铸件厂并被铸造为铝铸件。在铸造车间，电解铝液一般先在混合炉中经过熔剂净化、质量调配、扒渣澄清等一系列处理过程，然后铸造成为各种各样的铝锭或铝坯料，包括重熔铝锭、轧制扁铝锭、挤压圆铝锭、电工圆铝杆等。在保持炉中，会产生主要由金属态铝、被氧化的铝和杂质构成的铝渣，这些铝渣会浮到铝液的表面并需要定期耙除掉。金属铝含量比较高的高品位铝渣一般可回收用于重新提取其中的金属铝或者用作钢铁冶炼过程中的脱氧剂，但是，低品位的铝渣以及经过二次提取金属铝的铝渣残渣一般被废弃掉或者填埋。因此，由于被氧化或者随着铝渣被废弃与填埋，在铸造过程中会产生一小部分的铝损失。铸造损耗率，或者称火耗，是指从电解铝液到铝产品铸造过程中损失的铝金属量；这一指标通常用于衡量铸造过程中的铝回收效率。

在现代西方铝工业界，大部分的电解铝液在铸造车间进行合金化，然后利用直接水冷半连续铸造法（direct chill semi-continuous casting technology）铸造为轧制扁铝锭、挤压圆铝锭或者电工圆铝杆，但一般不铸造为重熔铝锭。这种工艺称为连铸连轧。在中国，有65%~70%的铝材是通过连铸连轧工艺生产的（卢建，2020），其余部分需铸造为重熔铝锭，并被运送到铝材加工厂或者铝铸件厂进行重熔与添加合金元素，之后才铸造为轧制或挤压用坯料或者铝铸件。因此，金属铝经历了二次熔融并造成了能源的浪费和重熔过程中铝的二次损失。中国仍需进一步提高连铸连轧的比例。

3.4 加工与制造阶段含铝产品的识别与分类

3.4.1 铝合金的分类

纯铝（铝含量>99.00%）的性能在大多数场合不能满足使用要求，为此，人们在纯铝中添加各种合金元素以生产出满足各种性能和用途要求的铝合金。铝合金可加工成板材、带材、箔材、管材、棒材、线材、排材、型材、自由锻件和模锻件等加工材（也称变形材），也可加工成铸件、压铸件等铸造材。铝合金按照生产加工材或铸造材可分为变形铝合金和铸造铝合金，其各自又可分为热处理不可强化型和热处理可强化型（潘复生和张丁非，2006；王祝堂和田荣璋，2005），如图3.3所示。但是，铸造铝合金和变形铝合金并没有截然分开的界限，有的铝合金既可用于铸造又可用于压力加工。在全世界每年消费的铝中，大部分用于生产变形铝合金，只有15%~25%用于生产铸造铝合金（田荣璋，2006）。

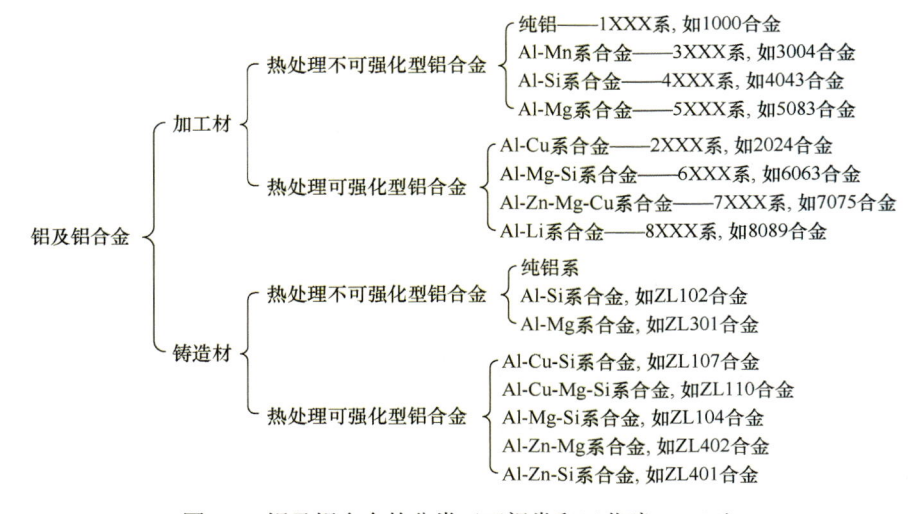

```
                           ┌ 纯铝──1XXX系，如1000合金
              ┌ 热处理不可强化型铝合金 ┤ Al-Mn系合金──3XXX系，如3004合金
              │                        │ Al-Si系合金──4XXX系，如4043合金
              │                        └ Al-Mg系合金──5XXX系，如5083合金
     ┌ 加工材 ┤
     │        │                        ┌ Al-Cu系合金──2XXX系，如2024合金
     │        │ 热处理可强化型铝合金   │ Al-Mg-Si系合金──6XXX系，如6063合金
     │        └                        │ Al-Zn-Mg-Cu系合金──7XXX系，如7075合金
铝及铝合金 ┤                           └ Al-Li系合金──8XXX系，如8089合金
     │
     │                                  ┌ 纯铝系
     │        ┌ 热处理不可强化型铝合金 ┤ Al-Si系合金，如ZL102合金
     │        │                        └ Al-Mg系合金，如ZL301合金
     └ 铸造材 ┤
              │                        ┌ Al-Cu-Si系合金，如ZL107合金
              │                        │ Al-Cu-Mg-Si系合金，如ZL110合金
              └ 热处理可强化型铝合金   ┤ Al-Mg-Si系合金，如ZL104合金
                                       │ Al-Zn-Mg系合金，如ZL402合金
                                       └ Al-Zn-Si系合金，如ZL401合金
```

图3.3 铝及铝合金的分类（王祝堂和田荣璋，2005）

3.4.2 铝半成品的加工

铝半成品主要包括铝铸件和铝加工材,可由原生铝或再生铝生产,但再生铝在目前的技术水平下多用于生产铝铸件。图 3.4 给出了由原生铝或再生铝生产铝半成品的流程示意图。在铝半成品的生产过程中,由于熔炼造成的熔融氧化和变形加工带来的机械损失,会有一小部分金属铝的损失。在中国,每吨铝材所耗金属铝量常用于衡量铝加工材生产过程中金属铝的利用效率。

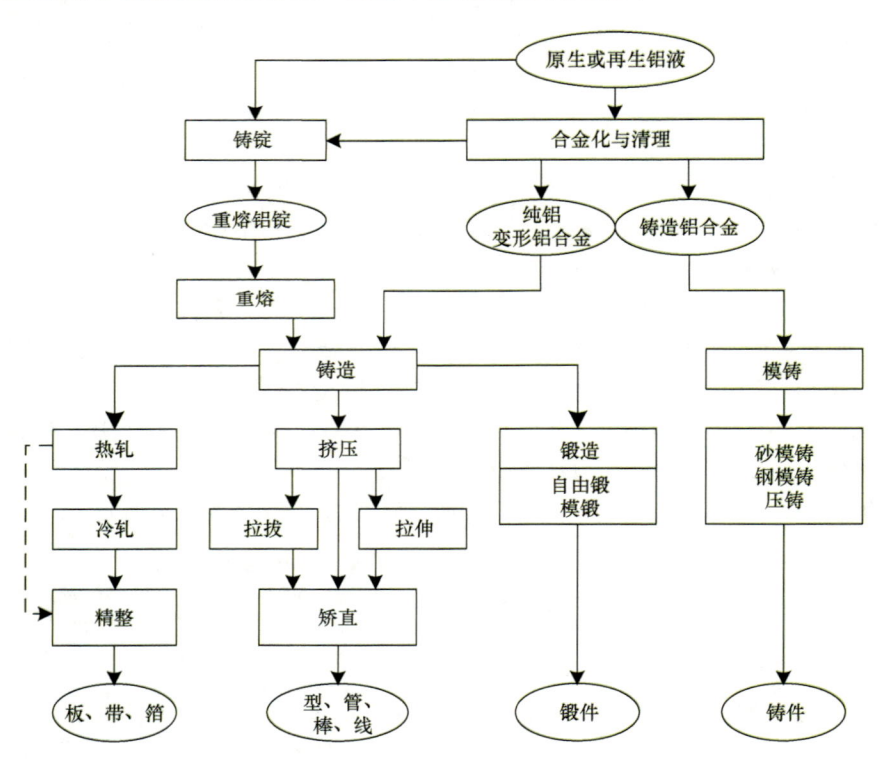

图 3.4 铝铸件与铝加工材生产流程示意图(改自 Altenpohl,2010)

铝铸件(如汽车的铝轮毂、气缸缸体等)的生产不需要压力加工,有的经过机械加工、表面处理,有的仅经过清理就可装机使用(田荣璋,2006)。铝铸件的生产工艺过程主要包括合金的熔炼、铸造成型、热处理及表面处理等(潘复生和张丁非,2006;中国有色金属工业协会,2005)。目前,铸造成型涉及的工艺方法主要有砂型铸造、金属型铸造、低压铸造、差压铸造、真空吸铸法和石膏型精密铸造法等。

变形铝合金经过熔炼和铸造,可以得到铝坯料,如轧制扁铝锭或挤压圆铝锭。

铝坯料经过压力加工，发生如轧制、挤压、拉伸、锻造、冲压等不能自行恢复形状和尺寸的塑性变形，其产品就是铝加工材。其中，板材、带材、箔材通常采用轧制的方式生产，板材可进一步分为厚板、中厚板及薄板；管材、棒材、线材、排材、型材通常采用挤压和（或）拉伸的方式生产；锻件则通常采用锻造、冲压的方式生产。与铸件一样，由于有改进表面质量、增强表面抗氧化能力和表面着色等需要，铝加工材通常还需经过表面处理（潘复生和张丁非，2006；中国有色金属工业协会，2005）。铝加工材经进一步加工，可以得到冷弯制品、框架制品、冲压制品、精箔制品、模压制品、复合制品、粉制品、深冲制品以及其他深加工制品（Michaelis and Jackson，2000）。

3.4.3 含铝最终产品的制造

铝的广泛用途导致含铝最终产品的种类繁多且难以分类。美国地质调查局（USGS，2006）、欧洲铝业协会（Dahlstrm et al.，2004）和日本铝业协会（Hatayama et al.，2007）分别将所有含铝最终产品分为七大类、九大类[①]和 30 大类。比较普遍使用的是美国的分类法，该方法将含铝最终产品划分为七大类：①建筑；②交通工具；③耐用消费品；④机械设备；⑤电力工程；⑥包装；⑦其他。其中，每一个大类里又分别包含了许多小类，如交通工具可以进一步分为飞机、飞船、火车、汽车、卡车、客车、摩托车、自行车、轮船、游艇等，飞机、汽车等又可以进一步划分为各种型号和品牌，而每种型号或品牌的飞机、汽车的平均含铝量可能是不同的。

一般，铝铸件和铝加工材需要进一步加工为各种零部件或组件才能用于制造最终产品。但是，不同产品的制造过程有很大的不同，主要体现在：①不同最终产品对铝合金种类和数量的需求不同，实际上，特定的合金只用于生产特定的半成品，而特定的半成品只用于生产特定的最终产品，例如，1000 系合金只用于生产铝箔，而 3004 合金只用于生产铝易拉罐的罐身，因此，根据 Hatayama 等（2007）的研究，可以建立一个不同种类最终产品对不同系列铝合金的需求矩阵；②不同产品生产过程的复杂性和所需时间不同；③产品中含铝组件的成本和价值不同，如汽车的生产需要用到较多的铝铸件和部分加工材，并且要先将铝铸件和加工材进行切割、拼接、成型、表面处理等过程，然后才能用于生产各种零部件如轮毂、座椅横挡、缓冲器、发动机等，最后才能拼装到整车中；而生产一套铝门窗则主要使用铝型材，所需的工序相对要简单得多。因此，同样质量的铝在门窗中与在

---

① 包括：(1) 交通工具；(2) 通用工程；(3) 电力工程；(4) 建筑；(5) 工业冷藏、化工、食品与农业；(6) 包装；(7) 家庭与办公设备；(8) 粉末与黏结剂；(9) 其他各种各样的用途。具体可以参见 Dahlstrm 等（2004）的文献。

汽车中的成本和价值也就因其合金种类和加工程序的不同而有很大的不同。

3.5 使用阶段含铝产品的识别与分类

含铝最终产品制造出来后将被卖给消费者并为他们提供各种各样的服务如交通运输、住宿、包装、电力等。然而，使用阶段具有与生产阶段、加工与制造阶段和废物管理与循环阶段明显不同的特征。

首先，其他阶段发生的铝的材料转化（包括化学转化和物理转化）是有目的性的转化，而使用阶段的材料转化则是由产品的使用所导致的结果，是无目的性的转化（Dahlstrm et al., 2004）。使用阶段的铝的材料转化主要包括腐蚀、散失与污染三类，这些转化往往导致铝的质量或者数量损失，而这种损失恰恰影响了铝的可持续利用并因此在铝的物质流分析研究中应该受到足够的重视。当表面的氧化膜遭到破坏时，金属铝就可能发生腐蚀。铝的散失则主要是由于铝粉的使用，包括用于钢铁冶炼过程中的脱氧剂、肥料、涂料、炸药以及其他的化工用途。污染是指铝在使用过程中可能夹杂了越来越多的其他物质或者元素，从而导致其在循环利用过程中必须采用适当的技术和方法对这些夹杂物质进行分离，以此尽量减少或者避免铝的质量损失与降级使用。

其次，由于投入使用的各种含铝最终产品一般具有比较长的服务年限，而且绝大部分的铝在使用过程中不会像能源一样被消耗掉而是保持其金属形态，因此，含铝最终产品的大量使用使得在一定的区域内——如一座城市中——形成了铝的在用存量。在一定的时间段内，对于一个国家、地区或一座城市而言，由于投入使用与报废的含铝最终产品中铝含量的差额，铝的在用存量不断增加或减少。Müller 等（2006）认为，在用存量是带动金属在社会经济系统中循环流动的发动机，因为在用存量不仅通过提供各种服务支持了人类的生产和生活，同时，在用存量也为再生金属的生产提供了废料来源，并且正是在用存量的需求带动了人类社会对于金属的需求。根据本书 2.2.2 小节的论述，可以通过两种方法来核算金属的在用存量（Gordon et al., 2006; Kapur and Graedel, 2006）：自下而上法和自上而下法。在开展国家尺度上多年动态的铝的物质流分析研究时，一般应当采用自上而下法来计算其在用存量。并且，在可以得到最终产品的不同终端消费部门表观消费量的前提下，也可以计算得到不同终端消费部门的旧铝废料产生量。

3.6 废物管理与循环阶段含铝产品的识别与分类

废物管理与循环阶段的主要功能是对铝废料进行循环利用从而生产再生铝。

需要注意的是，目前国内关于铝废料和再生铝的叫法比较混乱，如铝废料、废杂铝、旧废铝、废铝、杂产铝、再生铝等，本书认为主要应区分两个概念：铝废料和再生铝。铝废料指的是工业和社会中产生的能够回收并用于生产再生铝的含铝废料，对应于国外的 aluminum scrap；而再生铝则是指铝废料经过分选、预处理、熔炼、成分调整和铸造后形成的可以作为深加工原料的重熔铝锭、铝坯料、铝铸件等，对应于国外的 recycled aluminum 或者 secondary aluminum（陈伟强等，2008a）。一般，铝废料可以分为两类：新铝废料（new scrap）和旧铝废料（old scrap）。全球铝循环利用委员会（Global Aluminium Recycling Committee，GARC）（2006）认为：新铝废料来自含铝产品使用之前的生产环节，而旧铝废料则来自含铝产品使用之后的报废环节。因此，也有文献将新铝废料称为生产性铝废料，而将旧铝废料称为生活性铝废料（李宏伟，2003）。从铝废料到再生铝的循环利用过程可以划分为 3 个环节：①新铝废料和报废最终产品的回收；②新铝废料和报废最终产品的预处理；③铝废料的熔铸。在循环利用过程中的每个环节上都可能发生金属铝的损失，这些损失掉的铝有可能散失到环境中或者被废弃填埋掉。与此相对应，如图 3.5 所示，对于每个环节都可以界定出一个相应的循环利用率（1–损失率）：回收所得率、处理所得率和熔铸所得率。将这 3 个循环利用率相乘，就可以得到从铝废料到再生铝的循环利用过程中铝的综合循环利用率（EAA，2008）。在生产再生铝的过程中，新铝废料和旧铝废料可能被混杂在一起进行熔炼，并添加原生铝和新的合金元素以调节铝合金的质量。

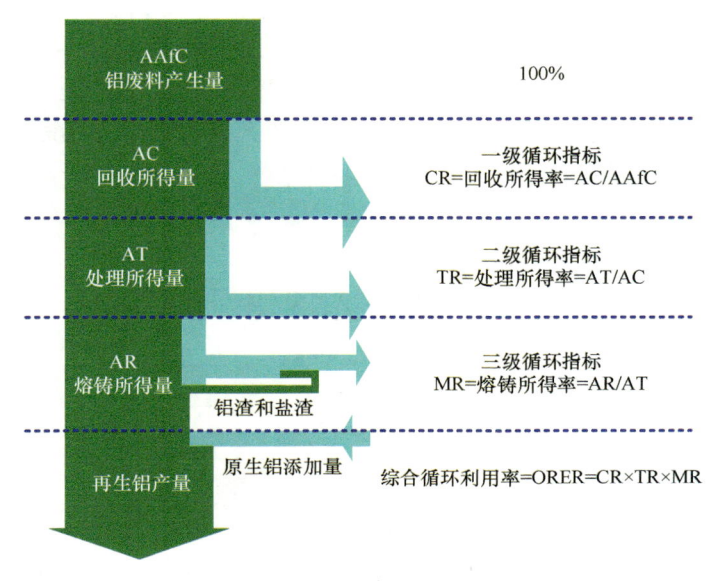

图 3.5　铝废料的循环利用过程及相应的循环利用率（改自 Gleich et al.，2006）

3.6.1　新铝废料的循环利用

根据欧洲铝业协会和欧洲再生铝企业组织的界定（EAA，2008），新铝废料一般包括如下 4 类：①熔融和铸造过程中产生的铝渣；②轧制和挤压过程中产生的切屑与边角料；③在各种机械加工过程中产生的削屑、铣屑和镗屑；④在冲压和打孔过程中产生的废料，以及在加工和制造过程中产生的各种不合格的报废产品。中国著名的铝加工工业专家王祝堂教授则认为，新铝废料指的是在铝铸件和铝加工材的生产、加工及含铝产品的制造过程中所产生的各种铝废料。主要分为两类：①第一类是指铝加工材与铝铸件生产企业在生产产品的过程中所产生的工艺废料以及因成分、性能不合格而报废的产品；②第二类是指采用铝半成品加工制造为最终产品时产生的废料与废品，如加工铝门窗、深拉易拉罐、加工铸件与锻件时产生的废料、切屑与废件等[①]（王祝堂，2002）。

在新铝废料中，有一部分并不进入社会回收体系而由企业自行回炉熔炼或者以来料加工的形式运到铝电解厂换取所需的铝坯料，这部分废料主要产生于铝半成品企业，因此也称为内部废料，对应于国外所说的 internal scrap、turn-around scrap、run-around scrap、in-house scrap，或者 home scrap，这类新铝废料一般难以统计其数量；有一部分则经过社会回收体系回收分拣后再送往再生铝企业进行熔炼铸造，这部分废料主要包括铝渣和最终产品制造过程中产生的铝废料，因此也称为外部废料，对应于国外所说的 prompt scrap，这类新铝废料一般需要统计其数量。

一般，新铝废料的回收所得率可以接近 100%。内部废料的品级与合金成分一般是已知的，并且不会有涂层，因此，除了打包之外一般不需要其他的预处理步骤便可以由内部的熔铸车间或者再生变形铝合金锭坯厂（remelter）直接熔炼生产变形铝合金（EAA，2006，2008）。在外部废料中，从最终产品制造厂产生的废料由于可能有由油漆、油墨或者塑料形成的包覆层，因此首先需要经过去涂层处理，而铝渣一般需要进行破碎和分拣后再进行熔炼（EAA，2008）。

3.6.2　旧铝废料的循环利用

旧铝废料的来源可以根据最终产品的分类进行分类。在利用自上而下法时，更是需要针对不同种类的最终产品及其服务年限计算旧铝废料的产生量及其结构。

报废最终产品的回收体系可能是分散且复杂的，其回收所得率可能由于地区差别、最终产品种类的不同以及回收体系完善程度的不同而有很大的不同。因此，

---

① 王祝堂教授原文将第二类也归为旧铝废料，本文认为应将其归入新铝废料。

一般很难确定旧铝废料的回收所得率。根据欧洲铝业协会的报道，在欧洲不同的国家中，来自报废汽车、建筑以及易拉罐的旧铝废料的回收所得率分别为90%~95%、92%~98%，以及6%~96%（EAA，2008；GARC，2006）。Schlesinger（2007）则认为，在美国，由于报废交通工具的回收体系相对完善，其旧铝废料的回收所得率比来自其他报废最终产品的旧铝废料的回收所得率要高。在中国，尽管有专家报道旧铝废料的回收所得率比较高，但是缺乏具体的数据统计或者可靠的调研结果。

从理论上分析，铝废料如果以适当的方式进行循环，则仍然可以像原生铝那样应用于所有的用途，因为在重新熔铸的过程中铝的原子结构没有被改变（GARC，2006）。但实际上，由于其他物质或元素的污染以及不同种类铝合金的混合，往往大多数的铝废料尤其是旧铝废料被用于生产铸造铝合金尤其是汽车、摩托车用的铝铸件，而较难用于生产对合金种类要求较高的各种铝加工材。所以，铝废料在熔炼之前必须满足一定的品级要求，为了达到这一点，铝废料中的夹杂物质必须首先被清除掉，然后根据合金种类的不同对铝废料进行分类（EAA，2008）。分类时，铸造铝合金和变形铝合金首先要分开，进一步则是各个系列的铝合金要分开，分类越细越有利于其专门化的熔炼铸造，当然相应的分类成本也要增加。在预处理的过程中，预处理工艺根据铝废料合金种类和来源的不同也应该有所不同。虽然有些报废产品如废旧铝箔仅仅需要经过一些简单的处理程序，但是其他的一些报废产品如报废的汽车却需要经过许多复杂的处理工艺才能得到符合品级要求的铝废料。如表3.3所示，欧洲铝业协会报道了不同种类铝废料的典型预处理工艺。Gleich等（2006）区分了铝废料的两种循环：闭路循环（closed loop recycling）和开路循环（open loop recycling）。闭路循环是指一种铝废料合金被用于生产大致相同种类的合金，如废铝罐被重新用于制罐，废旧铝门窗被重新用于生产铝门窗型材；开路循环则是指一种铝合金废料被用于生产其他种类的铝合金。一般，闭路循环能更好地延长铝的使用寿命。在实际的循环利用过程中，经过分类的变形铝合金废料可能进入闭路循环或者开路循环，而混合的或者被污染的铝合金废料则只能进入开路循环。在铝废料的预处理过程中，有一小部分的金属铝可能会损失掉，根据欧洲铝业协会的报道，其损失率大致为2%~10%，也就是说处理所得率大致为90%~98%（EAA，2008）。

表3.3 铝废料的主要预处理工艺和熔炼损失率

废料种类	主要预处理工艺	熔炼损失率（%）
铸造厂废料	无	0.75
切屑	干燥及除油	0.75
报废的铝罐和硬包装材料	去漆和打包	2~3
报废的软包装材料	打包	2~8

续表

废料种类	主要预处理工艺	熔炼损失率（%）
报废的建筑材料	破碎/沉淀和浮选/造粒和切割	1~4
切割的报废交通工具废料	破碎/分解/沉淀和浮选	4~8
拆解的报废交通工具废料	破碎/分解/沉淀和浮选	2~4
机械设备废料	破碎/沉淀和浮选	3~7
耐用消费品废料	破碎/沉淀和浮选	3~7
其他铝废料	破碎/沉淀和浮选	—
总铝废料	—	4~6

注：数据来自欧洲铝业协会报告（EAA，2008）

再生铝熔铸企业是铝循环利用过程中的最后一个环节。在西方工业界，再生铝企业分为再生铸造铝合金厂（refiner）和再生变形铝合金锭坯厂（remelter）。一般，再生铸造铝合金厂主要使用转炉和反射炉，以及一部分感应电炉来熔炼混合的铸造铝合金和变形铝合金废料，并生产用于生产铝铸件的铸造铝合金或者用于钢铁冶炼过程的脱氧剂；而再生变形铝合金锭坯厂则主要使用反射炉来熔炼经过分类的干净的变形铝合金废料，同时添加一些原生铝和合金元素以生产供给轧制厂或者挤压厂的变形铝合金（EAA，2008）。在反射炉中，如果没有添加助熔盐，则在熔炼铝废料的过程中可能会产生副产品即铝渣（dross 或 skimming），这些铝渣的主要成分是氧化铝以及其中夹杂的金属铝；如果添加了助熔盐以防止熔融铝的氧化并提高炉子的热效率，则会产生另一种副产品即盐渣（salt slag）。这两种副产品经常需要进行进一步的处理以回收其中的金属铝和助熔盐。在熔铸的过程中，金属铝的损失是无法避免的。根据欧洲铝业协会的报道，如表 3.3 所示，根据铝废料种类的不同，铝在熔炼过程中的损失率一般也会有所不同。

3.6.3 铝的不断循环利用的有限性

如前所述，虽然金属铝具有良好的回收性能，但是人类社会无法做到让所有的铝都无限期地循环利用下去。Gleich 等（2006）提出："在所有的不可再生资源中，金属具有进入可持续循环经济的最大潜力，但我们仍然无法充分地发挥这一潜力。这不仅仅是因为太多的耗散性用途和不够高的回收率，从长期来看，最大的问题是金属质量的降低、回收的水平以及由其他元素带来的污染和降级退化。"这一论断对于铝是非常合适的。

然而，人类社会需要做的仍然是尽力延长每千克铝的服务年限。田荣璋（2006）提出了"铝的全生命周期质量[①]"的概念，即指铝经过无限次循环使用后

---

① 原文叫做"全寿命周期质量"，作者在此基于"生命周期"的一般提法改为"全生命周期质量"。

所能利用的累计质量。如果 1kg 铝每次循环的实际循环利用率都为 0.8，则其全生命周期质量为 5kg；如果循环利用率为 0.95，则其全生命周期质量为 20kg。因此，人类社会应该着力于提高每千克铝的全生命周期质量。

3.7 铝在其生命周期中的损失

Gleich 等（2006）认为：金属的可持续利用从根本上讲必须建立在金属闭路循环的基础之上，这要求金属在其全生命周期过程中不能发生数量与质量上的损失。也就是说，金属的数量损失与质量损失实际上是影响金属可持续利用的关键因素。对于铝而言，数量损失存在于其生命周期的每一个流程中，某流程的数量损失可以界定为进入该流程但无法进入下一个流程继续其生命周期流动或循环的铝的数量。如表 3.4 所示，铝的数量损失可以大致分为两类：①库存性损失，即累积到含铝废物堆存库中的铝损失，其中一部分还有进一步挖掘利用的可能，如拜耳法冶炼氧化铝产生的赤泥可能作为联合法的原料从而进一步利用泥中的铝；②散失性损失，指在使用后失去金属特性或者散失到环境中，因而完全不具有回收利用可能性的损失，如使用阶段发生的腐蚀，以及作为炼钢脱氧剂和炸药导致的铝损失。库存性损失和散失性损失分别导致了 2.1.2 小节中所述的库存性损失存量与散失性损失存量的形成。

表 3.4　铝在生命周期各阶段的数量损失描述与分类

生命周期阶段	损失率	损失类型	损失过程描述
铝土矿开采	采矿损失率	库存性	采场未采下的铝土矿和已采下但未能运出采场的铝土矿成为弃矿或固体废物堆存
铝土矿选矿[①]	选矿损失率	库存性	选矿过程中产生的尾矿，仅适用于选矿拜耳法和选矿烧结法
氧化铝冶炼	氧化铝冶炼损失率	库存性	赤泥带走堆存，是氧化铝冶炼中铝损失的主要部分
		散失性	运输与生产过程中铝土矿和氧化铝粉末的飞扬散失
原生铝电解	电解损失率	库存性	电解槽槽衬和浮渣带走的铝，堆存于电解槽大修渣和炭渣渣场
		散失性	运输和装料过程中氧化铝粉的飞扬散失
原生铝铸锭	原铝液铸造损失率	库存性	无法循环利用的铝渣填埋堆存
		散失性	高温熔融氧化造成的烧损，铝渣的散失
铝铸件铸造	铝铸件熔铸损失率	散失性	高温熔融氧化造成的烧损；铸口损耗、热处理、表面处理等造成的无法回收的损失
铝材加工生产	加工损失率	散失性	高温熔融氧化造成的烧损；铸口损耗、铸锭车皮、铣面、加工、热处理、氧化等造成的无法回收的损失
最终产品制造	制造损失率	散失性	加工和制造过程的损失

① 铝土矿选矿一般只存在于中国的选矿拜耳法或者选矿烧结法工艺中。

续表

生命周期阶段	损失率	损失类型	损失过程描述
最终产品使用	耗散性损失率	散失性	耗散性用途，如作为炼钢脱氧剂、铝热剂、涂料、火药等
	腐蚀损失率	散失性	使用过程中发生的腐蚀
报废产品回收	报废品未回收率	库存性	未回收的报废品可能累积在某个地方或者进入垃圾填埋场
铝废料预处理	预处理损失率	库存性	未完全分拣回收的铝可能与其他废物混合进入垃圾填埋场
再生铝熔铸	再生铝熔铸损失率	散失性	高温熔融氧化造成的烧损；铸口损耗、热处理、表面处理等造成的无法回收的损失

质量损失主要发生在铝的循环利用过程中，是指合金元素的存在或夹杂物质的污染所导致的质量上的"降级"，其典型案例是变形铝合金在回收熔炼为再生铝后大多只能用于生产铸造铝合金。Gleich 等（2006）认为：在现阶段，由于可以通过在再生铝合金中添加原生铝从而调节其合金成分，铝的质量损失与降级使用的问题被忽略了；但是，如果将来我们需要过渡到一个以再生铝为主的循环型社会，则这一问题将逐步凸显出来。同时，到目前为止我们还没有能够找到一种有效评价金属在其循环利用过程中质量损失的方法，关于这一点，烟（exergy）分析或者熵（entropy）分析方法可能可以提供一定的帮助。

3.8 铝的全生命周期进出口

铝的进出口是铝的"横向流动"（成升魁等，2005）的一部分。在计算其进出口量时，应该从全生命周期的角度来考虑，也就是说，从铝的全生命周期每一个流程中产生的含铝产品都应该被计算进来。如表 3.5 所示，中国海关统计的进出口含铝产品可以分为三大类：①包含在海关进出口税则第 26 和 28 章的初级原材料；②由海关统计中第 76 章构成的铝及其制品，其包括未锻轧铝、铝加工材以及部分含铝最终产品；③包含在海关统计第 84～89 章中的其他含铝最终产品。这些含铝产品的进出口量乘以其平均含铝量，就可以得到中国国家尺度上的铝进出口量。然而，对于含铝报废产品的进出口量，尤其是有些通过无法明确统计的途径或编码产品进口到中国的报废产品，可能难以明确统计。例如，近些年来中国东南沿海的一些省份通过各种渠道进口了大量的电子废弃物和报废机械、报废汽车等，对这些废弃物进行拆解后可以得到大量的金属废料以供给中国对再生金属原料的需求。在国家尺度上计算铝的进出口量时，这部分铝的进口应该被包括进来，但实际上我们很难获取其准确的贸易数据，可能的办法是将其忽略或者根据专家的意见进行审慎的估计。

表 3.5 海关统计中的进出口含铝产品分类及其代码

产品分类	含铝产品名称	海关代码
初级原材料	铝矿砂及其精矿	260600
	主要含铝的矿灰及残渣	262040
	氧化铝，但人造刚玉除外	281820
	氢氧化铝	281830
铝及其制品	未锻轧铝	7601
	铝废碎料	7602
	铝粉及片状粉末	7603
	铝条、杆、型材及异型材	7604
	铝丝	7605
	铝板、片及带，厚度超过 0.2mm	7606
	铝箔，厚度（衬背除外）不超过 0.2mm	7607
	铝管	7608
	铝制管子附件（如接头、肘管、管套）	7609
	铝制结构体及其部件和其所用的已加工铝材	7610
	铝制槽、罐、桶等容器，容积超过 300L	7611
	铝制槽、罐、桶等容器，容积不超过 300L	7612
	装压缩气体或液化气体用的铝制容器	7613
	非绝缘的铝制绞股线、缆、编带及类似品	7614
	家用铝器具及其零件等；铝制卫生器具及零件	7615
	其他铝制品	7616
其他含铝最终产品	核反应堆、锅炉、机器、机械器具及其零件	84
	电机，电气设备及其零件；声音的录制和重放设备及其零件、附件	85
	铁道及电车道机车、车辆及其零件	86
	车辆及其零件、附件，但铁道及电车道车辆除外	87
	航空器、航天器及其零件	88
	船舶及浮动结构体	89

3.9　金属态铝的源与汇及其循环特征

在经过原生铝电解过程之后，铝也就由氧化态的氧化铝变为单质金属态的铝；因此，在未锻轧铝、铝半成品、含铝最终产品和铝废料中，铝是以金属态的形式存在的。

金属元素物质流分析研究的目的和结果之一是定量地追踪社会经济系统中金属的源与汇和流动路径。其中，对流动路径的追踪是通过对流量的清单分析与数量核算来完成的；而对源与汇的追踪则主要是通过对存量的清单确定与数量核算，同时结合对流量的核算来完成的。因此，可以显示社会经济系统中铝的源和汇。对于一个具有时空边界的系统而言，其中金属态铝的"源"包括：①本国的铝土矿存量；②来自国外的铝进口量。而"汇"则包括：①本国的在用存量；②去往国外的铝出口量；③本国的损失存量，分为散失性损失存量和库存性损失存量。

根据对源和汇的解析，还可以得出如下结论：拉动某个国家原生铝产量增长的原因主要包括3个方面，本国在用存量增长导致的需求、金属态铝出口导致的需求以及金属态铝在继续其生命周期循环时的损失；反过来，金属态铝的进口以及铝废料的循环利用将有助于减少某国国内原生铝产量。

第 4 章 中国铝的存量与流量分析

近 30 年来，中国铝生产与消费的规模和结构经历了快速而剧烈的变化，在导致巨大资源环境问题的同时也对铝工业的可持续发展提出了严峻的挑战。定量追踪社会经济系统中铝的源与汇和流动路径对于促进铝的可持续利用具有重要意义。本章将定量核算 1990~2015 年中国国家尺度铝的全生命周期的存量和流量。

4.1 研究方法

4.1.1 系统边界的确定

本章的空间边界是除港澳台地区外的中华人民共和国各省、自治区、直辖市，即《中国有色金属工业年鉴》（以下简称《年鉴》）和《中国海关统计年鉴》所覆盖的区域。时间边界是 1990~2015 年统计年度；同时，在计算旧铝废料产生量和在用存量时还覆盖了 1951~1990 年。各种存量和流量的数值均按照金属铝的质量进行核算，不包括含铝产品中除铝以外的夹杂物质或者合金元素的质量。例如，对于以 Al_2O_3 化合态存在的铝土矿和氧化铝，首先计算 Al_2O_3 的质量，然后再根据分子量折算出铝的质量。

4.1.2 流量的核算方法

有两个关键性的指标——产量和表观消费量——对于指导流量的计算和理解与表达铝的物质流分析研究的结果具有重要意义。理论上，第 j 年时流程 i 生产的含铝产品按照金属铝的质量核算的产量 $P_{Al,i,j}$ 和表观消费量 $AC_{Al,i,j}$ 可分别用公式（4.1）和公式（4.2）进行计算：

$$P_{Al,i,j} = P_{P,i,j} \times C_{Al,i,j} \tag{4.1}$$

$$AC_{Al,i,j} = P_{Al,i,j} + F_{Al,i,j}^{import} - F_{Al,i,j}^{export} + S_{Al,i,j} - S_{Al,i,j-1} \tag{4.2}$$

其中，i 是流程的编号，其具体数值可参见表 3.1；j 是所研究的年份的编号；$P_{P,i,j}$ 是第 j 年时流程 i 生产的含铝产品的质量；$C_{Al,i,j}$ 是第 j 年时流程 i 生产的含铝产品中铝的平均质量百分含量；$F_{Al,i,j}^{import}$ 和 $F_{Al,i,j}^{export}$ 如公式（3.1）所示分别代表第 j 年

时流程 i 所生产的含铝产品的进口和出口所带来的铝的进口流量和出口流量；$S_{\text{Al},i,j}$ 如公式（3.3）所示代表第 j 年末流程 i 生产的含铝产品按金属铝的质量核算的商品存量。

根据物料平衡，对于除了使用阶段以外的其他流程，产量 $P_{\text{Al},i,j}$ 还可以用如下公式进行计算：

$$P_{\text{Al},i,j} = F_{\text{Al},i,j}^{\text{input}} - F_{\text{Al},i,j}^{\text{loss}} \tag{4.3}$$

其中，$F_{\text{Al},i,j}^{\text{input}}$ 和 $F_{\text{Al},i,j}^{\text{loss}}$ 如公式（3.1）所示分别代表第 j 年时输入流程 i 用于生产其相应的含铝产品的原材料中所含的铝的输入流量，以及第 j 年时流程 i 所产生的铝的损失流量。

对于表观消费量 $\text{AC}_{\text{Al},i,j}$，由于含铝产品的暂时性的商品存量——即使是未锻轧铝锭的商品存量——在中国一般无法获取统计数据，而且在连续多年的计算中可以平滑忽略。因此，对公式（4.2）作如下简化：

$$\text{AC}_{\text{Al},i,j} = P_{\text{Al},i,j} + F_{\text{Al},i,j}^{\text{import}} - F_{\text{Al},i,j}^{\text{export}} = F_{\text{Al},i,j}^{\text{output}} \tag{4.4}$$

其中，$F_{\text{Al},i,j}^{\text{output}}$ 如公式（3.1）所示代表第 j 年时流程 i 所生产的并且进入中国国内市场的含铝产品所包含的铝的质量，其根据公式（3.1）和公式（4.3）可知等于 $\text{AC}_{\text{Al},i,j}$。

（1）进出口流量

在各种流量中，只有贸易流量可以独立于其他各项流量而单独进行计算。一般，$F_{\text{Al},i,j}^{\text{import}}$ 和 $F_{\text{Al},i,j}^{\text{export}}$ 可以分别用如下两个公式进行核算：

$$F_{\text{Al},i,j}^{\text{import}} = F_{P,i,j}^{\text{import}} \times C_{\text{Al},i,j} \tag{4.5}$$

$$F_{\text{Al},i,j}^{\text{export}} = F_{P,i,j}^{\text{export}} \times C_{\text{Al},i,j} \tag{4.6}$$

其中，$F_{\text{Al},i,j}^{\text{import}}$ 和 $F_{\text{Al},i,j}^{\text{export}}$ 分别代表第 j 年时流程 i 生产的含铝产品的进口量和出口量。进而，可以采用公式（4.7）计算第 j 年时流程 i 生产的含铝产品进出口所带来的铝的净进口量 $F_{\text{Al},i,j}^{\text{netimport}}$，采用公式（4.8）计算全生命周期的总净进口 $F_{\text{Al},j}^{T-\text{netimport}}$：

$$F_{\text{Al},i,j}^{\text{netimport}} = F_{\text{Al},i,j}^{\text{import}} - F_{\text{Al},i,j}^{\text{export}} \tag{4.7}$$

$$F_{\text{Al},j}^{T-\text{netimport}} = \sum_{i}^{i} F_{\text{Al},i,j}^{\text{netimport}} \tag{4.8}$$

由于进出口流量本身所揭示的信息相对有限，本章还进一步计算了净进口依存 $R_{\text{Al},i,j}^{\text{depnim}}$：

$$R_{\mathrm{Al},i,j}^{\mathrm{depnim}} = \frac{F_{\mathrm{Al},i,j}^{\mathrm{netimport}}}{\mathrm{AC}_{\mathrm{Al},i,j}} \tag{4.9}$$

理论上，由于 $\mathrm{AC}_{\mathrm{Al},i,j} > 0$，因此，如果第 j 年时流程 i 生产的含铝产品属于净出口，即 $F_{\mathrm{Al},i,j}^{\mathrm{netimport}} < 0$，则 $R_{\mathrm{Al},i,j}^{\mathrm{depnim}}$ 为负值。

（2）损失流量

可以用如下公式来计算除使用阶段以外其他所有流程的损失流量 $F_{\mathrm{Al},i,j}^{\mathrm{loss}}$：

$$F_{\mathrm{Al},i,j}^{\mathrm{loss}} = F_{\mathrm{Al},i,j}^{\mathrm{import}} \times R_{\mathrm{Al},i,j}^{\mathrm{loss}} \tag{4.10}$$

其中，$R_{\mathrm{Al},i,j}^{\mathrm{loss}}$ 是第 j 年时流程 i 的铝损失率。

对于使用阶段，由于数据缺乏，本章只估算了用于炼钢的脱氧剂所造成的铝的损失量 $F_{\mathrm{Al},i,j}^{\mathrm{loss}}$：

$$F_{\mathrm{Al},i,j}^{\mathrm{loss}} = P_{\mathrm{steel},j} \times R_{\mathrm{Al},j}^{\mathrm{forsteel}} \tag{4.11}$$

其中，$P_{\mathrm{steel},j}$ 是第 j 年时中国的钢产量；$R_{\mathrm{Al},j}^{\mathrm{forsteel}}$ 是第 j 年时全国平均每炼 1t 钢所需的金属铝的质量。

进而，可以用如下公式计算铝的全生命周期总损失 $F_{\mathrm{Al},j}^{T-\mathrm{loss}}$：

$$F_{\mathrm{Al},j}^{T-\mathrm{loss}} = \sum_i F_{\mathrm{Al},i,j}^{\mathrm{loss}} \tag{4.12}$$

（3）正向流量

正向流量的核算即计算流程 1～流程 6 的 $F_{\mathrm{Al},i,j}^{\mathrm{input}}$ 和 $F_{\mathrm{Al},i,j}^{\mathrm{output}}$。对于铝土矿开采（流程 1）、氧化铝冶炼（流程 2）、原生铝铸锭（流程 4）、铝材轧制（流程 5-b）、铝材挤压（流程 5-c）以及其他加工过程（流程 5-d），由于可根据统计资料和公式（4.1）直接计算产量，因此可用如下公式确定 $F_{\mathrm{Al},i,j}^{\mathrm{input}}$：

$$F_{\mathrm{Al},i,j}^{\mathrm{input}} = \frac{P_{\mathrm{Al},i,j}}{1 - R_{\mathrm{Al},i,j}^{\mathrm{loss}}} \tag{4.13}$$

对于原生铝电解（流程 3）、铝铸件铸造（流程 5-a）以及最终产品制造（流程 6），则需要根据节点的物料平衡来计算 $F_{\mathrm{Al},i,j}^{\mathrm{input}}$。例如，铝铸件铸造流程的 $F_{\mathrm{Al},i,j}^{\mathrm{input}}$ 只能以如下公式进行计算：

$$F_{\mathrm{Al},5-a,j}^{\mathrm{input}} = F_{\mathrm{Al},4,j}^{\mathrm{output}} + F_{\mathrm{Al},10,j}^{\mathrm{output}} - F_{\mathrm{Al},5-b,j}^{\mathrm{input}} - F_{\mathrm{Al},5-c,j}^{\mathrm{input}} - F_{\mathrm{Al},5-d,j}^{\mathrm{input}} \tag{4.14}$$

有了 $P_{\mathrm{Al},i,j}$ 或者 $F_{\mathrm{Al},i,j}^{\mathrm{input}}$，则可根据流程 i 的物料平衡计算 $F_{\mathrm{Al},i,j}^{\mathrm{output}}$。

（4）循环流量

根据第3.6节的论述可知，循环流量包括两类：①生产阶段和加工与制造阶段产生的新铝废料的循环利用流量；②从在用存量中输出的旧铝废料的循环利用流量。

研究忽略了新铝废料的循环利用流量，这是由于：①在中国现有的统计体系中无法找到与新铝废料的产生量或者铸件厂、铝材加工厂、最终产品制造厂的新铝废料产生率相关的统计数据；②与其他金属如钢铁、铜等不同，加工与制造阶段产生的新铝废料一般不会返回到生产阶段进行熔炼；③越来越多的加工厂、铸件厂与最终产品制造厂实际上将新铝废料返回给其约定的再生铝厂或者其内部的再生铝车间进行熔炼生产再生铝，然后再供给自身使用。因此，将加工与制造阶段的各个流程均看作一个黑箱，其各自产生的新铝废料只在其内部进行熔炼循环，而与其他流程均不存在新铝废料及由其生产的再生铝的交换。

旧铝废料的产生量取决于在用存量的规模及其中到达报废年限的比例。由于中国同样缺乏旧铝废料产生量与回收量的统计数据，因此，根据本书第2.2.3小节所论述的自上而下法建立旧铝废料产生量（即在用存量的输出量）的核算模型。含铝产品的种类非常多，而且铝在不同最终产品中的服务年限是不同的。根据3.4.3小节的论述，可将含铝最终产品划分为七大类，并且假设每大类最终产品的服务年限是相同的，则第j年时从第k类（k值可以参见表4.5）最终产品中报废产生的旧铝废料的数量$P_{\text{Al},7,j,k}$可以用如下公式计算：

$$P_{\text{Al},7,j,k} = \sum_{m} AC_{\text{Al},6,j-m,k} \times P_{m,k} \quad (4.15)$$

其中，$P_{\text{Al},7,j,k}$里面的7和$AC_{\text{Al},6,j-m,k}$里面的6都是流程i的编号；$AC_{\text{Al},6,j-m,k}$是第$j-m$年时第k类最终产品按照金属铝的质量核算的表观消费量；$P_{m,k}$是第j年时$AC_{\text{Al},6,j-m,k}$的报废比例。

计算出第j年时来自每一大类最终产品的旧铝废料产生量$P_{\text{Al},7,j,k}$，就可以用如下公式计算当年国内旧铝废料的总产生量：

$$P_{\text{Al},7,j} = \sum_{k=1}^{7} P_{\text{Al},7,j,k} \quad (4.16)$$

为了计算$P_{\text{Al},7,j,k}$，根据公式（4.15），则必须首先明确$P_{m,k}$和$AC_{\text{Al},6,j-m,k}$的值。

$P_{m,k}$的含义可以作如下解释：某一年国内第k类的最终产品按照金属铝的质量计算的表观消费量中，在使用了m年之后报废的比例。对于不同种类的含铝产品，如第2章的表2.1所示，m值介于一个区间$[a,b]$。然而，$P_{m,k}$的值在区间$[a,b]$中并不是均匀分布的。因此，Melo（1999）提出：含铝产品的服务年限m可以近似地看作服从正态分布、韦布尔分布或者 beta 分布。目前在多数研究中，正态分布与韦布尔分布得到了比较普遍的应用而且被认为具有较好的适用性。因此，研究分别采用正态分布和韦布尔分布对中国旧铝废料的产生量进行了计算，并检验了分布的均值与方差对计算结果的影响（具体可以参见第 4.1.4 节）。

含铝最终产品的服务年限可能长达几十年，在计算 1990~2015 年国内旧铝废料的产生量时，必须考虑 1990 年之前进入使用阶段的最终产品中所包含的铝。因此，在确定 $AC_{Al,6,j-m,k}$ 时，j 的取值范围为 [1951, 2015]。同时，为确定 $AC_{Al,6,j-m,k}$ 的数值，必须先对其进行分解。首先，按照未锻轧铝的种类划分，$AC_{Al,6,j-m,k}$ 有可能来自原生铝或者再生铝；其次，按照系统的空间边界划分，$AC_{Al,6,j-m,k}$ 有可能来自本国或者从国外进口。因此，首先将 $AC_{Al,6,j-m,k}$ 划分为 $AC_{Al,6,j-m,k}^{primary}$ 和 $AC_{Al,6,j-m,k}^{secondary}$，前者代表来自原生铝的量，后者代表来自再生铝的量；进而，可以将 $AC_{Al,6,j-m,k}^{primary}$ 划分为 $AC_{Al,6,j-m,k}^{primary,dom}$ 和 $AC_{Al,6,j-m,k}^{primary,netim}$，前者代表来自国内生产的那一部分，后者则代表来自国外净进口的那一部分；同理，可以将 $AC_{Al,6,j-m,k}^{secondary}$ 划分为 $AC_{Al,6,j-m,k}^{secondary,dom}$ 和 $AC_{Al,6,j-m,k}^{secondary,netim}$。即有如下公式：

$$AC_{Al,6,j-m,k} = AC_{Al,6,j-m,k}^{primary,dom} + AC_{Al,6,j-m,k}^{primary,netim} + AC_{Al,6,j-m,k}^{secondary,dom} + AC_{Al,6,j-m,k}^{secondary,netim} \quad (4.17)$$

其中，$AC_{Al,6,j-m,k}^{primary,dom}$、$AC_{Al,6,j-m,k}^{primary,netim}$，以及 $AC_{Al,6,j-m,k}^{secondary,netim}$ 的数值可以根据正向流量、进出口流量和损失流量进行计算获取；但是，由于 $AC_{Al,6,j-m,k}^{secondary,dom}$ 取决于需要计算的 $P_{Al,7,j,k}$ 和 $P_{Al,7,j}$ 的数值，因此需要联立方程组计算得到。

取 $AC_{Al,6,j-m,k}^{exl,secondary,netim} = AC_{Al,6,j-m,k}^{primary,dom} + AC_{Al,6,j-m,k}^{primary,netim} + AC_{Al,6,j-m,k}^{secondary,netim}$，则第 j 年时国内铝废料的产生量可以用如下公式计算，即公式（4.16）可以做如下分解：

$$P_{Al,7,j} = \sum_{k=1}^{7}\sum_{m} AC_{Al,6,j-m,k}^{exl,secondary,netim} \times P_{m,k} + \sum_{k=1}^{7}\sum_{m} AC_{Al,6,j-m,k}^{secondary,dom} \times P_{m,k} \quad (4.18)$$

其中，$\sum_{k=1}^{7}\sum_{m} AC_{Al,6,j-m,k}^{secondary,dom} \times P_{m,k}$ 是可以直接计算的常数项。

另外，假设国内生产的旧铝废料在当年就投入再生铝的冶炼并重新进入在用存量中，则 $P_{Al,7,j}$ 与 $AC_{Al,6,j,k}^{secondary,dom}$ 存在如下关系：

$$P_{Al,7,j} \times R_{Al,8,j}^{loss} \times R_{Al,9,j}^{loss} \times R_{Al,10,j}^{loss} \times R_{Al,5,j}^{loss} \times R_{Al,6,j}^{loss} = \sum_{k=1}^{7} AC_{Al,6,j,k}^{secondary,dom} \quad (4.19)$$

其中，$R_{Al,i,j}^{loss}$ 是已知的参数，即第 j 年时流程 i 的铝损失率。将公式（4.19）代入公式（4.18），即得到一个关于 $AC_{Al,6,j,k}^{secondary,dom}$ 和 $\sum_m AC_{Al,6,j-m,k}^{exl,secondary,netim}$ 的新方程。如果联立 j=1951～2015 的历年的该方程，即得到一个线性方程组，解该线性方程组就可以计算出历年的 $P_{Al,7,j}$ 和 $AC_{Al,6,j,k}^{secondary,dom}$。确定 $P_{Al,7,j}$ 的数值之后，就可以根据物料平衡进一步计算出流程 5-a 和流程 7～10 的 $F_{Al,i,j}^{input}$ 和 $F_{Al,i,j}^{output}$。

4.1.3 存量的核算方法

金属物质流分析所关注的存量主要有三大类：矿产存量、在用存量和损失存量。具体对铝而言，矿产存量体现为铝土矿存量 $S_{Al,j}^{ore}$，即铝土矿的基础储量（按照铝的质量核算）。损失存量 $S_{Al,j}^{expended}$ 包括库存性损失存量 $S_{Al,j}^{deposited}$ 和散失性损失存量 $S_{Al,j}^{dissipated}$。另外，由于缺乏数据，所有暂时性的商品存量（包括未锻轧铝锭的商品存量）均予以忽略。

（1）铝土矿存量及其变化量

开采将导致铝土矿存量下降。可以用如下公式来计算第 j 年时铝土矿存量的减少量：

$$\Delta S_{Al,j}^{ore} = P_{Al,1,j} + F_{Al,1,j}^{loss} \tag{4.20}$$

对于存量本身，可以根据文献报道的铝土矿基础储量直接计算得到全国的铝土矿存量（肖亚庆，2007），进而，可以根据历年的 $\Delta S_{Al,j}^{ore}$ 递次计算得到 1990～2015 年的铝土矿存量。

（2）在用存量及其变化量

在现阶段，中国铝的在用存量是逐年增加的。可以用如下公式来计算第 j 年时在用存量的增加量：

$$\Delta S_{Al,j}^{inuse} = F_{Al,7,j}^{input} - P_{Al,7,j} - F_{Al,7,j}^{loss} \tag{4.21}$$

假设 1951 年的在用存量为 0，累计计算历年的在用存量增加量，就可以得到第 j 年的在用存量，即

$$S_{Al,j}^{inuse} = \sum_{k=1951}^{j} \Delta S_{Al,k}^{inuse} \tag{4.22}$$

其中，j,k 的取值范围为 1951～2015。

在此基础上，可以用如下公式计算历年的人均在用存量：

$$S_{\text{Al},j}^{\text{inuse}_{\text{pc}}} = \frac{S_{\text{Al},j}^{\text{inuse}}}{\text{PP}_j^{\text{China}}} \qquad (4.23)$$

其中，$\text{PP}_j^{\text{China}}$ 代表第 j 年时中国的总人口数，其数据来自国家统计数据库。

（3）损失存量及其变化量

如表 3.4 所示，铝的数量损失发生于其全生命周期的每一个流程并且造成了库存性损失存量和散失性损失存量的逐年增加。但是，对于部分流程实际上难以区别其中库存性损失和散失性损失的相对比例。因此假设从铝土矿开采（流程1）、氧化铝冶炼（流程2）、新铝废料与报废产品回收（流程8）以及铝废料预处理（流程9）这4个流程所产生的损失为库存性损失，而其他流程发生的损失为散失性损失。可分别用公式（4.24）和公式（4.25）计算第 j 年时库存性损失存量和散失性损失存量的增加量：

$$\Delta S_{\text{Al},j}^{\text{deposited}} = F_{\text{Al},1,j}^{\text{loss}} + F_{\text{Al},2,j}^{\text{loss}} + F_{\text{Al},8,j}^{\text{loss}} + F_{\text{Al},9,j}^{\text{loss}} \qquad (4.24)$$

$$\Delta S_{\text{Al},j}^{\text{dissipated}} = F_{\text{Al},j}^{T-\text{loss}} - \Delta S_{\text{Al},j}^{\text{dissipated}} \qquad (4.25)$$

由于难以确定 1990 年之前历年的 $\Delta S_{\text{Al},j}^{\text{deposited}}$ 和 $\Delta S_{\text{Al},j}^{\text{dissipated}}$，假设 1989 年底的 $S_{\text{Al},j}^{\text{deposited}}$ 和 $S_{\text{Al},j}^{\text{dissipated}}$ 均等于 0，因此，1990~2015 年历年的库存性损失存量和散失性损失存量可分别用如下公式计算：

$$S_{\text{Al},k}^{\text{deposited}} = \sum_{k=1991}^{j} \Delta S_{\text{Al},k}^{\text{deposited}} \qquad (4.26)$$

$$S_{\text{Al},k}^{\text{dissipated}} = \sum_{k=1991}^{j} \Delta S_{\text{Al},k}^{\text{dissipated}} \qquad (4.27)$$

其中，j，k 的取值范围为 1991~2007。

4.1.4 数据来源与处理

各个生命周期流程所生产的含铝产品的清单如表 3.1 所示，为了方便数据的收集和结果的表达，将这些含铝产品划分为五大类：①作为生产原生铝的原材料的铝土矿和氧化铝；②作为生产再生铝的原材料的报废产品和铝废料；③未锻轧铝，其可以分为原生铝和再生铝，也可以分为未锻轧非合金铝和未锻轧铝合金；④铝半成品，包括铝铸件和铝加工材；⑤含铝最终产品。

根据前述存量与流量的核算方法，可以将需要搜集的数据也划分为五大类：①含铝产品的产量与表观消费量；②含铝产品的进出口量；③含铝产品的平均含铝量；④各个生命周期流程的铝损失率；⑤不同种类的含铝最终产品的服务年限的区间、均值与方差。

(1) 含铝产品的产量与表观消费量

1990~2015 年的铝土矿、氧化铝、原生铝（电解铝）以及铝加工材（包括板材、带材、箔材、排材、型材、管材、棒材、线材以及其他材）的产量可以从中国有色金属工业协会编写的 1991~2016 年历年的《中国有色金属工业年鉴》获取。计算铝的在用存量时所需的 1951~1990 年原生铝、铝加工材的产量，可以从原国家有色金属工业局编写的《中国有色金属工业五十年历史资料汇编·上卷》获取。然而，在现有的统计资料中无法获取铝废料、再生铝以及铝铸件的产量或者表观消费量数据，因此需要根据前文所讨论的正向流量和循环流量的核算方法进行计算。特别需要说明的是：在中国现阶段，关于铝在不同种类的最终产品中的产量或者表观消费结构的数据并没有官方的统计，只能根据文献或者专家访谈获得。表 4.1 为部分年份数据，对于 1951~1984 年，假设其与 1985 年的相同；对于 2002 年前的其他年份则采用插值法估算。

表 4.1　部分年份中国不同种类含铝最终产品的表观消费结构（未考虑进出口）（%）

年份	交通工具	建筑	机械设备	电力工程	耐用消费品	包装	其他
1985	5.0	4.0	22.0	32.0	9.0	6.0	22.0
1998	13.0	28.0	9.0	11.0	10.0	11.0	18.0
2002	14.0	31.0	9.0	13.0	10.0	7.0	16.0
2005	14.4	29.5	8.8	16.3	9.0	7.8	14.2
2008	18.0	33.7	8.3	11.9	12.3	8.5	7.3
2009	18.7	32.7	8.4	12.4	12.2	8.9	6.8
2010	18.8	33.7	8.3	12.2	11.8	9.0	6.2
2011	19.0	33.7	8.5	12.5	11.7	9.2	5.5
2012	19.8	33.5	8.2	12.5	11.4	9.6	5.1
2013	20.3	33.6	8.0	11.7	11.6	10.2	4.7
2014	20.8	33.1	8.0	11.6	11.7	10.3	4.6
2015	21.1	32.6	7.9	11.5	11.7	10.7	4.6

数据来源：1985 年和 1998 年的数据来自王飞虹（2009）的文献；2002 年的数据来自美铝公司（Evans, 2004）；2003~2006 年的数据来自与王祝堂教授的访谈；2007~2015 年的数据来自有色金属工业经济运行与监测系统

(2) 含铝产品的进出口量

根据联合国的在线数据库可以直接查询到 1992~2015 年中国海关统计的 HS

体系[①]下六位数或四位数编码（如表 4.2 所示）的各种含铝产品的进出口量及进出口价值。由于部分商品在 1992~2000 年的海关统计中可能没有进出口量而仅有进出口价值的数据，因此根据 2000~2015 年进出口量和相应年份进出口的 1990 年不变价值计算出单位不变价值的进出口量，取其平均值，然后再乘以 1992~2000 年的进出口价值从而得到进出口量。对于 1991 年的数据，其最终产品部分假设与 1992 年的相等；其他部分则来自《中国有色金属工业五十年历史资料汇编·上卷》。对于无法在海关统计中体现的报废产品如电子废弃物、报废机械设备的进口，根据文献和业内专家的估计（李宏伟，2003；王祝堂，2002；熊慧等，2005）直接给出隐含于进口报废产品中的铝净进口量估算值。

为了计算 1951~1990 年最终产品的表观消费量，还需要计算同期铝废料、未锻轧铝、铝加工材和最终产品的进出口量。计算结果显示：1991 年最终产品的贸易导致的铝进出口量与实际的表观消费量相比比例较小（小于 4%），而且 1990 年之前中国的国际贸易总量也比较小，经济体系相对封闭，因此假设 1951~1990 年隐含于中国最终产品中的铝进出口量等于零；同样，假设 1951~1980 年中国铝废料、未锻轧铝和铝加工材的进出口量也等于零。1981~1991 年的铝废料、未锻轧铝和铝加工材的进出口量可以根据《中国有色金属工业五十年历史资料汇编·上卷》获得。

（3）含铝产品的平均含铝量

各个生命周期流程生产的含铝产品的平均含铝量的数据来源如表 4.2 所示。对于铝土矿、氧化铝、氢氧化铝、原生铝、铝加工材、铝废料以及海关统计第 76 章中的最终产品，可以很容易地根据有关含铝产品的标准获取相应的数据。对于存在于海关统计第 84~89 章的最终产品，其平均含铝量数据比较难以获取，根据相关的文献进行估算。需要指出的是，这部分数据可能具有较大的不确定性。

表 4.2　含铝产品的海关代码及其铝质量百分含量数据的来源

生命周期流程	含铝产品名称	海关代码[a]	百分含量数据来源
铝土矿开采	铝土矿	260600+262040	《铝及铝合金标准汇编：上、下》
氧化铝冶炼	氧化铝 氢氧化铝	281820+281830	《铝及铝合金标准汇编：上、下》
原生铝电解	原生铝液[b]	—	—

[①] 在中国，列入海关统计范围的进出口货物均根据《中华人民共和国海关统计商品目录》归类统计。该目录 1980~1991 年以联合国《国际贸易标准分类》第二次修订本为基础编制，1992 年起改为以原海关合作理事会制定的《商品名称及编码协调制度》（The Harmonized Commodity Description and Coding System, HS）为基础编制，采用八位数商品编码，前六位数是 HS 编码，后两位数是根据中国关税、统计和贸易管理方面的需要而增设的本国子目。全目录总计有 7400 余个八位数商品编号。

续表

生命周期流程	含铝产品名称	海关代码[a]	百分含量数据来源
原生铝铸锭	原生铝锭[c]	760110+760120×0.2	《铝及铝合金标准汇编：上、下》和文献（王岩等，2004）
铝铸件铸造	铝铸件[d]	—	
铝材轧制	铝板带、铝箔	7606+7607	《铝及铝合金标准汇编：上、下》和文献（王岩等，2004）
铝材挤压	铝条杆型材、铝丝、铝管材	7604+7605+7608+7609	《铝及铝合金标准汇编：上、下》和文献（王岩等，2004）
其他加工过程	铝粉[e]	7603	《铝及铝合金标准汇编：上、下》和文献（王岩等，2004）
最终产品制造	交通工具	第86～89章全部产品	《铝及铝合金标准汇编：上、下》和文献（Ducker Worldwide, 2008a；USGS, 2005；楼俞和石磊，2008；王岩等，2004）
	建筑	7610+761610	
	机械设备	第84章部分产品+7614+7615	
	电力工程	第84、85章部分产品	
	耐用消费品	第84章部分产品	
	包装	—	
	其他	7611+7612+7613+761690	
最终产品使用	报废产品[f]	—	
报废产品回收	回收铝废料[g]	7602	《铝及铝合金标准汇编：上、下》和文献（王岩等，2004）
铝废料预处理	处理后的废料	—	
再生铝熔铸	再生铝	760120×0.8	《铝及铝合金标准汇编：上、下》

注：a. 按照海关代码顺序排列的含铝产品名称请参见表3.5；b. 原生铝液需要经过下一个流程的铸锭之后才能参与国际贸易；c. 海关统计中未区分原生铝锭与再生铝锭，而是区分了未锻轧铝合金和未锻轧非合金铝；假设760110项下的"未锻轧非合金铝"全部为原生铝，而760120项下的"未锻轧铝合金"中的20%为原生铝，80%为再生铝（王祝堂，2008）；d. 海关统计中未包括可以明确地确定为"铝铸件"的含铝产品，因此，不对铝铸件进行单独的计算；然而，最终产品中将包含有相当数量的铝铸件；e. 其他加工过程产生的含铝产品可能有许多种，但在海关统计中只能将铝粉归入这一范畴；f. 报废产品的进出口难以体现在海关统计数据中，根据专家访谈和文献（李宏伟，2003；王祝堂，2002；熊慧等，2005）进行估算；g. 海关统计的7602项未能区分是预处理前还是预处理后的铝废料以及是新铝废料还是旧铝废料（陈伟强等，2008a），尽管进口的废料中有相当一部分已经经过了预处理，但是由于预处理工序极为复杂，这些废料在进口后仍然要经过若干预处理步骤，因此统一假设进口的7602项产品为"预处理前的旧铝废料"。

（4）各个生命周期流程的铝损失率

铝损失率的数据来源包括官方统计数据、文献调研和专家访谈，其汇总结果如表4.3和图4.1所示。

第 4 章 中国铝的存量与流量分析 | 57

表 4.3 中国铝的数量损失率的现实指标值与先进指标值

损失率名称	现实指标值	先进指标值
采矿损失率	20.6%～60.0%	8.0%
氧化铝冶炼损失率	10.0%～18.6%	10.0%
电解损失率	0.9%～2.0%	0.4%
原铝液铸造损失率	0.8%～1.0%	0.6%
铝铸件熔铸损失率	5%	3%[a]
铝材加工损失率	2.4%～4.8%	0.4%～0.8%
消耗损失率	1.0～1.8kg Al/t steel（钢）	—
报废品未回收率	20%	—
预处理损失率	5%	3%
再生铝熔铸损失率	7%	5%

注：先进指标来自发展改革委提出的《铝行业准入条件》和欧洲铝业协会
a. 数据来自行业专家估计

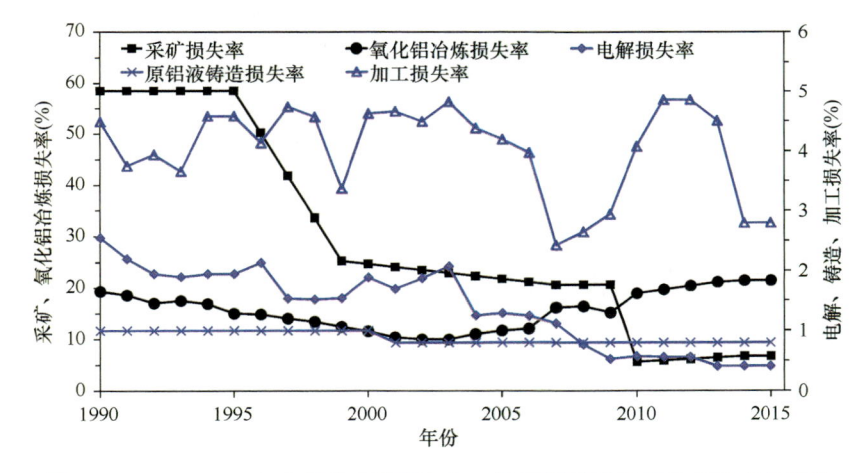

图 4.1 1990～2015 年中国生产阶段与加工阶段铝的数量损失率的变化趋势

铝土矿开采阶段的铝损失率以采矿损失率或者矿石损失率表示。采矿损失率或者矿石损失率是指在矿体开采过程中，损失的工业矿石量或金属含量占该计算区域工业矿石量或金属含量的百分比（中国有色金属工业协会，2005）。采矿损失率是采矿回采率的逆指标，理论上两者相加等于 100%。目前，难以找到 1991～2015 年历年的采矿损失率或采矿回采率数据。自然资源部根据全国性的普查给出了 1995 年和 1999 年全国铝土矿开采的平均回采率，如表 4.4 所示（国土资源部矿产开发管理司，2002）。《中国有色金属工业年鉴》则给出了 1998 年、1999 年、2000 年、2001 年、2006 年、2007 年、2010 年和 2014 年的采矿损失率数据，分别为 12.67%、6.35%、6.60%、6.91%、4.78%、20.64%、5.6%和 6.69%，可以看出 2007 年以前的数据与根据表 4.4 计算的损失率有较大的差异。鉴于如下几方面原因：①《中国有色金属工业年鉴》中给出的数据本身差异较大；②国土资源部（现称自然资源部）给出的数据比较翔实；③表 4.4 和《中国有色金属工业年鉴》2007 年的数据在其他文献中（矿产资源综合利用手册编辑委员会，2000；张克仁等，2006；中国铝业公司贵州分公司，2007）也获得佐证，因此可以认为 2007 年之前的《中国有色金属工业年鉴》中的数据可信度较差。所以本章的采矿损失率是根据表 4.4 的数据和《中国有色金属工业年鉴》提供的 2007 年数据采用插值法进行估算得出的。2007 年以后，中国开始大规模整顿矿业权以提高矿产资源开发利用水平。例如，通过整顿，河南 90%以上的铝土矿资源集中到了 4 个大型氧化铝企业手中。2013 年，工业和信息化部制定了《铝行业规范条件》，规定铝土矿地下开采损失率不超过 12%，露天开采不超过 8%，禁止建设资源利用率低的铝土矿山及选矿厂（中华人民共和国工业和信息化部，2013）。因此，2007 年以后的《中国有色金属工业年鉴》数据较为可信，缺失的损失率数据采用插值法估算得到，其结果如图 4.1 所示。

表 4.4　1995 年和 1999 年全国铝土矿开发利用水平比较

项目	1995 年	1999 年
全国年产铝土矿总量（万 t）	640.0	668.6
全国平均开采回采率（%）	41.5	74.7
国有矿山年产铝土矿量（万 t）	156.0	227.6
国有矿山开采回采率（%）	78.5	92.9
集体及个体矿山年产铝土矿量（万 t）	484.0	441.0
集体及个体矿山开采回采率（%）	30.0	65.4

注：资料来自国土资源部矿产开发管理司（2002）

选矿是利用矿物的物理或化学性质的差异，借助各种选矿设备将矿石中的有用矿物和脉石矿物分离，并达到使有用矿物相对富集的过程，从而达到冶炼对矿石品位的一定要求（中国有色金属工业协会，2005）。选矿损失率可以根据选矿回收率计算。选矿回收率是指选出的合格精矿含金属量或非金属量占原矿含金属量或非金属量的百分比（中国有色金属工业协会，2005）。由于不同品位的铝土矿可以利用不同的工艺冶炼氧化铝，传统上中国的铝土矿均不进行选矿，而是采出适当品位的铝土矿直接送氧化铝厂处理。然而，基于对中国铝土矿高铝、高硅、低铝硅比特点的认识，通过选矿把低铝硅比铝土矿变成高品位精矿并采用能耗较低的拜耳法生产氧化铝的选冶联合的"选矿拜耳法"，在一段时期成为中国氧化铝工业的一个重要生产工艺（中国可持续发展矿产资源战略研究"有色金属"课题组，2005）。但 2004 年以后，使用进口的高品位铝土矿的氧化铝企业持续增加，拜耳法而不是"选矿拜耳法"成为主流生产工艺,占比超过90%(倪阳,2021)。选矿的重要程度持续下降。因此,在计算铝的损失量时将忽略选矿过程的损失。

氧化铝冶炼阶段的损失率可以根据氧化铝(总)回收率计算。氧化铝(总)回收率是指产出氧化铝中含氧化铝量占消耗物料(铝矿石、石灰石、煤等)中含氧化铝量的百分比(中国有色金属工业协会,2005)。目前,工业上冶炼氧化铝的工艺有3种:拜耳法、烧结法和拜尔-烧结联合法。如表3.2所示,3种工艺适宜处理的铝土矿的品位是不同的。拜耳法的优点是能耗低,但是其氧化铝回收率也较低。中国在2002年以前基本以烧结法和混联法冶炼氧化铝,只有广西平果铝厂一家采用拜耳法;由于技术的不断进步,如图4.1所示,2002年以前全国平均氧化铝损失率不断降低,由1990年的19.34%下降到2002年的10%。但是,由于国内铝土矿资源短缺,而且能源成本越来越高,近年来以进口铝土矿作为原料的拜耳法氧化铝厂越来越多,导致的结果就是全国平均氧化铝损失率又不断升高,2015年达21.39%。

电解损失率可以根据吨铝液氧化铝单耗计算。吨铝液氧化铝单耗是指报告期内生产每吨电解铝液所消耗的氧化铝量(中国有色金属工业协会,2005)。《中国有色金属工业年鉴》中给出了1990~2015年历年全国平均吨铝液氧化铝单耗数据,其中,1991年是1951.00kg,2015年则降到1910.16kg。由此可以计算出1990~2015年的电解损失率,其结果如图4.1所示。

原铝液铸造损失率也称为铸造损耗率或火耗,是指铝液在铸造过程中损失的铝量,亦指从电解铝液到铝产品铸造过程中损失的金属量(中国有色金属工业协会,2005)。由于铝液可能通过不同工艺铸造为不同的铝产品,因此,铸造损失率理论上应根据不同工艺和产品计算。中国有色金属工业协会提供的一些参考值为(中国有色金属工业协会,2005):普铝(含脱氧铝、电工铝等重熔用铝)损失率电炉为0.5%以下,油气炉为0.7%以下;大板铝锭(含铝母线)、电工圆铝杆(铝线坯或铝盘条)、铝导杆、拉丝铝锭、铸造铝合金(竖铸)损失率为2%;变形铝合金损失率为2.5%;铝板卷损失率为3%。另外,一些行业专家提供了对全国平均铸造损失率的估计。例如,杜科选(2007)认为,大部分厂家的电解铝铸造损失率为0.7%~1.0%,有的甚至超过1.0%,全国平均按0.8%计算;刘焕东和韩正乾(2007)则认为,全国电解铝行业平均铸造损失率为0.7%左右。在计算损失量时,假设全国所有的电解铝液均铸造为普铝锭,其中,1990~2000年的平均铸造损失率为1.0%,2001~2015年为0.8%。

从现有的统计体系中无法获取铝铸件产量与熔铸损失率。因此,如公式(4.14)所示,需要根据物料平衡计算铝铸件熔铸阶段的铝原料投入量;根据不同文献的报道,铝铸件熔铸损失率为3%~7%(胡心平等,2002;刘贤能等,1998;宋才飞,2004;中国有色金属工业协会再生金属分会,2007),本章统一假设为5%(中国有色金属工业协会再生金属分会,2007)。

铝材的加工损失率可以根据铝材的金属单耗计算。铝材金属单耗是指每生产 1t 铝材所消耗的金属原料的数量，它反映加工、熔铸、中间合金配制以及废料重熔的全部生产过程中金属的消耗程度（中国有色金属工业协会，2005）。由于铝材及其加工工艺的种类繁多，因此，理论上应针对不同铝材和不同工艺确定其损失率或者金属单耗数据。但是，诸如此类的数据难以获取。《中国有色金属工业年鉴》中给出了 1991~2007 年历年的全国平均吨铝加工材金属消耗量，其中，最高值是 2003 年的 1050.72kg，最低值是 2007 年的 1024.90kg。由此可以计算出 1990~2015 年全国平均铝材加工损失率，其结果如图 4.1 所示。而据迟志坤等（2001）的介绍，某厂生产某类型铝板材的加工损失率高达 12.13%。

由于铝最终产品及其制造厂的数量和类型极多，而且铝在制造阶段一般只是作为产品的一个部分存在，因此目前无法完全找到制造损失率的数据。同时，考虑在制造阶段专门针对铝本身的可能造成其数量损失的热加工、化学加工等加工工序较少，因此忽略了制造阶段的损失量。

铝在使用阶段的数量损失主要来自两个方面：腐蚀和耗散性用途。由于铝的腐蚀种类多样且难以统计测量，因此不考虑腐蚀造成的损失量。耗散性用途包括以铝作为炼钢脱氧剂、铝热剂、涂料、火药等，其中许多是以铝粉的状态使用的。目前中国没有铝粉产量的统计数据，因此仅计算炼钢脱氧剂的用铝量，其中钢产量来自《中国钢铁统计》（中国钢铁工业协会，2016），吨钢用铝量根据欧洲铝业协会的报道设定为 1.0~1.8kg（EAA，2006）。

在铝报废产品回收阶段，理论上应该区分不同的报废产品并计算其产生量、铝百分含量以及回收率。然而，由于报废产品的种类数以十万计，且回收行业本身是高度分散的，因此目前关于报废产品的统计数据很少。根据文献调研和专家访谈结果（陈伟强等，2008a；李宏伟，2003；王祝堂，2002；熊慧等，2005），假设旧铝废料的全国平均回收率为 80%。

铝废料的预处理是指按照生产要求对铝废料进行拆解、分割、筛选、分组或分类，去除杂质和污染物，并进行捆扎、打包、预热除湿等，其目的是提高再生铝熔铸阶段的金属实收率和再生铝产品的品质，改善再生铝厂的工作环境和提高其经济效益。欧洲铝业协会估计铝废料的预处理损失率为 2%~10%（EAA，2006），中国则没有这方面的统计或报道，将根据欧洲铝业协会的估计数以及专家访谈设定为 5%，而且假定所有进口的铝废料均为未进行预处理的铝废料。

再生铝熔铸损失率是再生铝金属实收率的逆指标。由于中国再生铝厂的数量很多，而且规模不一，工艺、熔炼炉种类多样，因此难以获取准确的金属实收率或损失率数据。据欧洲铝业协会的报道，欧洲 2005 年再生铝熔铸损失率平均为 5%（EAA，2008）。在中国，王祝堂估计为 4.0%~12.0%，平均约为 7%；彭保太等（2020）认为基本在 3%~10%，本章将按照全国平均 7% 进行计算。

（5）含铝最终产品的服务年限

服务年限是自上而下法中计算旧铝废料产生量和在用存量的关键参数。因为服务年限将随着国家、地区以及年代的变化而变化，要获取各大类最终产品服务年限的精确数值几乎是不可能的。现有的一些文献给出了不同种类的含铝最终产品的服务年限区间或者其均值与方差的估计数。这些估计的汇总结果如表 4.5 和表 4.6 所示，它们有些是正态分布，有些则是韦布尔分布。但研究显示，不同寿命分布对计算结果的影响很小。

表 4.5　含铝最终产品的分类、编号与服务年限均值

部门	编号	正态均值	韦布尔均值	正态均值	韦布尔均值（日本）	韦布尔均值（美国）	韦布尔均值（欧洲）	韦布尔均值（中国）	均值
交通工具	1	13.0	12.2	13.5	—	20.0	13.0	17.0	13～30
建筑	2	31.5	29.3	35.0	—	75.0	31.5	32.5	40.0
机械设备	3	15.0	13.6	17.5	10.0	30.0	15.0	17.5	25.0
电力工程	4	17.5	15.5	—	10.0	15.0	17.5	21.5	35.0
耐用消费品	5	10.0	8.6	6.5	10.0	10.0	10.0	16.0	15.0
包装	6	1.0	—	1.0	1.0	1.0	1.0	1.0	1.0
其他	7	10.0	8.6	5.0	10.0	15.0	10.0	10.0	15.0
数据来源		Melo, 1999	Melo, 1999	Dahlstrm et al., 2004; Han and Xiang, 2013	Hatayama et al., 2009; Tanikawa et al., 2014	Hatayama et al., 2009; Reyna and Chester, 2015	Hatayama et al., 2009; Miatto et al., 2019	Hatayama et al., 2009; Miatto et al., 2019	Schlesinger, 2007

注：表内一字线表示无数据；下同

表 4.6　含铝最终产品服务年限的方差

部门	正态方差 1	正态方差 2	韦布尔方差
交通工具	1.0	0.5	—
建筑	2.8	8.3	—
机械设备	1.7	0.8	3.5
电力工程	2.5	—	3.5
耐用消费品	1.7	0.5	3.5
包装	0.0	0.0	—
其他	1.7	1.7	3.5
数据来源	Melo, 1999	Dahlstrm et al., 2004	Hatayama et al., 2007; Schlesinger, 2007

在前人的基础上，我们选取了一种可接受的分布方式及比较接近实际情况的参数来计算中国旧铝废料的产生量，如表 4.7 所示。

表 4.7　含铝产品服务年限的均值与方差

终端消费部门	均值下限	均值中值	均值上限	方差下限	方差中值	方差上限
交通工具	10.0	15.0	20.0	0.5	1.5	2.5
建筑	30.0	40.0	50.0	3.0	6.0	9.0
机械设备	10.0	20.0	30.0	1.0	2.5	4.0
电力工程	10.0	20.0	30.0	1.0	2.5	4.0
耐用消费品	8.0	12.0	16.0	0.5	1.5	2.5
包装	1.0	1.0	1.0	—	—	—
其他	5.0	10.0	15.0	0.5	2.0	3.5

4.2　流量及其结构的变化

根据前述的计算方法，可以得到 1990～2015 年中国铝的全生命周期流量图，其 2015 年的结果如图 4.2 所示。如前文所述，表 4.2 中的含铝产品可以粗略地划

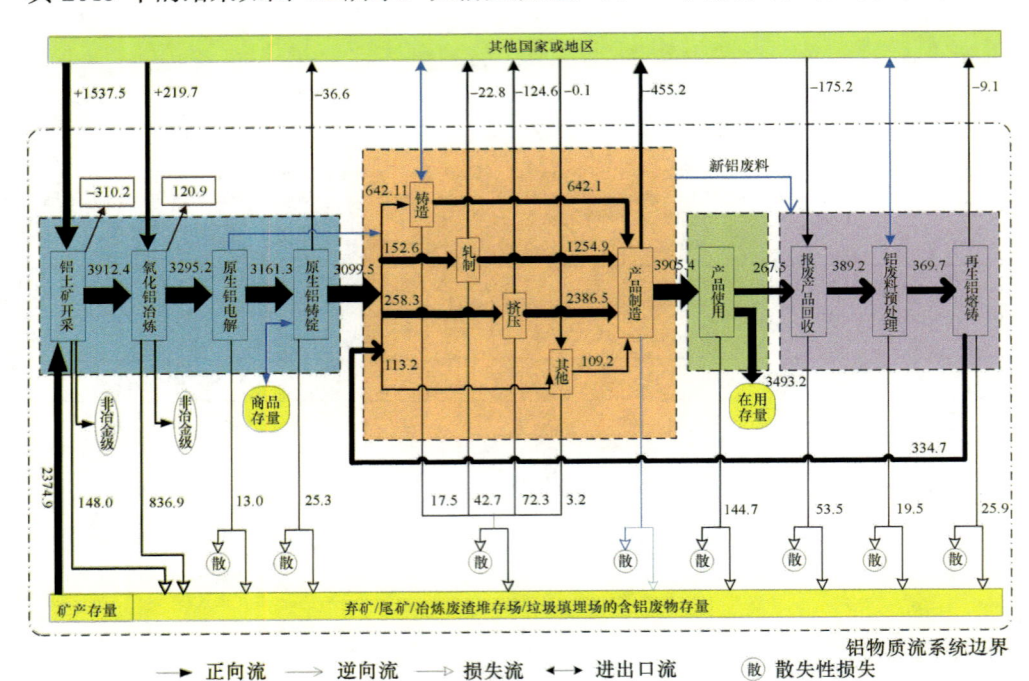

图 4.2　2015 年中国国家尺度的铝流量图

①图中带有箭头的线代表铝的某种流量，其宽度与大小成正比；②蓝色的带有箭头的虚线代表该种流量的数据无法获取；③国内生产的铝土矿可能用于非冶金用途，故铝土矿开采和氧化铝冶炼两个子阶段的输入、输出数据不平衡，其差额标注于上方的小方框内；④对于进出口流量，仅仅标注出净进口的数量，如果为负值，则代表该种含铝产品在当年属于净出口；⑤图中数据的单位是万 t

分为五大类：①铝土矿和氧化铝；②报废产品和铝废料；③未锻轧铝；④铝半成品；⑤含铝最终产品。

4.2.1 产量及其结构的变化

由图 4.3 可以发现，1990~2015 年，除了 2011 年和 2013 年，铝土矿产量呈现逐年递增的趋势，1990 年、1995 年、2000 年、2005 年、2010 年和 2015 年的产量分别为 113.5 万 t、145.4 万 t、243.5 万 t、444.0 万 t、1036.2 万 t 和 2374.9 万 t，从 1990 年到 2015 年增长了 19.9 倍。2011 年和 2013 年铝土矿产量略有下降，分别为 969.3 万 t 和 915.4 万 t。

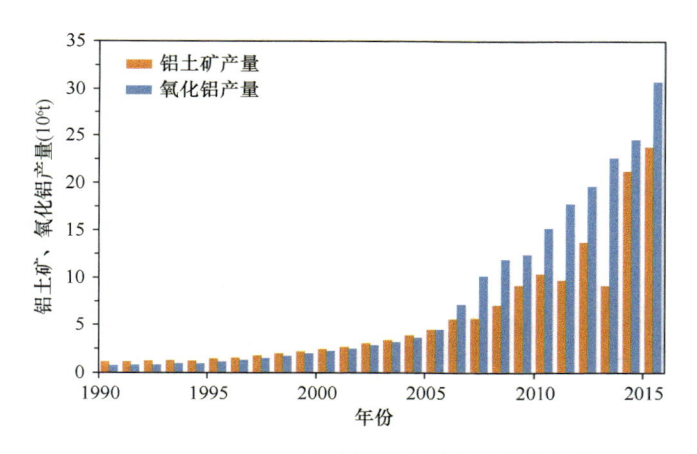

图 4.3　1990~2015 年中国铝土矿和氧化铝产量

1990~2015 年，氧化铝产量呈现逐年递增的趋势。1990 年、1995 年、2000 年、2005 年、2010 年和 2015 年的产量分别为 76.3 万 t、114.7 万 t、225.7 万 t、445.1 万 t、1515.7 万 t 和 3075.5 万 t，从 1990 年到 2015 年增长了 39.3 倍。

对于国内最终产品的报废所导致的旧铝废料产量，如图 4.4a 所示，1990~2015 年，中国旧铝废料的产量总体呈现增加的趋势。其中，1990 年、1995 年、2000 年、2005 年、2010 年和 2015 年分别为 38.2 万 t、66.6 万 t、110.8 万 t、180.8 万 t、320.7 万 t 和 576.3 万 t。从结构上看，包装部门由于服务年限极短而且使用量越来越大，所占的比例有不断增加的趋势，2015 年达到了 53.6%；与之相反，建筑部门由于服务年限长达 40 年，因此尽管近年来使用量不断增加，但是其旧铝废料产量却很小，2015 年所占的比例仅为 0.3%。其余 5 个终端消费部门的旧铝废料产量的比例则相对接近。

在假设这些旧铝废料的总回收率为 80%的情况下，同时考虑进口的铝废料，如图 4.4b 所示，经过预处理后供给中国再生铝工业的铝废料的数量在 1990~

2010 年呈现上升趋势，在 2010~2015 年趋于稳定。1990 年、1995 年、2000 年、2005 年、2010 年和 2015 年分别为 22.3 万 t、67.9 万 t、128.2 万 t、249.5 万 t、373.8 万 t 和 369.7 万 t，从 1990 年到 2015 年共增长了 15.6 倍。

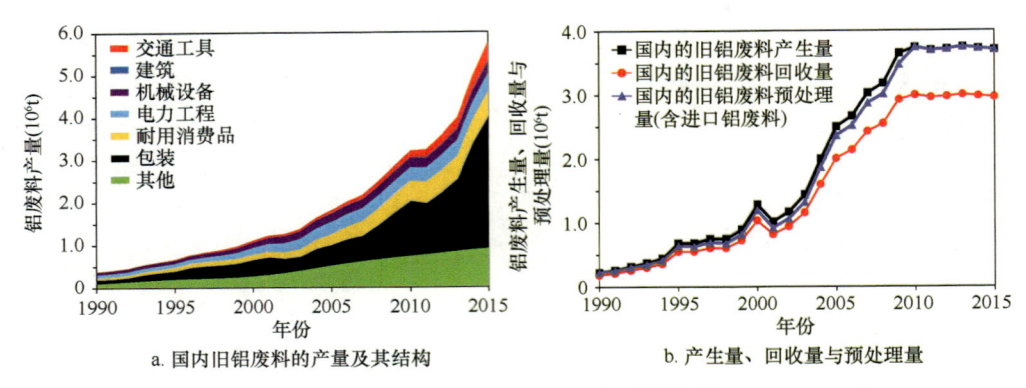

图 4.4 1990~2015 年中国铝废料产量

对于包含原生铝和再生铝的未锻轧铝，如图 4.5 所示，1990~2015 年其产量逐年递增。1990 年、1995 年、2000 年、2005 年、2010 年和 2015 年未锻轧铝的总产量分别为 106.6 万 t、251.0 万 t、419.7 万 t、1015.0 万 t、1976.9 万 t 和 3505.2 万 t，从 1990 年到 2015 年共增长了 31.9 倍，年均增长率为 15.0%；其中，从 1990 年到 2000 年共增长了 2.9 倍，年均增长率为 14.4%；从 2000 年到 2015 年增长了 7.4 倍，年均增长率则为 15.4%。由此可以看出，2000 年以后是中国未锻轧铝产量迅速增长的关键时段。对于原生铝，1990 年、1995 年、2000 年、2005 年、2010 年和 2015 年的产量分别为 85.8 万 t、187.9 万 t、300.4 万 t、783.0 万 t、1629.3 万 t 和 3161.3 万 t，从 1990 年到 2015 年共增长了 35.8 倍，年均增长率为 15.5%；其中，从 1990 年到 2000 年共增长了 2.5 倍，年均增长率为 13.3%；从 2000 年到 2015 年则增长了 9.5 倍，年均增长率达 17.0%。对于再生铝，1990 年、1995 年、2000 年、2005 年、2010 年和 2015 年的产量则分别为 20.8 万 t、63.1 万 t、119.2 万 t、232.0 万 t、347.6 万 t 和 343.8 万 t，从 1990 年到 2015 年共增长了 15.5 倍，年均增长率为 11.9%；其中，从 1990 年到 2000 年共增长了 4.7 倍，年均增长率为 19.0%；从 2000 年到 2015 年则增长了 1.9 倍，年均增长率为 7.4%。从中可以看出，从 1990 年到 2015 年，再生铝产量的增长速度小于原生铝产量的增长速度。由此导致的结果如图 4.5 所示，1995 年以后再生铝产量占中国未锻轧铝产量的比例在波动中趋于下降；其中，1991~2000 年这一比值保持在 19% 以上，2000 年最高时为 28.4%；2001 年以后这一比值基本在 21% 以下，2015 年下降到最低点时仅为 9.8%。

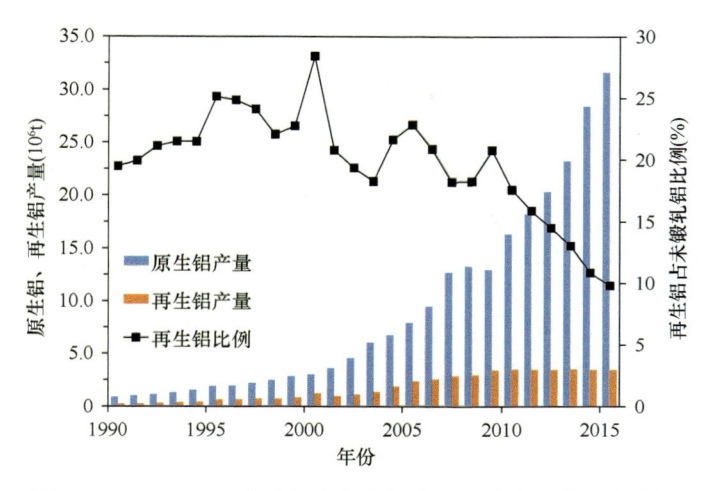

图 4.5　1990～2015 年中国未锻轧铝产量及其中再生铝的比例

铝半成品包括了铝加工材和铝铸件。从图 4.6 可以看出，1990～2015 年铝加工材产量总体呈现增加的趋势，1990 年、1995 年、2000 年、2005 年、2010 年和 2015 年分别为 37.7 万 t、166.0 万 t、204.5 万 t、601.2 万 t、1853.8 万 t 和 4104.2 万 t，从 1990 年到 2015 年共增长了 107.9 倍，年均增长率达 20.6%；其中，从 1990 年到 2000 年仅增长了 4.4 倍，年均增长率为 18.4%；而从 2000 年到 2015 年却增长了 19.1 倍，年均增长率为 22.1%。需要注意的是，1996 年、1998 年和 2009 年中国铝加工材产量有小幅度的降低，而后才重新逐年递增，这可能是金融风暴和经济危机导致了生产与需求量下降。

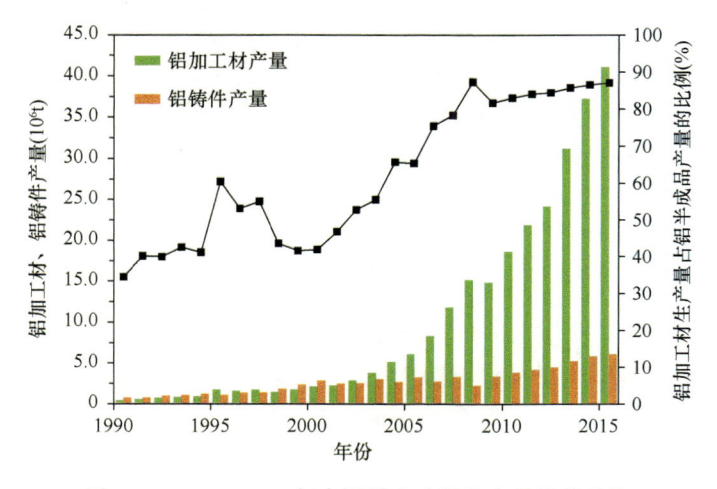

图 4.6　1990～2015 年中国铝半成品的产量及其结构

对于铝铸件，从图 4.6 则可以看出其产量在 1990～2000 年总体上呈现增加的趋势，在 2000 年之后在波动中趋于平稳。1990 年、1995 年、2000 年、2005 年、2010 年和 2015 年铝铸件产量分别为 71.6 万 t、108.5 万 t、283.2 万 t、318.6 万 t、332.2 万 t 和 610.0 万 t，从 1990 年到 2015 年共增长了 7.5 倍，年均增长率为 8.9%；其中从 1990 年到 2000 年增长了 3.0 倍，年均增长率为 14.7%；从 2000 年到 2015 年则增长了 1.15 倍，年均增长率仅为 5.2%。由此可以看出，铝铸件产量的增长率远远不及铝加工材产量的增长率，因此，如图 4.6 所示，铝加工材产量占铝半成品产量的比例总体呈现上升的趋势，到 2015 年占 87.1%。

铝加工材总体上可以分为轧制材、挤压材和其他加工材。如图 4.7 所示，1990～2015 年铝挤压材和铝轧制材产量总体上呈现增加的趋势，1990 年、1995 年、2001 年、2005 年、2010 年和 2015 年分别为 13.9 万 t 和 16.3 万 t、111.0 万 t 和 36.7 万 t、120.8 万 t 和 62.0 万 t、413.2 万 t 和 169.5 万 t、1223.6 万 t 和 600.8 万 t 以及 2511.1 万 t 和 1483.0 万 t，从 1990 年到 2015 年分别增加了 179.7 倍和 90.0 倍，年均增长率分别为 23.1%和 19.8%；其中，从 1990 到 2001 年分别增加了 7.7 倍和 2.8 倍，年均增长率分别为 21.3%和 12.8%；从 2001 年到 2015 年分别增加了 19.8 倍和 22.9 倍，年均增长率分别高达 24.2%和 25.5%。对于其他加工材，1990～2015 年其产量波动的幅度比较大，其中 1998～2000 年和 2014～2015 年其产量非常高。

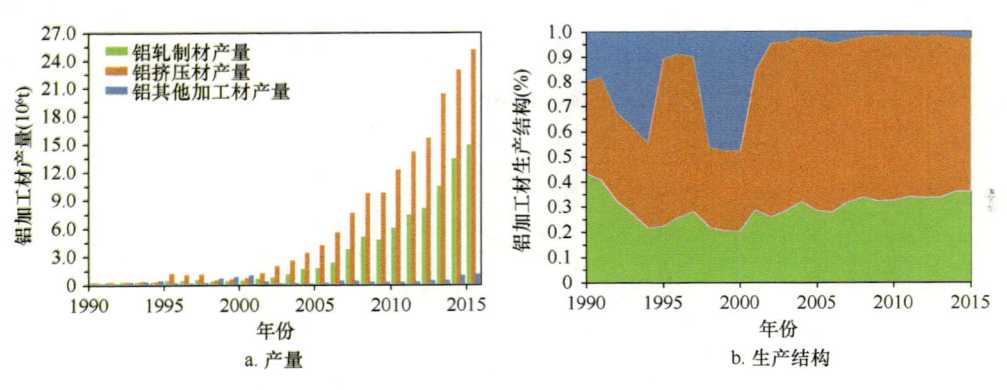

图 4.7　1990～2015 年中国铝加工材产量（a）及其生产结构（b）

铝轧制材包括铝板材、铝带材和铝箔材。如图 4.8a 所示，从 1990 年到 2015 年，这 3 种铝轧制材的产量在波动中均呈现增长的趋势；在经历了 1998 年的突然下降之后，这 3 种铝轧制材的产量都进一步呈现出逐年增长的态势。铝板材、铝带材和铝箔材的产量分别为：①1990 年，12.8 万 t、2.5 万 t 和 1.0 万 t；②1995 年，16.3 万 t、12.7 万 t 和 7.7 万 t；③2000 年，15.6 万 t、11.9 万 t 和 14.0 万 t；④2005 年，73.0 万 t、44.1 万 t 和 52.5 万 t；⑤2010 年，281.5 万 t、169.8 万 t 和 149.5 万 t；

⑥2015 年，677.8 万 t、447.2 万 t 和 358.0 万 t。如图 4.8b 所示，从结构上看，从 1990 年到 2000 年，铝板材产量占铝轧制材总产量的比例下降后趋于平稳，而铝箔材的比例则上升后趋于平稳；考虑到铝箔材的附加价值比较高，可以看出中国铝轧制工业在实现总量扩张的同时其结构也得到了不断改善。

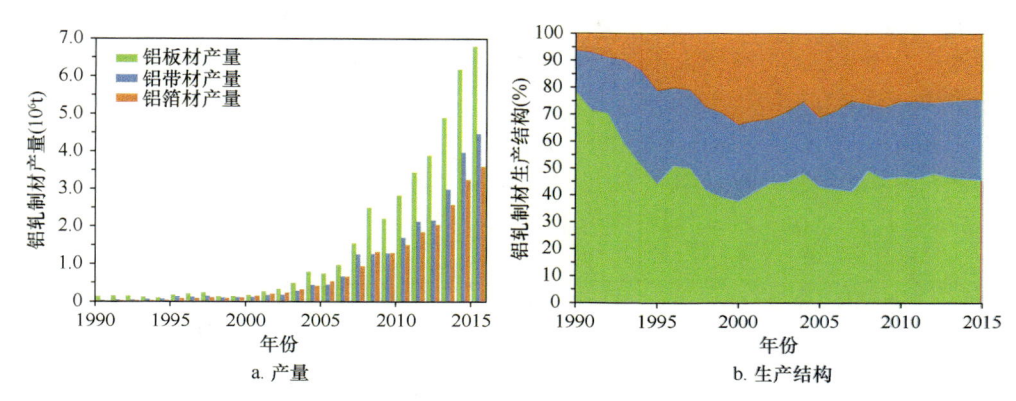

图 4.8　1990~2015 年中国铝轧制材产量（a）及其生产结构（b）

铝挤压材则可以分为铝排材、铝型材、铝管材、铝棒材和铝线材。从图 4.9b 可以看出，铝型材在铝挤压材产量中占据绝对主导地位，从 1990 年到 2015 年基本都超过了 70%，2003 年最高时甚至达到了 91.3%。从图 4.9a 还可以发现，在同样经历了 1998 年的突然下降之后，铝型材的产量逐年持续递增。1990 年、1995 年、2000 年、2005 年、2010 年和 2015 年铝型材的产量分别为 9.9 万 t、90.0 万 t、56.8 万 t、352.3 万 t、1059.2 万 t 和 1869.0 万 t。在铝挤压材产量中占有较大比例的还有铝棒材，在多数年份其比例约为 9%。1990 年、1995 年、2000 年、2005 年、2010 年和 2015 年铝棒材的产量分别为 1.4 万 t、9.9 万 t、2.2 万 t、35.7 万 t、95.2 万 t 和 506.5 万 t。

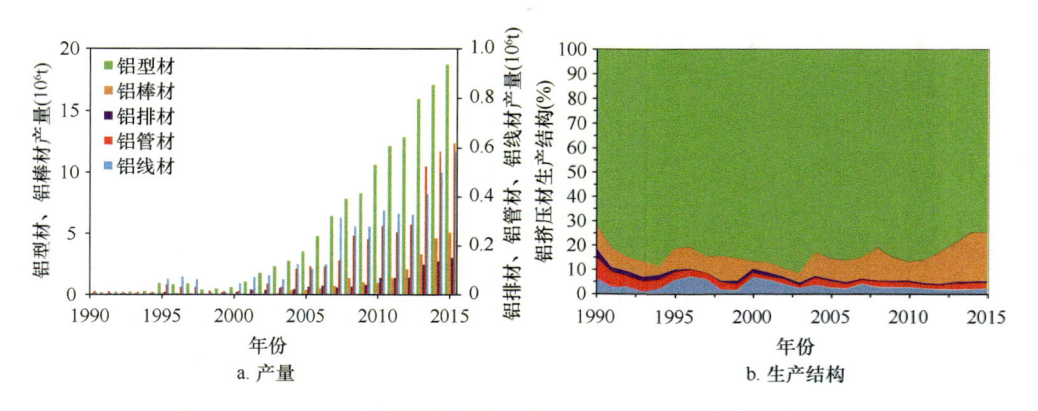

图 4.9　1990~2015 年中国铝挤压材产量（a）及其生产结构（b）

对于含铝最终产品，一般可以分为如表 4.5 和图 4.10 所示的 7 种终端消费部门。在中国现有的统计体系中，并没有官方的各终端消费部门的用铝结构数据，根据相关文献或专家访谈获得了如表 4.1 所示 1985 年、1998 年以及 2002～2015 年的用铝结构数据。对于 1991～1997 年和 1999～2001 年的用铝结构，分别采用 1985 年与 1998 年和 1998 年与 2002 年的数据进行插值拟合计算，2007 年的数据则假设与 2006 年的相同。如图 4.10b 所示，从结构上来看，自 1990 年以来建筑和交通工具部门的用铝比例趋于上升。从图 4.10a 则可以发现，1990～2015 年，中国用于生产最终产品的铝的数量总体上呈现上升的趋势，1990 年、1995 年、2000 年、2005 年、2010 年和 2015 年分别为 118.4 万 t、280.7.0 万 t、475.5 万 t、773.7 万 t、1772.2 万 t 和 3772.3 万 t。

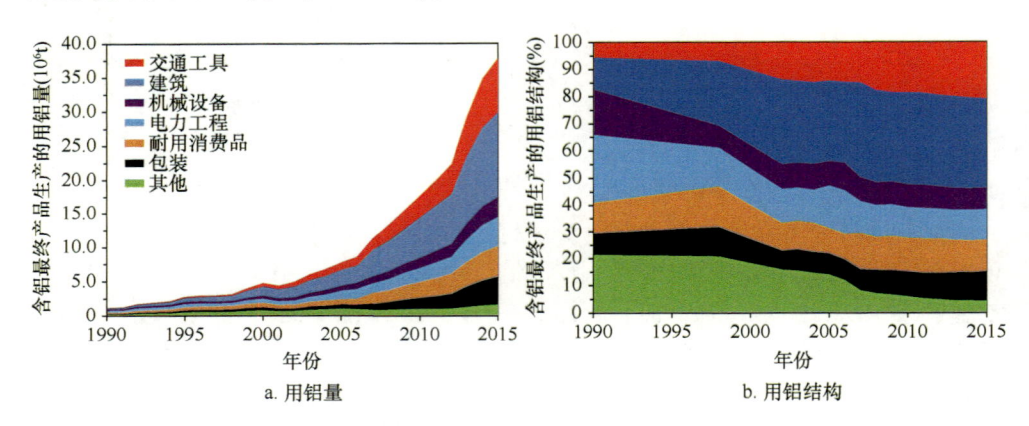

图 4.10　1990～2015 年中国含铝最终产品生产的用铝量（a）及其用铝结构（b）
最终产品用铝结构的数据来自 Evans（2004）、陈锦亚（2007）、罗兰·贝格（2002）、王飞虹（2009）的文献

4.2.2　进出口量及其结构的变化

1990～2015 年中国铝的进出口变化呈现如下特征：①整体上，2000 年以后含铝产品的贸易规模与 2000 年之前相比有大幅度增加，除了 2014 年，铝产品的贸易量呈现增长趋势；②五大类含铝产品相互之间以及各自内部均呈现进出口总量的不对称性，部分还呈现出进出口结构的不对称性。

全生命周期的进出口总量如图 4.11 所示。1990～2000 年有所增长但增幅较小，2000 年以后则呈现持续快速增长的趋势。1990 年、1995 年、2000 年、2005 年、2010 年和 2015 年的进口量和出口量分别为：61.9 万 t 和 72.9 万 t、179.2 万 t 和 88.5 万 t、328.1 万 t 和 117.9 万 t、732.0 万 t 和 443.5 万 t、1442.3 万 t 和 741.3 万 t、2110.1 万 t 和 1014.2 万 t。全生命周期进出口总量的不对称性体现在进口总量大于出口总量，两者相减，可以发现中国是一个铝的净进口国而且净进口量总体上呈现增长趋势，并且在 2013 年达到最高点。1990 年、1995 年、2000 年、2005 年、2010 年和 2015 年的净进口量分别为 11.0 万 t、90.7 万 t、210.2 万 t、288.4 万 t、701.1 万 t 以及 1095.9 万 t。进出口结构的不对称性体现在进口总量的增加主要来自"铝土矿和氧化铝"与"报废产品和铝废料"，而出口总量的增加则主要来自"铝半成品"和"最终产品"。

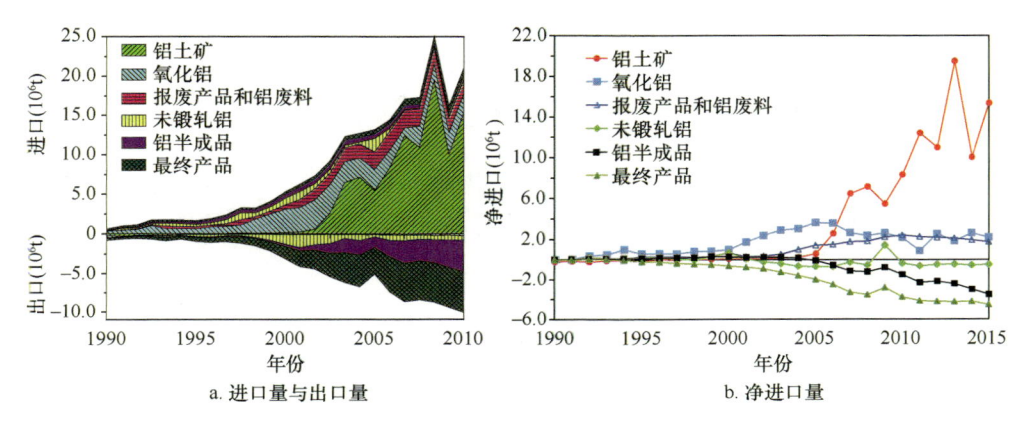

图 4.11　1990～2015 年中国铝的进出口量（a）与净进口量（b）

对于铝土矿与氧化铝，如图 4.12 所示，1990～2000 年进口量仅有小幅度增长，出口量则不断下降到接近于零；进口量在 2000 年以后呈现波动式增长，而出口量保持接近于零的水平。进出口量的不对称性体现在除了 1990 年和 1991 年之外中国铝土矿和氧化铝的进口量大于出口量，且这一差距还在持续增加，1990 年、1995 年、2000 年、2005 年、2010 年和 2015 年净进口量分别为 17.4 万 t、45.1 万 t、180.0 万 t、420.7 万 t、1049.7 万 t 和 1757.2 万 t。在进口中，2000～2005 年氧化铝的进口量迅速增长，这是由于同期中国电解铝的产能扩张过快而氧化铝的产能

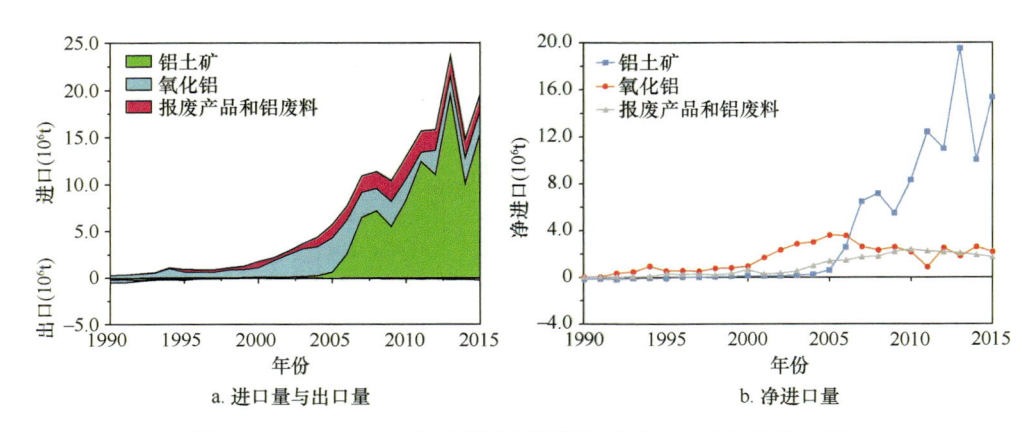

图 4.12　1990～2015 年中国含铝原材料的进出口量与净进口量

增长有限；2005 年以后氧化铝的进口量下降，这是由于同期国内氧化铝的产能迅速扩大，但与此同时国内铝土矿供应量的不足却又带来了铝土矿进口量的指数型增长。

对于报废产品和铝废料，同样如图 4.12 所示，扣除个别年份，进口量在 2010 年以前呈现不断增加的趋势，在 2010 年以后略有下降，而出口量则基本可以忽略。进出口量的不对称性体现在进口量大于出口量。2010 年以前，中国是报废产品和铝废料的净进口国而且净进口量不断增加，2010 年以后由于中国环保意识加强，逐渐限制进口固体废弃物，报废产品和铝废料的净进口量略有下降，1990 年、1995 年、2000 年、2005 年、2010 年和 2015 年分别为 0.3 万 t、28.5 万 t、67.0 万 t、141.6 万 t、239.7 万 t 和 175.2 万 t。

对于未锻轧铝，如图 4.13 所示，与含铝原材料不同，其进口量和出口量基本处在同一个数量级上。在计算过程中，如表 4.2 的表注所示，假设"未锻轧铝合金"的进出口量的 20%是原生铝，80%是再生铝。图 4.13 给出了按照"原生铝"和"再生铝"分类的未锻轧铝的进出口量及净进口量。1991~2000 年，再生铝的进口量和出口量在波动中总体上有增长的趋势，而原生铝所占的比例比较大。2000~2004 年，由于国内原生铝产量的增长和高达 15%的出口退税，未锻轧铝尤其是原生铝的出口量不断增加，这导致中国从 2001 年开始成为原生铝的净出口国，而且净出口量持续增长到 2004 年；2004~2009 年，由于中国先取消了原生铝的出口退税，继而开征出口关税并进一步提高税率，导致原生铝的出口量和净出口量均持续下降；另外，对于再生铝，尽管中国取消了其出口退税，但是税率为 5%的出口关税仅仅实施了半年就在 2005 年 7 月 1 日被取消，这导致再生铝的出口量持续增加，进而在之后一年净出口量增加。除了关税政策的不同，导致再生铝出口量增加的另外一个因素可能是大量被限制出口的原生铝被转而以再生铝的形式变相出口。因此，中国政府从 2008 年 8 月 20 日开始对再生铝征收税率为 15%的出口关税以限制其出口量的增长。

a. 原生铝与再生铝的进出口量

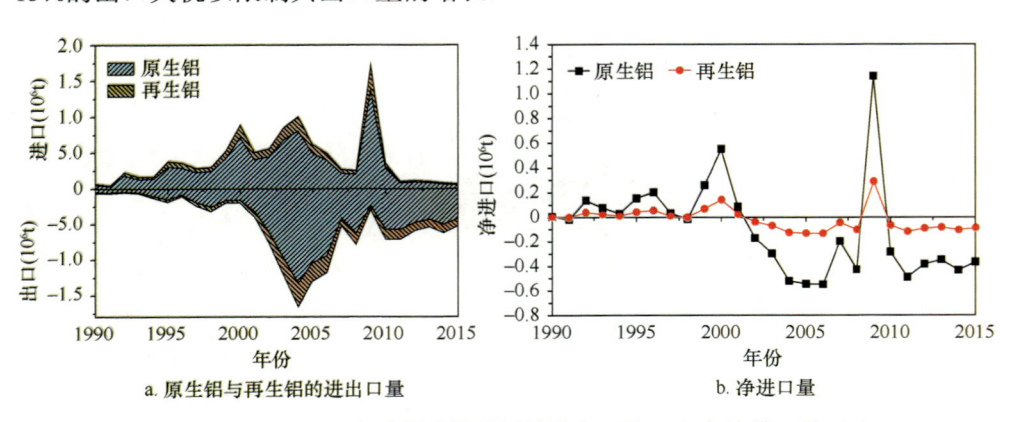

b. 净进口量

图 4.13　1990~2015 年中国未锻轧铝的进出口量（a）与净进口量（b）

对于铝半成品，由于铝铸件的进出口数据无法获取，仅考虑铝加工材的进出口量。如图 4.14 所示，进口总量在 1990~2015 年增长比较平缓，2008 年甚至还开始下降；而出口总量在 2001 年之前明显小于进口总量，2001 年之后增幅明显加大并且在 2005 年超过了进口总量。因此，如图 4.14 所示，净进口量先是缓慢增长且不断下降，在 2005 年以后变为净出口且净出口量迅速增加。进出口结构的不对称性体现在铝板带材占进口量的大部分，2007 年之前铝条杆型材占出口量的大部分，2007 年之后铝板带材占出口量的大部分。因此，2007 年之前铝半成品的净进口主要体现为铝板带材的净进口，而净出口则主要体现为铝条杆型材的净出口。从图 4.14 还可以看出，铝条杆型材、铝管材、铝箔材、铝线分别在 2001 年、2003 年、2004 年、2005 年由净进口变为净出口而且 2007 年之前其净出口量持续增加，铝板带材也在 2008 年由净进口变为净出口。这一变化一方面源于中国原生铝产量的增长，另一方面是由于 2004 年以后国家限制原生铝出口，导致大量原生铝在加工后以铝加工材的形式变相出口。通过图 4.14 可以看到，2007 年 7 月 1 日之后，由于中国先取消了铝条杆型材的出口退税进而开征 15% 的出口暂定关税，铝条杆型材的出口量和净出口量在 2008 年迅速降低；铝线也由于被取消了出口退税而导致净出口量有所下降。另外，仍然保持出口退税的铝板带材、铝箔材和铝管材的净出口量总体上呈现上升趋势。

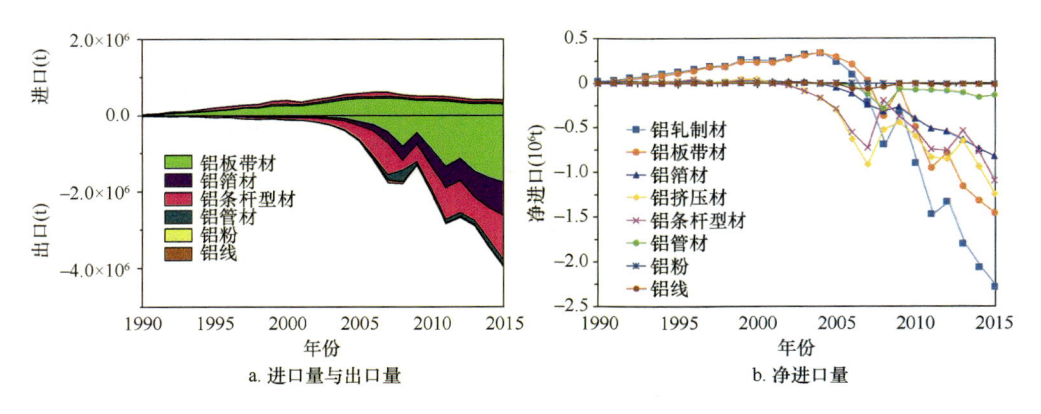

图 4.14　1990~2015 年中国铝半成品的进出口量（a）与净进口量（b）

对于含铝最终产品，如图 4.15 所示，出口总量除了 2009 年逐年持续递增，而且 2000 年之后增幅明显加大。进出口总量的不对称性一方面体现在进口总量小于出口总量，另一方面则体现在出口总量持续快速递增但进口总量却基本保持不变。因此，1994 年以后，含铝最终产品国际贸易变为净出口且净出口量逐年增加，1990 年、1995 年、2000 年、2005 年、2010 年和 2015 年的净出口量分别为−4.9 万 t、21.0 万 t、61.9 万 t、199.4 万 t、378.5 万 t 和 455.2 万 t。在六大类最终产品中，建筑类、其他类和耐用消费品类一直是净出口而且净出口量不断增长；电力工程类和交通工具类在 1995 年，机械设备类在 2005 年开始由净进口变为净出口而且净出口量不断增加。2015 年，各大类最终产品占净出口量的比例分别为：耐用消费品 32.2%，建筑 26.4%，交通工具 22.9%，其他 10.7%，机械设备 4.4%，电力工程 3.4%。

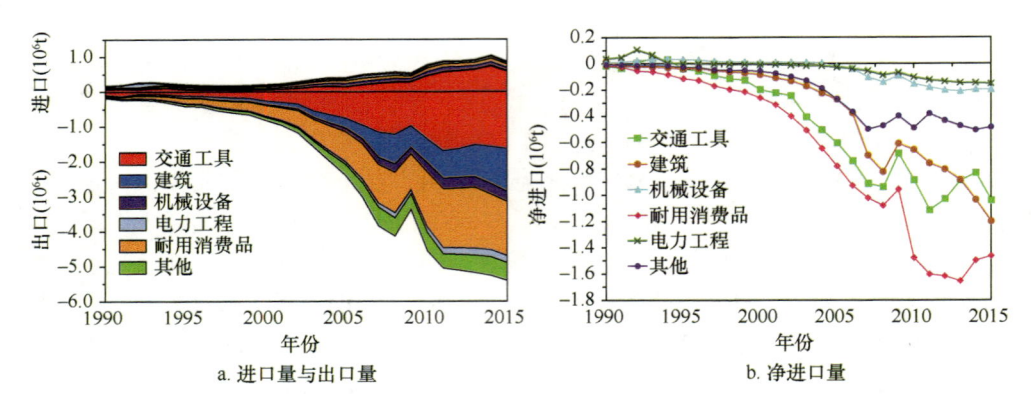

图 4.15　1990～2015 年中国含铝最终产品的进出口量（a）与净进口量（b）

4.2.3　表观消费量与净进口依存度的变化

根据公式（4.4），表观消费量等于产量加上进口量再减去出口量。也就是说，中国生产的部分含铝产品被出口供外国人使用，而中国人使用的部分含铝产品则是外国生产并进口到中国来的。由于产量的持续增长，1990～2015 年中国大部分含铝产品按照金属铝的质量核算的表观消费量也是持续增长的。

1990～2015 年，铝土矿的表观消费量呈现逐年递增的趋势，1990 年、1995 年、2000 年、2005 年、2010 年和 2015 年的计算产量分别为 94.6 万 t、135.0 万 t、255.2 万 t、504.1 万 t、1868.6.1 万 t 和 3912.4 万 t，从 1990 年到 2015 年增长了 40.4 倍。

对于氧化铝，在图 4.16 中，与铝土矿类似，计算的消费量则是指根据电解铝产量计算得到的氧化铝的表观消费量。1990～2015 年，氧化铝的表观消费量呈现逐年递增的趋势，1990 年、1995 年、2000 年、2005 年、2010 年和 2015 年的计算消费量分别为 77.8 万 t、170.2 万 t、322.0 万 t、805.6 万 t、1732.9 万 t 和 3295.2 万 t，从 1990 年到 2015 年增长了 41.4 倍。

在净进口依存度方面，如图 4.17 所示，铝土矿净进口依存度的变化可分为 3 个阶段：①1990～1997 年为负值但不断趋近于 0；②1998～2004 年为 0～5%；③2005～2015 年迅速上升后波动变化，2013 年达到最高值 68.1%。氧化铝净进口

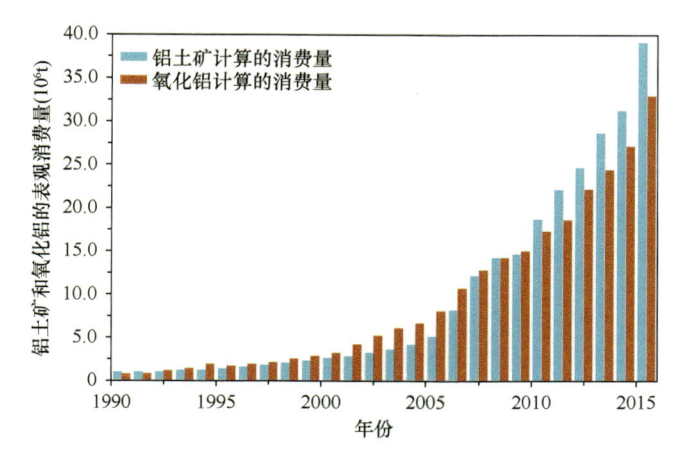

图 4.16　1990～2015 年中国铝土矿和氧化铝的表观消费量

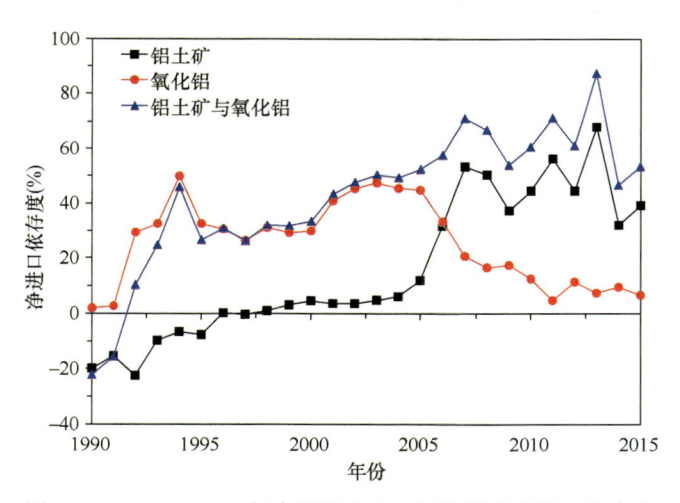

图 4.17　1990～2015 年中国铝土矿与氧化铝的净进口依存度

依存度的变化也可以大致分为 3 个阶段：①1990～2000 年除 1990 年、1991 年和 1994 年外，基本在 30%左右；②2001～2003 年持续上升，2003 年最高时为 47.4%；③2004～2015 年总体上呈现下降的趋势，2011 年达到历史最低水平，仅为 4.8%。如果用铝土矿和氧化铝的净进口量之和除以氧化铝的表观消费量，则可以得到"铝土矿与氧化铝"的净进口依存度，其所体现的是中国用于冶炼电解铝的含铝原材料中来自净进口的比例。如图 4.17 所示，1995 年以后中国"铝土矿与氧化铝"的净进口依存度在波动中呈现明显的增长趋势，2013 年时达到最高水平，为 87.3%，这清楚地表明了中国原生铝工业日益依赖进口资源来支撑其发展。同时，铝土矿和氧化铝的净进口依存度的上述变化过程也与中国铝工业的发展历程和国家宏观调控政策的实施紧密相关。2000 年以前，中国的铝工业比较落后，其中 1995

年之前甚至出口铝土矿以换取外汇；2001 年以后由于电解铝产能的迅速扩张，造成了国内氧化铝供应缺口的加大和氧化铝进口量的同步增长；继而，国内氧化铝产能随之扩大，但在 2004 年之前与电解铝相比却有一定的滞后性，因此直到 2004 年以后氧化铝的进口量和净进口依存度才开始不断下降；但是 2005 年以后氧化铝产能的释放却又带来铝土矿进口量和净进口依存度的上升。随着电解铝总量控制政策的出台，电解铝产量日趋稳定，铝土矿和氧化铝净进口依存度也分别稳定在 40%和 10%左右。

综合考虑进口的报废产品和铝废料，并减去回收和预处理过程的损失，如图 4.18 所示，则供给中国再生铝工业使用的铝废料表观消费量上升后逐渐趋于平稳。1990 年、1995 年、2000 年、2005 年、2010 年和 2015 年分别为 23.5 万 t、71.4 万 t、135.0 万 t、262.6 万 t、393.4 万 t 和 389.2 万 t，从 1990 年到 2015 年共增长了 15.6 倍。用报废产品和铝废料的净进口量除以预处理后的铝废料的表观消费量，则得到"报废产品和铝废料"的净进口依存度。如图 4.18 所示，中国"报废产品和铝废料"的净进口依存度在 1990~2010 年呈现出明显的波动增长趋势，从 1990 年的 1.3%上升到 2010 年的 60.9%；在 2010~2015 年呈现下降趋势，到 2015 年下降到 45%。中国"报废产品和铝废料"净进口依存度的增长说明近年来中国再生铝产能产量的扩张很大程度上是依靠国外进口的原材料。

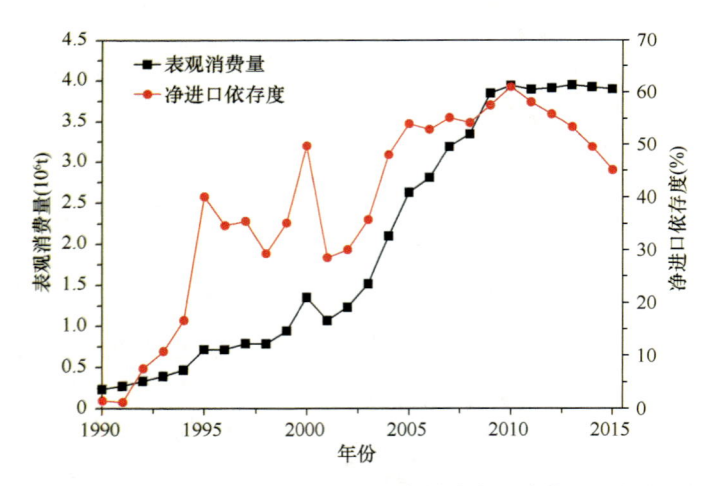

图 4.18　1990~2015 年中国报废产品和铝废料的表观消费量及净进口依存度

对于包含原生铝和再生铝的未锻轧铝，如图 4.19 所示，1990~2015 年其表观消费量随着产量的增长而逐年递增。1990 年、1995 年、2000 年、2005 年、2010 年和 2015 年未锻轧铝的表观消费量分别为 106.4 万 t、268.3 万 t、485.5 万 t、940.7 万 t、1928.3 万 t 和 3434.2 万 t，从 1990 年到 2015 年共增长了 31.3 倍，年均增长率为 14.9%；其中，从 1990 年到 2000 年共增长了 3.6 倍，从 2000 年到 2015 年共增长了 6.1 倍。由此可以看出，2000 年以后是中国未锻轧铝表观消费量迅速增长的关键时段。对于原生铝，1990 年、1995 年、2000 年、2005 年、2010 年和 2015 年的表观消费量分别为 85.5 万 t、204.4 万 t、352.5 万 t、722.3 万 t、1587.9 万 t 和 3099.5 万 t，从 1990 年到 2015 年共增长了 35.3 倍，年均增长率为 15.4%；其中，从 1990 年到 2000 年共增长了 3.1 倍，从 2000 年到 2015 年则增长了 7.8 倍。对于再生铝，1990 年、1995 年、2000 年、2005 年、2010 年和 2015 年的表观消费量则分别为 20.9 万 t、67.0 万 t、133.0 万 t、218.4 万 t、340.5 万 t 和 334.7 万 t，从 1990 年到 2015 年共增长了 15.0 倍，年均增长率为 11.7%；其中，从 1990 年到 2000 年共增长了 5.4 倍，从 2000 年到 2010 年则增长了 1.6 倍，从 2010 年到 2015 年变化不大。从中可以看出，从 1990 年到 2015 年，再生铝表观消费量的增长速度小于原生铝表观消费量的增长速度。导致的结果如图 4.19 所示，再生铝表观消费量占中国未锻轧铝表观消费量的比例在波动中趋于下降，1990~2000 年，这一比值基本保持在 20% 以上；2000~2015 年，这一比值在波动中逐步降到 20% 以下，2015 年下降到最低点时仅为 9.7%。上述情况说明：中国还处于主要依赖原生铝而非再生铝以满足社会经济系统需求的阶段。如果再考虑中国用于生产再生铝的铝废料中有大约一半来自净进口，则可以看出中国铝的在用存量规模还比较小，因而还未能产生足够数量的报废铝废料以满足其自身的需求。

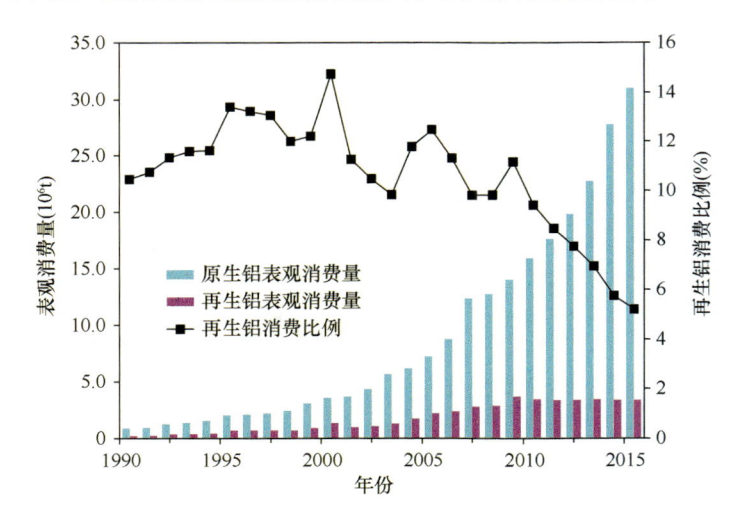

图 4.19　1990~2015 年中国未锻轧铝的表观消费量及其中再生铝的比例

在净进口依存度方面，对比图 4.20 和图 4.13b 可以发现：未锻轧铝的净进口依存度的变化趋势与其净进口量的变化趋势非常相似。导致上述变化过程的原因已经在 4.2.2 小节中讨论过，本小节不再进一步论述。

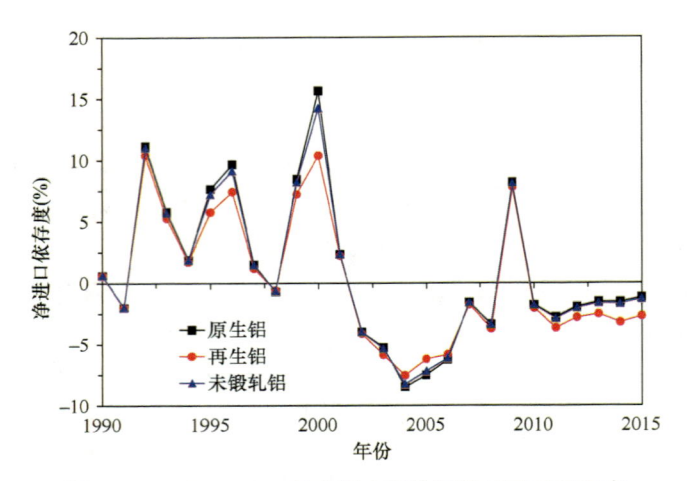

图 4.20　1990～2015 年中国未锻轧铝的净进口依存度

在铝半成品中，如图 4.21 所示，铝加工材的表观消费量随着产量的增长基本呈现逐步递增的趋势，1990 年、1995 年、2000 年、2005 年、2010 年和 2015 年分别为 39.7 万 t、181.3 万 t、234.9 万 t、594.8 万 t、1703.8 万 t 和 3750.6 万 t，从 1990 年到 2015 年共增长了 93.5 倍，年均增长率达 20.0%；其中，从 1990 年到 2000 年仅增长了 4.9 倍，而从 2000 年到 2015 年却增长了 15.0 倍。对比 4.2.1 小节关于产量增长的论述，可以看到产量的增长速度略高于表观消费量的增长速度，这是由于 2000 年以后各种铝加工材逐步由净进口变为净出口，从而使得中国生产的铝加工材越来越多地被出口到国外。对于铝铸件，由于无法获取其进出口数据，假设其表观消费量等于产量。

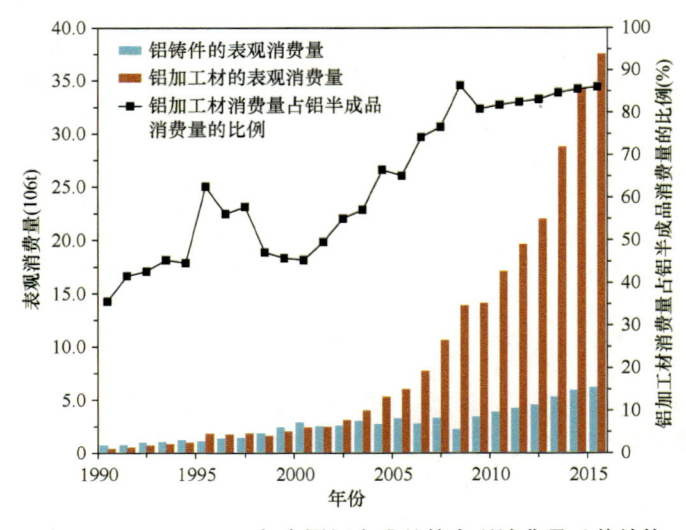

图 4.21　1990～2015 年中国铝半成品的表观消费量及其结构

在铝加工材中，对比图 4.7 和图 4.22 可以发现，各种铝加工材的表观消费量与产量的演变趋势高度相似。因此，除了 1998 年忽然下降之外，1990~2015 年铝挤压材和铝轧制材的表观消费量均呈逐年增加的趋势，1990 年、1995 年、2000 年、2005 年、2010 年和 2015 年分别为 13.5 万 t 和 18.7 万 t、113.4 万 t 和 49.7 万 t、70.0 万 t 和 67.5 万 t、382.5 万 t 和 193.6 万 t、1163.5 万 t 和 511.2 万 t，以及 2386.5 万 t 和 1254.9 万 t，从 1990 年到 2015 年分别增加了 175.8 倍和 66.1 倍，年均增长率分别为 23.0%和 18.2%；其中，从 1990 年到 2000 年分别增加了 4.2 倍和 2.6 倍，年均增长率分别为 17.9%和 13.7%；从 2000 年到 2015 年分别增加了 33.1 倍和 17.6 倍，年均增长率分别高达 26.5%和 21.5%。对于其他加工材，由于从海关统计中仅能获取铝粉的统计数据，而且其数量较小，基本可以忽略，因此其表观消费量可以看作与产量基本相同。

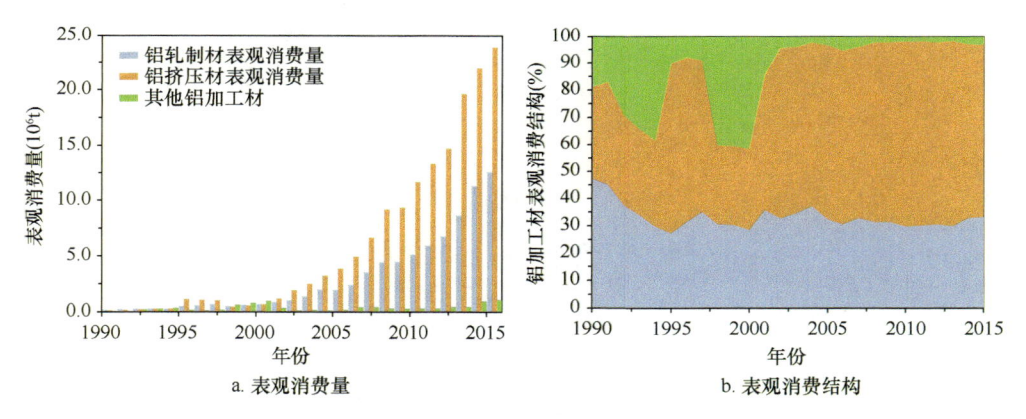

图 4.22　1990~2015 年中国铝加工材的表观消费量（a）及其表观消费结构（b）

在铝轧制材中，由于海关统计数据没有区分铝板材和铝带材，因此如图 4.23a 所示，只能给出按照铝板带材和铝箔材分类的表观消费量。可以看出，从 1990 年到 1997 年，铝轧制材的表观消费量在波动中呈现增长的趋势；在经历了 1998 年的突然下降之后，其表观消费量又进一步呈现出逐年增长的态势。铝板带材和铝箔材的表观消费量分别为：①1990 年，16.0 万 t 和 2.7 万 t；②1995 年，40.1 万 t 和 9.6 万 t；③2000 年，50.9 万 t 和 16.6 万 t；④2005 年，146.2 万 t 和 47.4 万 t；⑤2010 年，401.8 万 t 和 109.4 万 t；⑥2015 年，979.2 万 t 和 275.7 万 t。如图 4.23b 所示，从结构上看，从 1990 年到 2015 年，铝箔材占铝轧制材表观消费量的比例上升后趋于稳定，显示出中国铝轧制材的消费结构随着社会经济的发展不断向高级铝材需求的转变。

在铝挤压材中，由于海关统计数据将铝排材、铝型材和铝棒材统一为"铝条杆型材"，因此，在考虑进出口量之后仅能给出按照铝条杆型材、铝管材、铝线材划分的表观消费量。如图 4.24b 所示，铝条杆型材占铝挤压材表观消费量的比例，在所有年份都达到或者超过了 85%，其中 2008 年甚至达到了 96.7%。1990 年、1995 年、2000 年、2005 年、2010 年和 2015 年中国铝条杆型材的表观消费量分别为 11.4 万 t、103.1 万 t、62.9 万 t、362.0 万 t、1108.4 万 t 和 2280.9 万 t。

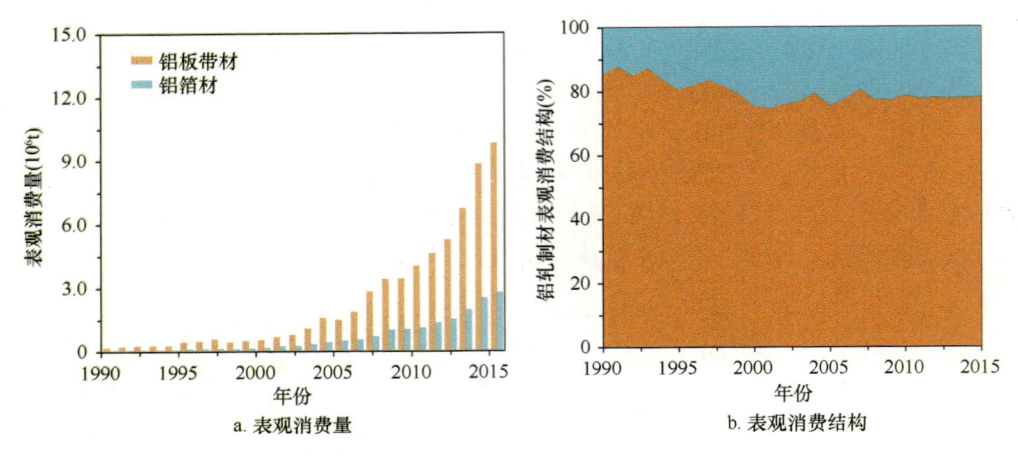

图 4.23　1990～2015 年中国铝轧制材的表观消费量（a）及其表观消费结构（b）

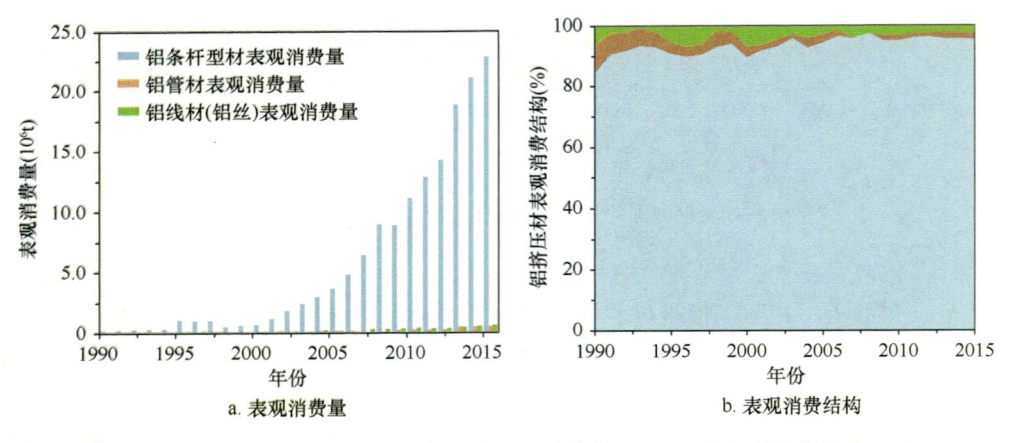

图 4.24　1990～2015 年中国铝挤压材的表观消费量（a）及其表观消费结构（b）

关于铝加工材的净进口依存度，如图 4.25 所示。铝轧制材和铝挤压材净进口依存度的变化趋势分别与铝板带材和铝条杆型材高度相关，这是因为铝板带材和铝条杆型材分别占铝轧制材和铝挤压材净进口量的绝大部分。以 1999 年和 2008 年为界，可以将铝板带材和铝条杆型材净进口依存度的变化划分为不同的两段。其中，1999 年之前前者的净进口依存度呈现上升趋势，后者则在波动中基本保持平稳，前者明显高于后者；1999～2008 年，两者的进口依存度都不断下降，前者也是明显高于后者,但是降低的速度更快;2008 年以后,两者的净进口依存度趋于平稳,前者低于后者。上述铝加工材净进口依存度的变化过程与中国铝工业的发展历程和国家宏观调控政策的实施紧密相关。铝加工工业的发展壮大必须建立在强大的电解铝工业的基础上,1999 年之前,由于电解铝的产能还比较小,中国必须大量进口铝板带材,铝条杆型材也是以进口为主;2000 年之后,由于电解铝产能的不断扩大,铝加工工业的产能随之扩张,只是后者有一定的滞后性,因此铝条杆型材在 2001 年才开始变为净出口,铝板带材的净进口量则仍然持续增加到 2004 年;2004 年,由于国家开始限制原生铝的出口,大量的原生铝转而以再生铝或者铝加工材的形式变相出口,因此,2004 年以后铝条杆型材的净出口量迅速增加,铝板带的净进口量则迅速下降并且在 2008 年变为净出口。从图 4.25 中还可看到,1999 年以后铝箔的净进口依存度也持续下降,而且正是在 2004 年开始变为净出口且之后净出口量快速增加。另外,对比铝板带材和铝条杆型材,可以发现后者首先进入净出口阶段,这很大程度上是因为铝条杆型材的加工过程相对简单,平均价格也比铝板带材低,因此企业首先选择将原生铝加工为铝条杆型材而不是铝板带材出口。

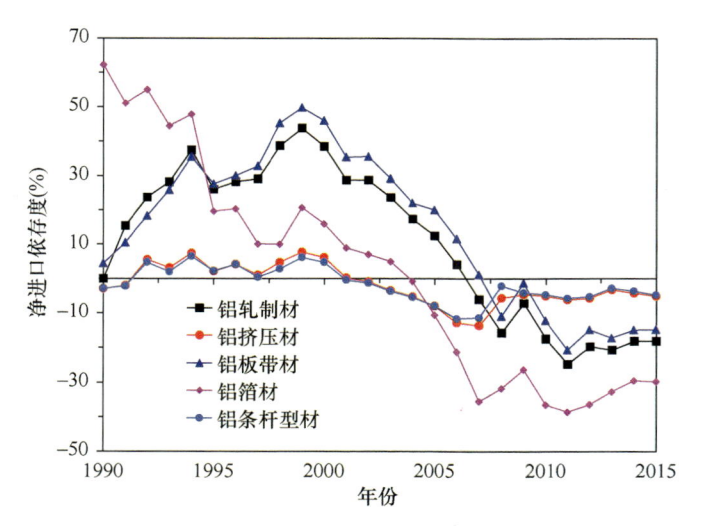

图 4.25 1990~2015 年中国铝加工材的净进口依存度

对于含铝最终产品,考虑进出口之后,其表观消费量也就是进入在用存量的铝呈现如图 4.26 所示的逐年增加的趋势。1990 年、1995 年、2000 年、2005 年、2010 年和 2015 年分别为 111.8 万 t、268.8 万 t、456.2 万 t、714.1 万 t、1657.5 万 t 和 3627.6 万 t。但是,从图 4.27a 和图 4.28 可以看出,中国含铝最终产品的净进口依存度在 1994 年变为负值之后基本呈下降趋势,2006 年高达 32.0%。这说明随着中国制造业的发展壮大和日益卷进全球化进程,世界市场对中国铝生产和表观消费量的增长所做的贡献也越来越显著。如图 4.15 所示，耐用消费品部门是造成中国最终产品用铝出口最多的部门，因此如图 4.27 所示，耐用消费品的净进口依存度是最小的，在某些年份甚至低于 130%，其次则是交通工具类和包装类的最终产品。电力工程类和其他类部门用铝在表观消费量中的比例则相对下降，而建筑类和交通工具类在表观消费量中的比例则相对上升，其中，建筑部门占中国国内铝的表观消费的比例最大，2015 年达 32.6%。

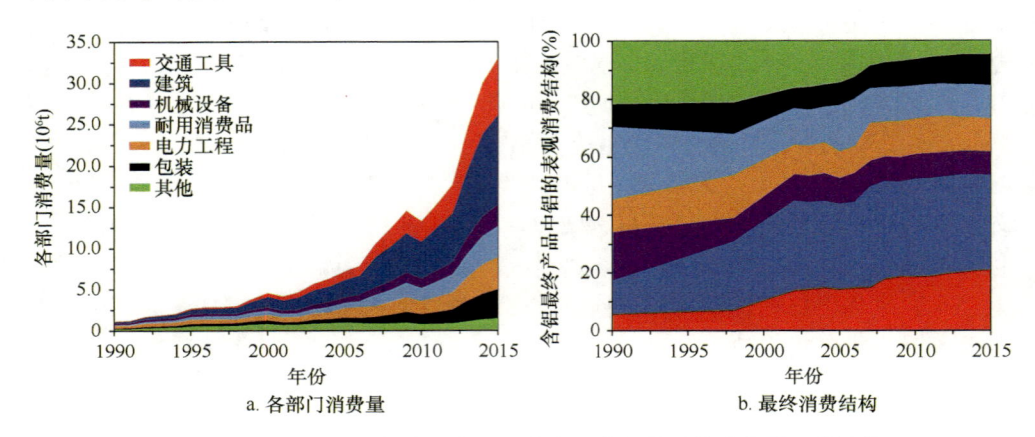

a. 各部门消费量

b. 最终消费结构

图 4.26　1990～2015 年中国含铝最终产品中铝的最终消费量及其结构

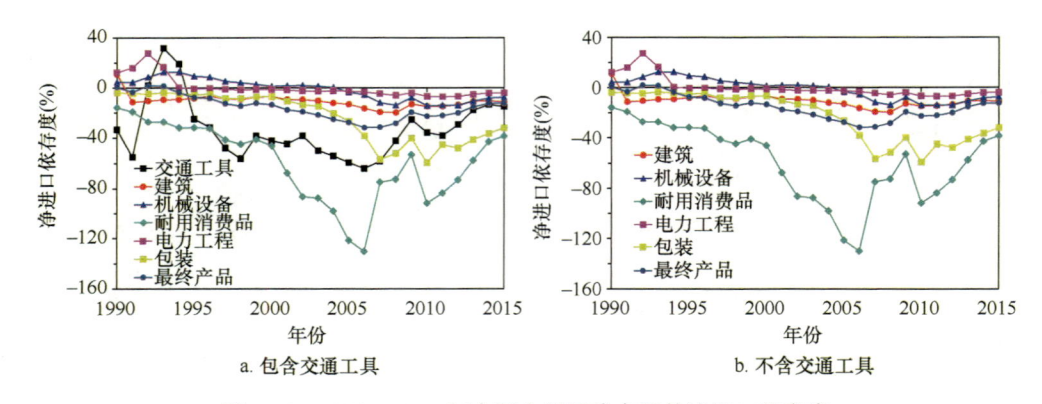

a. 包含交通工具

b. 不含交通工具

图 4.27　1990～2015 年中国含铝最终产品的净进口依存度

对于全生命周期的净进口总量，综合对比图 4.15 和图 4.28 可以发现，中国是铝的净进口国，这说明中国对铝的需求量很大程度上是需要依赖国外资源的。由图 4.28 可进一步发现，从总体上看，五大类含铝产品的净进口依存度出现了分化。其中，用于冶炼未锻轧铝的铝土矿和氧化铝的净进口依存度基本都在 10% 以上；报废产品和铝废料的净进口依存度基本都在 30% 以上；含铝最终产品的净进口依存度为负值，基本都在 10% 以下；未锻轧铝和铝加工材的净进口依存度在 0 附近。以上情况显示中国日益成为一个含铝原材料的进口国和铝半成品及铝最终产品的出口国。

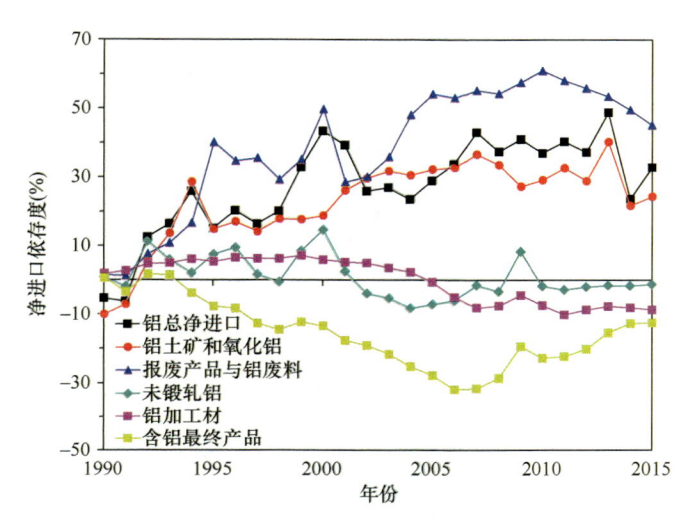

图 4.28　1990～2015 年中国五大类含铝产品的净进口依存度

4.2.4　损失量及其结构的变化

（1）总损失量

如图 4.29 中的折线图所示，由于受采矿损失量的影响，1990～2015 年中国铝的全生命周期总损失量的变化可以分为 3 个阶段：1990～1995 年为第一个增长期，

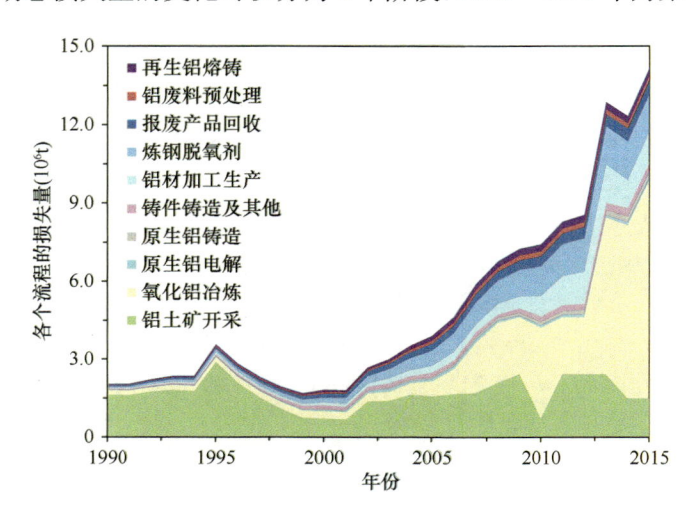

图 4.29　1990～2015 年中国铝的全生命周期及各个流程的损失量

1995～1999 年为下降期，1999～2015 年为第二个增长期。其中，1990 年、1995 年、2000 年、2005 年、2010 年和 2015 年的总损失量分别为 202.3 万 t、356.1 万 t、181.2 万 t、389.2 万 t、742.6 万 t 和 1417.0 万 t。如果排除采矿损失量，如图 4.30 中的面积图所示，1990～2015 年，除了 2011 年，总损失量呈现递增的趋势，1990 年、1995 年、2000 年、2005 年、2010 年和 2015 年分别为 42.1 万 t、69.3 万 t、112.3 万 t、235.3 万 t、673.2 万 t 和 1268.9 万 t。

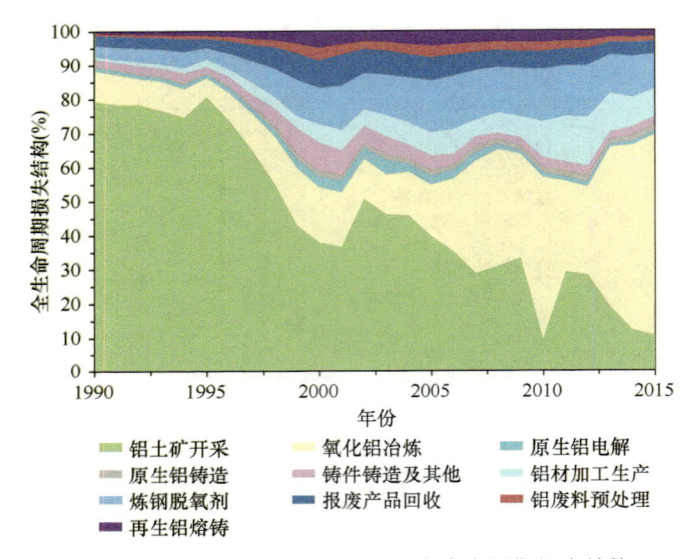

图 4.30　1990～2015 年中国铝的全生命周期损失结构

（2）铝土矿开采

如图 4.30 所示，尽管 1990～2015 年采矿损失量占总损失量的比例整体上趋于下降的趋势，但在 2010 年之前与其他生命周期流程相比仍然最大，其中 1990～1996 年超过了 70%，1995 年最高时甚至达到 80.5%，2007 年最低时也占到 28.6%，因此采矿损失量的变化趋势与总损失量的变化趋势高度相关，并且也可以分为 4 个阶段。其中，1990～1995 年采矿损失量增长的主要原因是铝土矿出矿量不断增加而损失率基本不变；1995～1999 年采矿损失量下降的主要原因是损失率不断降低而铝土矿出矿量基本不变；1999～2007 年损失量又不断增加则主要是因为出矿量迅速上升，尽管这一阶段的损失率有一定程度的降低。2007 年以后，中国开始大规模整顿矿业权以提高矿产资源开发利用水平，采矿损失率快速下降，但出矿量持续上升，采矿损失量呈现稳定趋势。

（3）氧化铝冶炼

氧化铝冶炼损失量在 1990～2015 年是不断增加的，而且 2005 年以后增速非常快。其中，1990～2003 年尽管损失率不断下降，但是氧化铝产量的增加仍然带来损失量的缓慢增长。2003 年尤其是 2005 年以后，由于氧化铝产能不断扩张而且新增产能多采用损失率较高的拜耳法，氧化铝产量和损失率均迅速增加，由此导致损失量几乎是以几何级数递增。1990 年、1995 年、2000 年、2005 年、2010 年和 2015 年分别为 18.3 万 t、20.3 万 t、29.5 万 t、59.0 万 t、353.0 万 t 和 836.9 万 t。同时，如图 4.30 所示，其占总损失量的比例也不断上升，1990 年、2000 年、2005 年、2010 年和 2015 年分别为 9.0%、16.3%、15.2%、47.5%和 59.1%，其中 2007 年第一次超过采矿损失量而居第一位。

（4）原生铝电解

如图 4.1 所示，尽管电解损失率在波动中呈现下降的趋势，但由于电解铝产量的不断增加，1990～2003 年电解损失量是不断上升的，1990 年、1995 年、2000 年和 2003 年分别为 2.2 万 t、3.7 万 t、5.8 万 t 和 12.7 万 t。由于损失率相比 2003 年有较大幅度的下降，2004 年的电解损失量降低到 8.5 万 t；之后由于电解铝产量增长又不断上升，2015 年为 13.0 万 t。如图 4.30 所示，1991 年，电解损失量占总损失量的比例仅为 1.0%，2003 年达到最高水平，为 4.2%，2015 年降到 0.9%。

（5）原生铝铸锭

如图 4.1 所示，由于原铝液铸造损失率被设定为分别不变的两段，铸锭损失量主要取决于原生铝的产量并且呈逐年增加的趋势。1990 年、1995 年、2000 年、2005 年、2010 年和 2015 年分别为 0.9 万 t、1.9 万 t、3.0 万 t、6.3 万 t、13.0 万 t 和 25.3 万 t；如图 4.30 所示，占总损失量的比例分别为 0.4%、0.5%、1.7%、1.6%、1.8%和 1.8%。

（6）铝铸件铸造

由于损失率被设定为 5%，铝铸件铸造损失量完全取决于铝铸件的产量，1990 年为 3.7 万 t，1995 年为 5.7 万 t，2000 年达到 14.9 万 t，之后在波动中略有增长，2015 年为 32.1 万 t。如图 4.30 所示，占总损失量的比例 1990 年和 1995 年分别为 1.9%和 1.6%，2000 年最高为 8.3%，之后不断下降，2015 年仅为 2.3%。

（7）铝材加工生产

如图 4.1 所示，1990～2015 年的加工损失率基本保持在 2%～5%；由于铝加工材产量的逐年增长，加工损失量也就呈现不断增加的趋势，1990 年、1995 年、2000 年、2005 年、2010 年和 2015 年分别为 1.8 万 t、8.0 万 t、9.9 万 t、26.3 万 t、78.8 万 t 和 118.1 万 t；如图 4.30 所示，占总损失量的比例分别为 0.9%、2.2%、5.5%、6.8%、10.6%和 8.3%。2007 年，由于损失率从上一年的 4.0%突降至 2.4%，因此尽管铝加工材产量增长了 42.1%，加工损失量却比 2006 年降低了 14.4%，为 29.0 万 t，占总损失量的比例也降低到 4.9%。

（8）炼钢脱氧剂

由于吨钢用铝量被假定为逐年增长，用于炼钢脱氧剂的铝损失量取决于中国的钢铁产量和吨钢用铝量而呈现不断增加的趋势。如图 4.29 所示，1990 年、1995 年、2000 年、2005 年、2010 年和 2015 年分别为 6.6 万 t、11.9 万 t、19.3 万 t、59.6 万 t、114.7 万 t 和 144.7 万 t；如图 4.30 所示，占总损失量的比例分别为 3.3%、3.3%、10.7%、15.3%、15.4%和 10.2%，其中 1999 年以后保持在 10%以上，2006 年达到最高水平，为 15.6%。

（9）报废产品回收、铝废料预处理与再生铝熔铸

由于损失率被设定为不变值，报废产品回收、铝废料预处理和再生铝熔铸阶段的损失量均取决于其产量，且三者呈现较好的相关性。就损失量而言，三者总体上呈现不断上升的趋势，1990 年分别为 5.8 万 t、1.2 万 t、1.6 万 t，1995 年分别为 9.5 万 t、3.3 万 t、4.4 万 t，2000 年分别为 14.5 万 t、6.2 万 t、8.3 万 t，2005 年分别为 26.5 万 t、12.4 万 t、16.5 万 t，2010 年分别为 38.4 万 t、19.7 万 t、26.2 万 t，2015 年则分别增加到 53.5 万 t、19.5 万 t、25.9 万 t。如图 4.30 所示，其占总损失量的比例在 1990～2000 年呈现上升的趋势，2001 年以后略有下降，1990 年分别为 2.8%、0.6%、0.7%，2000 年分别为 8.0%、3.7%、5.0%，2015 年则分别下降到 3.8%、1.4%、1.8%。

（10）散失性损失量

根据公式（4.24）和公式（4.25），1990～2013 年散失性损失量不断增加，之后略有下降。1990 年、1995 年、2000 年、2005 年、2010 年和 2015 年分别为 16.8 万 t、35.6 万 t、61.2 万 t、135.7 万 t、262.1 万 t 和 359.1 万 t。散失性损失量占总损失量的比例变化可以大致分为 3 个阶段：1990～1995 年基本保持在 8%～12%；1996～2001 年不断上升，2001 年最高时为 35.3%；2002～2015 年略有波动，2015 年为 25.3%。如果排除采矿损失量，则散失性损失量占总损失量的比例变化趋势可以划分为另外两个阶段：1991～2003 年不断上升，2003 年为 60.5%；2003 年之后不断波动，到 2015 年为 28.3%。

4.3 存量及其结构的变化

根据 4.1.3 小节所介绍的计算方法，可以得到 1990～2015 年中国铝的存量。理论上，在表 4.8 中，"铝土矿开采量"加上"总净进口量"应该等于"在用存量

增加量"加上"损失存量增加量"。但是，如前所述，国内开采的铝土矿有一部分可能用于非冶金用途，因此铝土矿开采和氧化铝冶炼两个流程的数据并不平衡，导致上述等量关系不成立。

表 4.8　1990～2015 年中国社会经济系统的铝平衡表　（单位：万 t）

年份	铝土矿开采量	损失存量增加量	在用存量增加量	总进口量	总出口量	总净进口量
1990	113.5	202.3	76.2	59.0	73.0	−14.0
1991	112.6	202.9	79.8	65.8	81.9	−16.1
1992	122.0	219.9	123.4	106.9	65.0	41.9
1993	126.6	233.4	136.0	114.9	55.1	59.8
1994	123.7	234.0	150.5	169.8	65.9	103.9
1995	145.4	356.1	209.5	175.7	88.5	87.2
1996	155.5	282.1	221.3	172.1	67.2	104.9
1997	178.7	230.9	216.3	165.2	95.3	69.9
1998	199.3	193.0	222.1	189.1	109.6	79.5
1999	221.4	167.8	302.5	236.7	98.0	138.7
2000	243.5	181.2	364.4	330.2	117.9	212.3
2001	266.5	178.4	309.7	327.2	153.5	173.7
2002	304.6	266.4	343.8	417.4	217.7	199.7
2003	337.2	299.8	429.1	535.4	314.1	221.3
2004	384.2	351.4	462.4	631.5	411.0	220.5
2005	444.0	389.2	522.0	732.1	443.5	288.6
2006	555.1	462.0	565.4	930.9	540.9	390.0
2007	564.8	589.5	801.5	1 235.1	618.8	616.3
2008	705.2	676.5	984.3	1 275.9	676.5	599.4
2009	915.6	725.6	1 167.5	1 316.2	504.9	811.3
2010	1 036.2	742.6	1 018.4	1 466.7	741.3	725.4
2011	969.3	875.3	1 209.2	1 718.1	871.7	846.4
2012	1 368.6	987.5	1 420.9	1 728.2	848.1	880.1
2013	915.4	1 155.4	2 065.9	2 508.5	879.5	1 629.0
2014	2 121.2	1 231.9	2 603.1	1 632.6	949.9	682.7
2015	2 374.9	1 417.0	2 883.2	2 092.1	1 014.2	1 077.9
总和	15 005.0	12 852.2	18 888.4	20 333.3	10 103.0	10 230.3

4.3.1　铝土矿存量及其减少量

1990～2015 年的铝土矿存量如图 4.32 所示，其每年的开采量如表 4.8 和图 4.31 所示。计算结果表明，受铝土矿产量和铝土矿开采流程损失量的影响，铝土矿开采量的变化大致可以分为 3 个阶段：①1990～2010 年持续上升；②2011～2013 年先上升后又迅速下降；③2013 年以后进入另一个逐渐上升的阶段，而且增加的速度更快，从 2001 年到 2015 年增加了 8 倍，年均增长率达 56.6%。按照 2015 年的产量计算，中国铝土矿的静态保障年限仅为 15 年。这充分说明了中国是一个铝土矿资源严重短缺的国家，并且中国目前大量进口铝土矿和氧化铝以满足国内铝工业需求的现状是完全合理而且必要的。就存量本身而言，1990 年底、1995 年底、2000 年底、2005 年底、2010 年底和 2015 年底中国的铝土矿存量分别为 2.68×10^8t、2.62×10^8t、2.52×10^8t、2.23×10^8t、2.39×10^8t 和 2.64×10^8t。从 1990 年底到 2015 年底共减少了 1.5%。

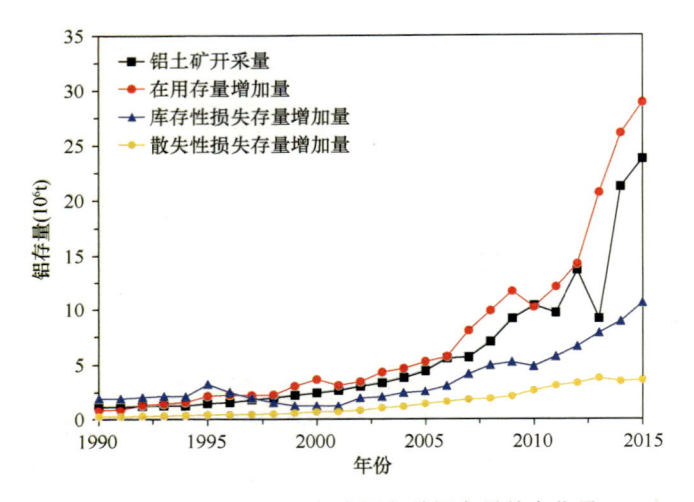

图 4.31　1990～2015 年中国各种铝存量的变化量

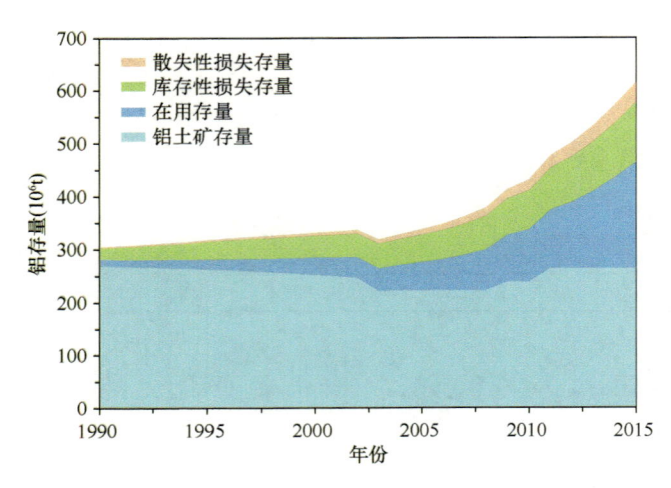

图 4.32　1990～2015 年中国各种铝存量的分布

4.3.2 在用存量及其增加量

在利用自上而下法计算旧铝废料产量的基础上，本章计算了 1951~2015 年中国历年的铝在用存量及其增加量，其结果如图 4.33 和图 4.34 所示；进而，将其除以历年的人口数得到了人均铝在用存量及其增加量，其结果如图 4.35 所示。

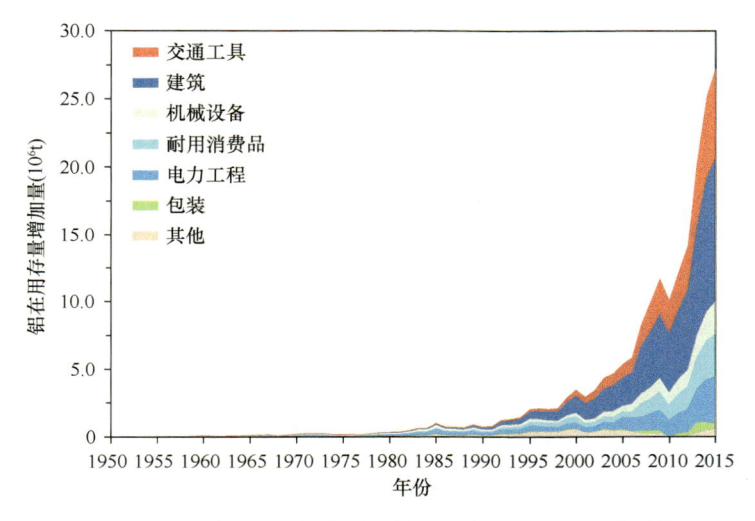

图 4.33　1950~2015 年中国铝的在用存量增加量及其结构

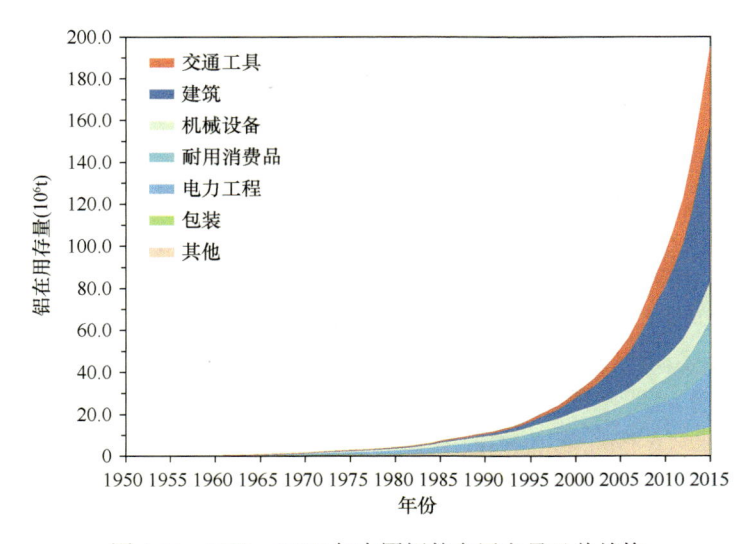

图 4.34　1950~2015 年中国铝的在用存量及其结构

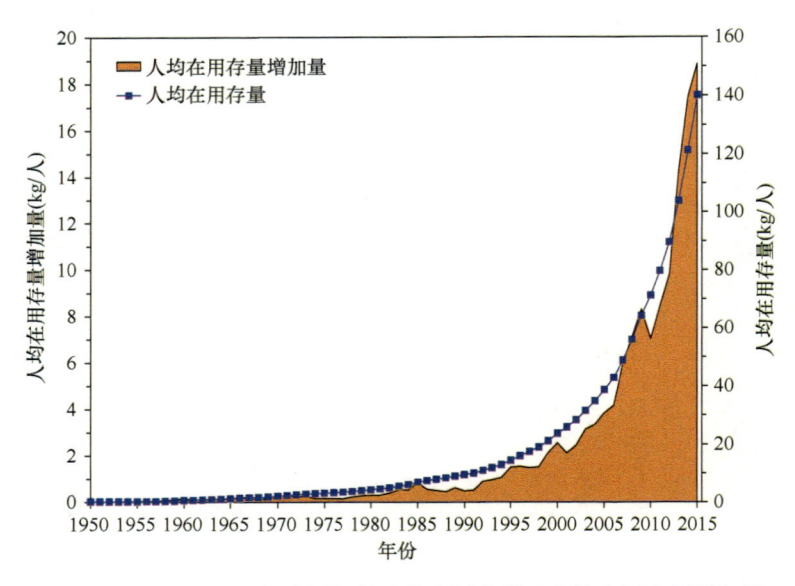

图 4.35　1950～2015 年中国铝的人均在用存量及人均在用存量增加量

从图 4.33 可以看出，中国铝的"在用存量增加量"在波动中呈现不断增加的趋势，尤其是 1991 年以后增速明显加快。1961 年、1971 年、1981 年、1991 年、1996 年、2001 年、2007 年和 2015 年铝的在用存量增加量分别为 6.0 万 t、26.8 万 t、36.7 万 t、78.0 万 t、208.24 万 t、292.2 万 t、828.3 万 t 和 2719.1 万 t。1961～1971 年、1971～1981 年、1981～1991 年、1991～2001 年、2001～2007 以及 2007～2015 年的年均增长率分别为 32.4%、3.9%、11.9%、17.0%、27.8%和 30.1%。可以看出自 1971 年以后在用存量增加量的增长速度越来越快，这充分显示了随着中国工业化和城市化进程的加快，中国资源的使用量和在用存量增加量不断增长。

由于每年的增加量都大于零，从图 4.34 可以看出中国铝的在用存量也呈现不断增长的趋势，其中 1990 年以后增速尤其快。1961 年、1971 年、1981 年、1991 年、1996 年、2001 年、2007 年和 2015 年铝的在用存量分别为 35.4 万 t、183.0 万 t、443.0 万 t、1172.6 万 t、1982.0 万 t、3317.8 万 t、6497.2 万 t 和 19 548.1 万 t。1961～1971 年、1971～1981 年、1981～1991 年、1991～2001 年、2001～2007 年以及 2007～2015 年的年均增长率分别为 17.9%、9.2%、10.2%、11.0%、11.9%和 14.8%。在截至 2015 年的在用存量中，来自 2007～2015 年的占 65.0%，来自 20 世纪 90 年代的占 10.8%，来自 80 年代的占 4.2%，而来自 1980 年以前的仅占 2.1%。

从结构上看，如图 4.33 和图 4.34 所示，并对比图 4.4a 和图 4.26a，可以发现如下特征：①1990 年以后，建筑部门在表观消费量中所占的比例较大，而且由于服务年限的均值最长，其在铝废料产量中所占的比例最小，因此其在用存量增加量和在在用存量中所占的比例都远远超过其他终端消费部门，2015 年分别为

35.4%和 37.9%;②与建筑部门截然相反的是,包装部门尽管在表观消费量中所占的比例较低,但是其服务年限的均值最短,导致其在铝废料产量中所占的比例最大,因而其在用存量增加量和在在用存量中所占的比例都是很小的,2015 年分别为 1.4%和 1.8%;③交通工具部门在表观消费量中的比例相对较低,其在用存量增加量和在用存量近年来有逐步递增的趋势,占在用存量总量的比例也逐渐提高,2015 年分别达到了 21.4%和 19.7%。

就人均量而言,从图 4.33 和图 4.35 可以看出"人均在用存量增加量"与"在用存量增加量"的变化趋势基本相同。1961 年、1971 年、1981 年、1991 年、1996 年、2001 年、2011 年和 2015 年铝的人均在用存量增加量分别为 0.09kg/人、0.37kg/人、0.32kg/人、0.67kg/人、1.52kg/人、2.14kg/人、8.47kg/人和 18.86kg/人。截至 2015 年底,中国铝的人均在用存量为 139.93kg/人。如果对比发达国家已有的人均铝在用存量,如 2007 年美国康涅狄格州的 360~400kg/人(Recalde et al., 2008),则可以看出中国铝的人均在用存量还有较大的增长空间,也就是说中国在未来 20~30 年内将可能保持较高的铝需求量和在用存量增加量。

4.3.3 损失存量及其增加量

1990~2015 年的损失存量如图 4.32 所示,其每年的增加量如表 4.9 和图 4.31 所示。计算结果表明,由于受铝土矿存量减少的主导性影响,库存性损失存量增加量的变化也大致可以分为 3 个阶段:①1991~1995 年持续上升;②1995~2001 年逐年趋于下降;③2001 年以后进入另一个逐年上升的阶段,而且增加的速度更快。1990 年、1995 年、2000 年、2005 年、2010 年和 2015 年中国库存性损失存量的增加量分别为:185.5 万 t、333.9 万 t、118.1 万 t、252.6 万 t、480.5 万 t 和 1057.8 万 t。而散失性损失存量的增加量由于受生产和消费量增长的影响,在研究期间呈现逐年递增的趋势。1990 年、1995 年、2000 年、2005 年、2010 年和 2015 年中国散失性损失存量的增加量分别为 16.8 万 t、35.6 万 t、61.9 万 t、136.7 万 t、262.1 万 t 和 359.1 万 t。

表 4.9 1990~2015 年中国各种铝存量的分布 (%)

年份	铝土矿存量	在用存量	库存性损失存量	散失性损失存量	国内总存量	国内总存量[a]
1990	88.4	3.8	7.3	0.5	100.0	100.0
1991	87.5	4.0	7.9	0.6	100.0	100.6
1992	86.5	4.4	8.5	0.7	100.0	101.3
1993	85.4	4.8	9.1	0.7	100.0	102.1
1994	84.3	5.2	9.7	0.8	100.0	102.9
1995	82.7	5.8	10.5	0.9	100.0	104.3

续表

年份	铝土矿存量	在用存量	库存性损失存量	散失性损失存量	国内总存量	国内总存量[a]
1996	81.3	6.5	11.2	1.0	100.0	105.5
1997	80.1	7.1	11.7	1.1	100.0	106.4
1998	78.9	7.7	12.1	1.3	100.0	107.1
1999	77.7	8.6	12.3	1.4	100.0	107.9
2000	76.2	9.6	12.6	1.6	100.0	108.9
2001	74.9	10.5	12.9	1.8	100.0	109.6
2002	73.3	11.4	13.3	2.0	100.0	110.6
2003	69.5	13.4	14.7	2.4	100.0	104.6
2004	67.9	14.4	15.0	2.7	100.0	108.0
2005	66.1	15.6	15.3	3.0	100.0	111.0
2006	64.2	16.7	15.7	3.4	100.0	114.4
2007	61.7	18.3	16.3	3.7	100.0	118.9
2008	59.0	20.1	16.9	4.1	100.0	124.4
2009	57.8	21.2	16.7	4.2	100.0	135.9
2010	55.5	22.7	17.1	4.7	100.0	141.7
2011	55.4	23.1	16.7	4.9	100.0	156.9
2012	52.8	24.8	17.2	5.3	100.0	164.9
2013	49.6	27.2	17.6	5.7	100.0	175.5
2014	46.2	29.9	18.0	5.9	100.0	188.1
2015	43.0	32.5	18.4	6.1	100.0	202.3

注：由于数据经过四舍五入，加和数据与100%稍有出入

a. 本列以1990年国内总存量为100%，其后各年的比例指当年国内总存量与1990年国内总存量的比值

就存量本身而言，如图4.32所示，库存性损失存量和散失性损失存量均呈逐年递增的趋势。1990年底、1995年底、2000年底、2005年底、2010年底和2015年底分别为222.2万t和16.2万t、333.8万t和29.1万t、415.7万t和52.3万t、515.4万t和100.2万t、736.4万t和200.3万t、1131.3万t和372.1万t。

4.3.4　国内总存量及其分布

如图4.32和表4.9所示，1990~2015年中国国内按照金属铝的质量核算的铝的国内总存量及其分布呈现如下几个变化特征：①由于从全生命周期来看中国属于铝的净进口国，因此国内铝的总存量逐年递增，1990年底、1995年底、2000年底、2005年底、2010年底和2015年底分别为3×10^8t、3×10^8t、3×10^8t、3×10^8t、4×10^5t和6×10^8t；2015年底的总存量比1990年底增加了100%；②铝土矿存量在国内总存量中的比例不断下降，由1990年的88.4%降低到了2015年的43.0%；③在用

存量的比例不断上升，由 1990 年的 3.8%上升到了 2015 年的 32.5%；④损失存量的比例也不断上升，由 1990 年的 7.8%上升到 2015 年的 24.5%

4.4 本章启示

在上一章定性地解析社会经济系统中铝的全生命周期循环过程并识别各种存量与流量的基础上，本章构建了针对存量与流量的计算模型并核算了 1990～2015 年中国铝的存量与流量。

从 1990 年到 2015 年，中国各种含铝产品的产量和表观消费量经历了一个逐年持续增长的过程，由此导致了我国净进口量的快速增长，尤其是"铝土矿与氧化铝"和"报废产品和铝废料"。而出口量的增加则主要来自"铝半成品"和"最终产品"，说明中国日益成为一个含铝原材料的进口国和铝半成品及铝最终产品的出口国。此外，中国还处于主要依赖原生铝而非再生铝来满足在用存量增长需求的阶段，再生铝产量占中国未锻轧铝产量的比例趋于下降。同时中国铝在用存量的规模还比较小从而未能产生足够数量的旧铝废料来满足国内再生铝工业的需求，因此到 2015 年中国"报废产品和铝废料"的净进口依存度已波动增长至 45%。中国国内铝的在用存量逐年递增。截至 2015 年底，中国铝的人均在用存量为 139.93kg/人；与发达国家的数值相比，中国铝的人均在用存量还有相当的增长空间，也就是说中国在未来 20～30 年内将可能保持较高的铝需求量和在用存量增加量。

第 5 章　美国铝的存量与流量分析

自 1888 年实现铝的工业化生产以来，美国就在全球铝工业中占据重要地位。根据美国地质调查局的调查，1900～2009 年美国铝的累计消费量超过 2.55 亿 t，约占该时期全球累计产量的 28%。因此，分析美国铝的存量与流量的长期动态变化是非常重要的。本章展示了 1900～2009 年美国铝存量与流量的动态变化，并在此基础上探索和分析了美国铝生产、消费、贸易、循环利用、存量变化的历史特征和规律。

5.1　研究方法

5.1.1　范围和系统边界

物质流分析（SFA）的系统由空间和时间边界界定。本章的空间边界是美国的地理边界，时间边界是 1900～2009 年。与上一章一致，所有铝的存量和流量值均指年平均的铝金属质量（例如，不包括含铝混合物和铝合金中其他元素的质量）。以化合物形式存在的铝土矿和氧化铝的质量根据 Al_2O_3 中的分子量计算。

5.1.2　数据分类和准备

所有数据分为 6 类：①产量、表观消费量或含铝产品的出货量；②含铝产品的进出口数据；③含铝产品的铝含量数据；④铝在不同生命阶段的损失率；⑤各环节物质流的构成，如从加工到制造的物质流；⑥最终产品的使用寿命。

数据来源包括政府和产业的统计数据，如美国地质调查局的在线数据库（USGS，2006，2010）和铝业协会编制的铝的统计年鉴（AA，2010a）；书籍或研究报告，如许多关于铝的回收和铝的物质流分析（EAA，2006；Troyes University of Technology，2009）、铝生命周期评价（AA，2010b；EAA，2008；IAI，2007）、铝含量评估报告（Ducker Worldwide，2008a，2008b）；学术论文（Recalde et al.，2008；Wang and Graedel，2010）；铝产品标准，如《铝及铝合金标准汇编》；其他信息，如企业技术手册等（Anonymous，2011a）。

5.2　流量分析

1900～2009 年美国铝循环的历史累积量如图 5.1 所示，本节将按自上（贸易

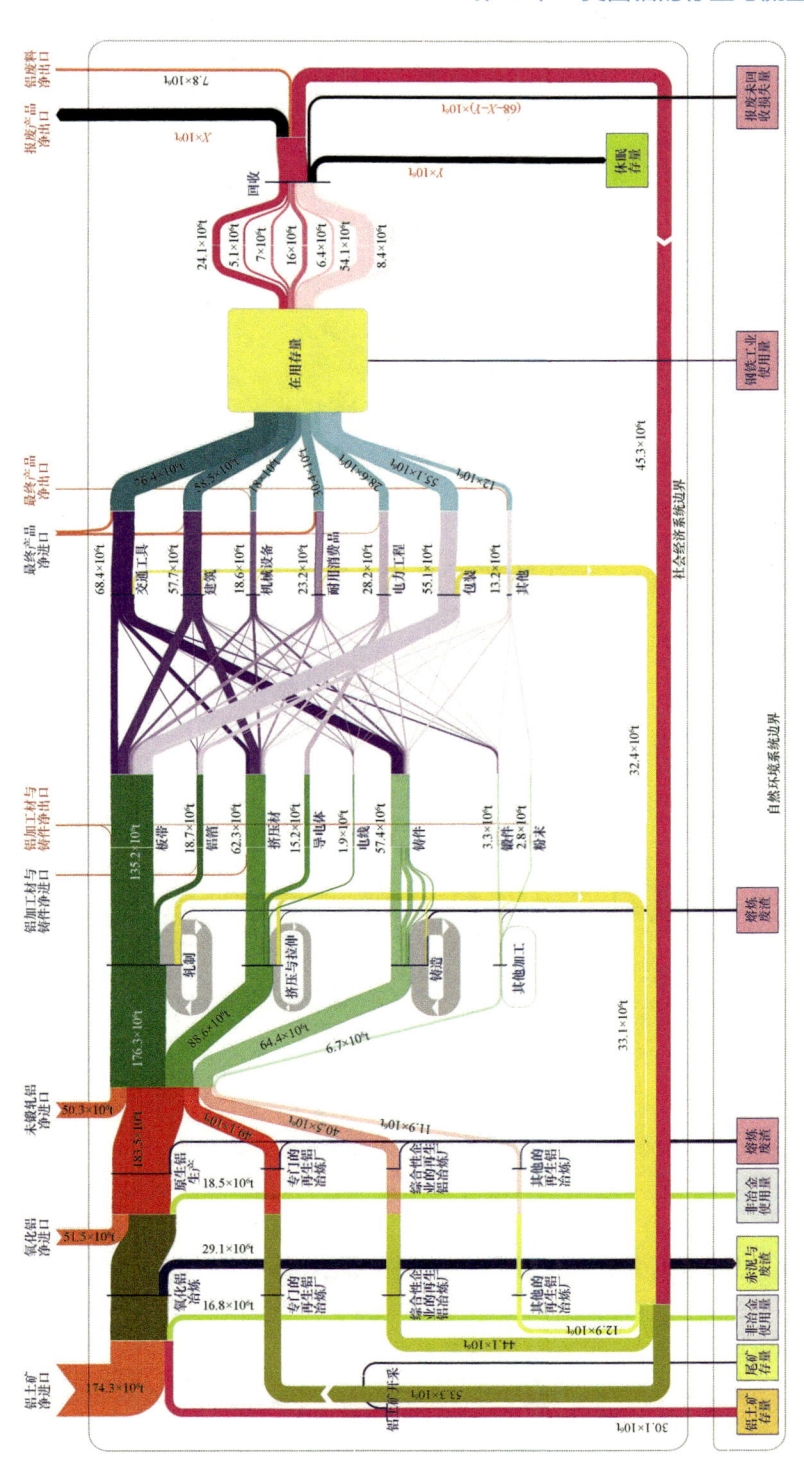

第 5 章　美国铝的存量与流量分析 | 93

图 5.1　美国 1900～2009 年铝的累积物质流图

流）而下（损失流）、自左（铝土矿开采）向右（废铝回收利用）的顺序开展流量分析。本节的最后将总结美国社会经济系统中铝的总输入量、总输出量和累积量。

5.2.1 铝的贸易量与组成分析

本章涉及的含铝产品分为 5 类：①铝土矿和氧化铝；②报废铝产品和铝废料；③未锻轧铝；④铝半成品；⑤铝最终产品。第一类和第二类属于生产未锻轧铝的原材料（第三类），第四类和第五类属于未锻轧铝进一步加工制造的产品。由于缺乏数据，我们无法量化报废铝产品的贸易。

如图 5.2a 所示，1940 年以前铝的贸易量与之后相比可以忽略不计。1945~2005 年，美国铝的进口总量和出口总量都呈现增长趋势。因此，美国作为铝净进口国已超过一个世纪。在这 110 年（1900~2010 年）间，美国铝的累计净进口量已超过 2.8 亿 t。

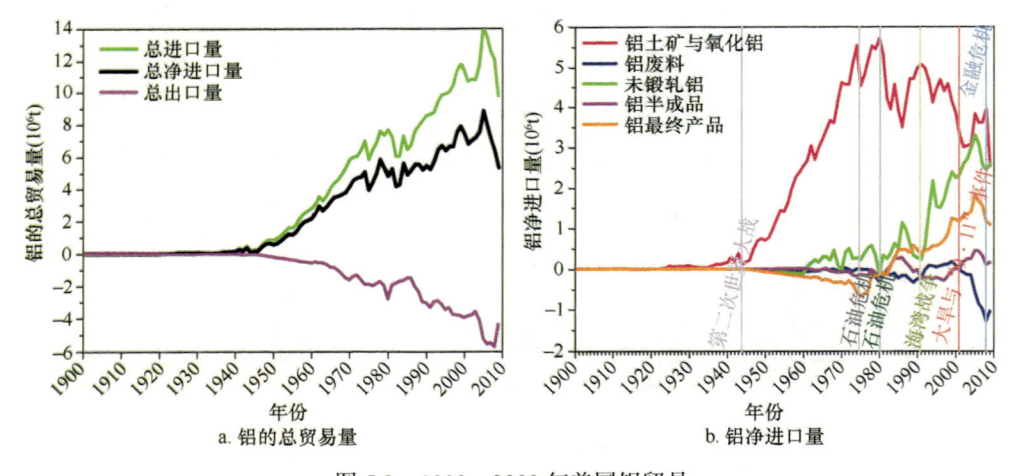

图 5.2　1900~2009 年美国铝贸易

分析铝的净进口量组成，结果如图 5.2b 所示。1990 年以前，美国主要进口铝土矿和氧化铝。自 1960 年以来，美国一直是未锻轧铝的净进口国，特别是在 1980 年以后，铝土矿和氧化铝的净进口量下降。1982 年之前，美国是铝最终产品的净出口国，其年增长率持续增长直至 1973 年。然而 1983 年以后，美国成为铝最终产品的净进口国。从 1960 年到 2009 年，特别是 2000 年以后，美国成为铝废料的主要净出口国。这是因为美国产生了大量的铝废料，同时国内再生铝的生产不足以利用这些废料。

危机可以对铝的贸易产生重大影响，通常是长期贸易演变的拐点。如图 5.2b 所示，第二次世界大战是导致美国铝贸易显著变化的第一次危机。铝土矿和氧化铝的净进口量在战争期间持续上升并在 1945 年以后突然下降。更有意思的是，在 1973 年、1979 年和 1990 年 3 次能源危机的冲击期间及之后一段时间，由于原生铝生产具有能源密集型的特点，美国降低了原生铝产量并由此导致铝土矿和氧化铝进口量的下降（Anonymous，2011b）。与此相反，美国提高了未锻轧铝、铝半成品和铝最终产品的净进口量。一个解释是能源危机使美国将能源密集型产业转移到其他国家。

5.2.2 铝土矿和氧化铝的生产

铝的全生命周期物质流动始于铝土矿开采。如图 5.3 所示，1945 年以前，美国基本依靠国内开采的铝土矿精炼氧化铝，并在此基础上进行原生铝的冶炼。然而，1945 年以后，铝土矿和氧化铝供给与需求之间的差距变大。1945~1980 年国内铝土矿开采保持稳定，此后逐年下降，进入 21 世纪后其产量几乎为零。因此，国内氧化铝产量的增加导致国内铝土矿供给和需求差距的扩大。从 1945 年到第一次能源危机（1973 年），铝土矿的净进口量不断上升。20 世纪 60 年代末，美国原生铝产量超过氧化铝产量，由此导致 20 世纪 70 年代氧化铝的净进口量迅速增长，并在 1980~2000 年保持稳定。

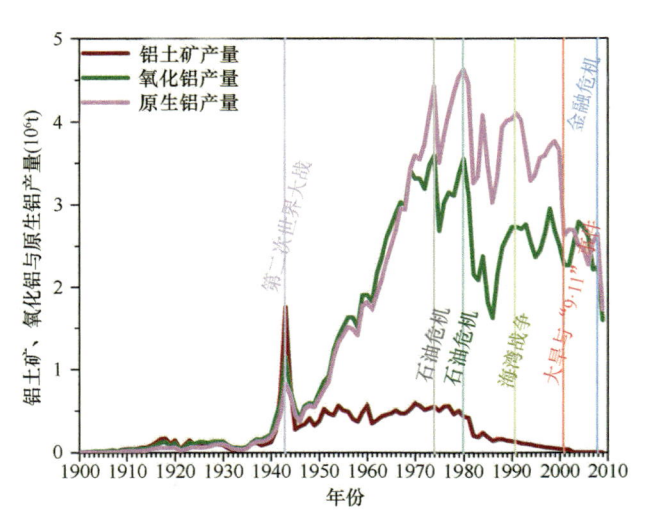

图 5.3　1900~2009 年美国国内铝土矿、氧化铝和原生铝产量

根据美国地质调查局的数据（USGS，2010），2010 年美国国内铝土矿储量不到世界总储量的 0.1%。由于美国缺乏铝土矿，1945 年之后铝土矿的供应主要来自进口。尤其值得关注的是，危机对铝土矿和氧化铝生产的影响非常显著。第二次世界大战导致产量在短期内急剧增加。3 次能源危机和 2008 年金融危机之后的一

段时间，铝土矿和氧化铝的产量均有大幅下降。

5.2.3 进入加工环节的未锻轧铝

未锻轧铝包括原生铝和再生铝。如图 5.4 所示，除了 1920～1921 年和 1929～1933 年的经济危机之外，美国进入加工阶段的未锻轧铝持续上升至 1938 年，并且在第二次世界大战期间急剧增加。之后，未锻轧铝的表观消费量经历了一个短暂的下降，并由此继续增长至 1974 年，即第一次石油危机爆发后。1900～1974 年，未锻轧铝消费量呈现如下特征：①大多数年份，70%以上的未锻轧铝是由国内原生铝生产的；②1954～1974 年，未锻轧铝中再生铝的份额相对稳定，有 14%～18%来自新废料，有 4%～6%来自旧废料；③1960 年以前，美国是未锻轧铝的净出口国，之后基本上是净进口国；④经历了 1939～1945 年的急剧增长，美国原生铝产量的全球占比持续下降，从 1945 年的 52%降至 1974 年的不足 32%。

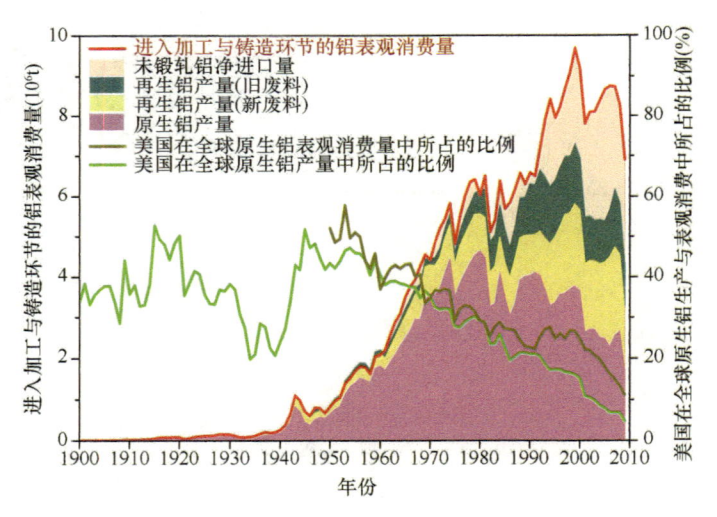

图 5.4　1900～2009 年进入加工与铸造环节的铝流量及美国在全球原生铝生产和表观消费中所占的份额

未锻轧铝的消费量从 1974 年到 1990 年相对稳定，20 世纪 90 年代增长显著，在 2000 年之后下降。1975～2009 年，未锻轧铝的消费量呈现如下特征：①美国国内原生铝的产量呈下降趋势，似乎非常容易受到这一时期几次能源危机的影响（图 5.3）；美国国内生产的原生铝在未锻轧铝中的份额从 1974 年的 76%下降到 2009 年的 25%。②再生铝的产量在此期间大幅增加，其在未锻轧铝中的份额从 1974 年的 19%增加到 2009 年的 37%。然而，超过一半的再生铝来自新废料而不是旧废料。③美国未锻轧铝的净进口量显著升高，其份额从 1974 年的 5%增长到 2009 年的 38%,这表明美国将其大部分原生铝的产能转移到了其他国家;④在此期间,美国原生铝产量在全球产量中的份额从 1974 年的 32%下降到 2009 年的 5%。

5.2.4 进入制造环节的铝半成品

铝从加工环节以 8 种半成品的形态流入制造环节的 7 个部门(图 5.5b)。除了 1973~1975 年、1978~1982 年和 1989~1991 年 3 个时间段半成品的总量有明显的减少外,从 1900 年到 2000 年均连续增加。但 1973 年、1979 年和 1990 年恰逢能源危机时期,流量减少可能与能源危机有关。铝半成品总量在 2000 年达到 900 万 t 的峰值,在 2001 年"9·11"事件后显著下降,并于 2009 年持续降低至 450 万 t,仅为 2000 年的 50%。

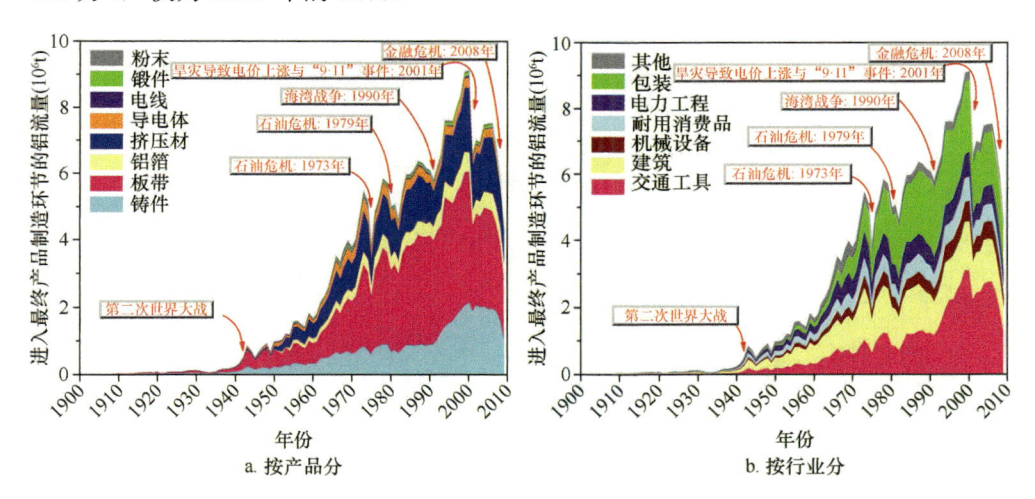

图 5.5　1900~2009 年美国从加工环节进入制造环节的铝的流量

如图 5.5a 所示,铝板带在所研究的整个时期均是占统治地位的半成品铝材,其次是挤压材和铸件。在 1981 年之后,铝板带的年产量占当年半成品总量的 40%~50%,这些产品主要用于 3 个最终使用部门,即包装、交通工具和建筑。20 世纪 80 年代,铸件占总量的 13%~14%,至 2000 年,增加到 29%。由于汽车轻量化,60%~75%的铸件用于交通工具部门。与此类似,1995 年以后,分别有超过 35%和 25%的挤压材被用于建筑和交通工具部门。1955~2009 年,铝箔占铝半成品总量的 6%~7%,其中有超过 60%的铝箔被用于制造包装材料。铝导电体的比例从 20 世纪 60 年代的 6%~9%降至 21 世纪初的 3%~4%,且所有的导电体均被用于电力工程部门。1980 年以后,铝线材、锻压材和铝粉仅占半成品总量的 2%~3%。

如图 5.5b 所示,流入制造环节的铝主要进入了建筑、包装和交通工具部门。

在 1978 年以前，1979~1994 年以及 1995 年以后，这 3 个部门占比最大。自 1970 年以来，建筑和电力工程部门的占比持续下降；耐用消费品、机械设备和其他 3 个部门的占比保持稳定。

5.2.5 铝在用存量的流入、流出及其变化

使用阶段输入的铝主要来自本地制造，此外还有进口的最终产品中的铝。对比图 5.5b 和图 5.6a 可知，使用阶段的铝的总输入量与制造阶段的铝的总输入量有很强的相关性。除能源危机期间外，1900~2000 年使用阶段的铝的总输入量呈持续上升趋势（Anonymous，2011b），之后于 2001 年及 2005~2009 年下降。进入使用阶段的铝主要存在于建筑、包装和交通工具中。然而，进入使用阶段的最终产品的量与进入制造阶段的量并不完全一致，尤其是交通产品和耐用消费品。因此，1980 年以后，耐用消费品在总输入量中的占比持续增加。

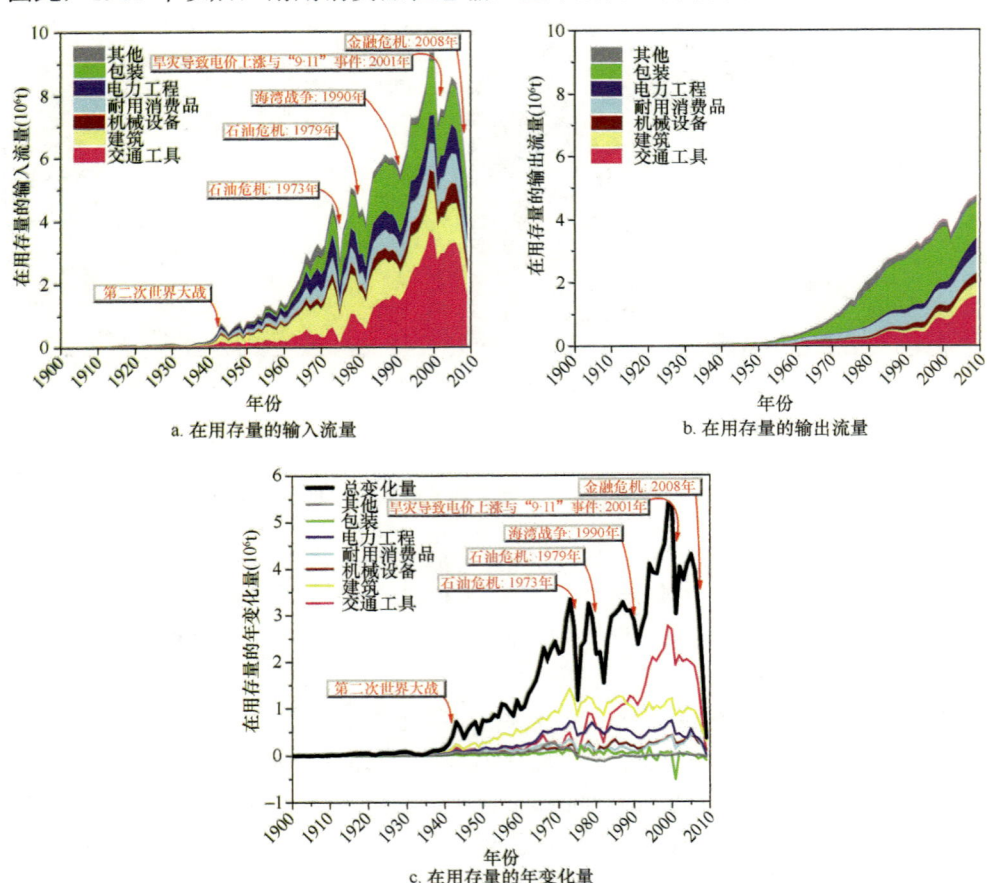

图 5.6 1900~2009 年美国铝输入、输出量和累积到使用阶段的量

使用阶段的输出流量包括两个部分：一是报废产品中的铝；二是铝在使用阶段产生的散失性损失。如图 5.6b 所示，1900~2001 年，使用阶段铝的总输出量持续上升。2002 年，由于包装部门铝输出量的下降，使用阶段铝的总输出量下降。2002~2009 年，使用阶段铝的输出量再次上升。

输出量由两个指标决定：一是进入使用阶段的物质流的结构；二是各种最终产品的平均使用寿命。由于建筑寿命一般长达几十年，建筑部门的铝废料产量占总量的比例相对较小（2000 年低于 10%，2009 年大约为 14%）。相反，由于包装寿命仅有一年，包装部门的铝废料产量自 1960 年以来增长较快，目前已经成为铝废料产量最大的部门。在中国，2000 年以后用于钢铁行业的铝还原剂的损失量变大（Chen and Shi，2012）。与中国不同，美国铝还原剂损失量占铝的总输出量比例远小于铝废料产量的占比。

美国铝存量的变化，即铝输入量和输出量的差值，在不同时期展示了不同特征，如图 5.6c 所示。1900~1973 年，存量呈持续升高趋势；1974~1991 年，存量在 100 万 t~350 万 t 浮动，包括 3 次能源危机时的急剧下降；1992~2000 年，随着交通工具部门的发展，存量呈快速上升趋势；2001~2009 年，由于"9·11"事件和 2008 年金融危机，存量发生了两次突然下降。

5.2.6 铝废料的回收

铝废料包括新废料和旧废料。在铝废料和报废最终产品回收以及预处理过程中的新废料的损失量均设为零，铝废料熔铸的损失率设为 5%（EAA，2008）。

虽然旧废料产量可以基于最终使用部门建立的模型来估算，但是除铝罐回收量外，其他铝废料回收数据无法获得，因此无法计算旧废料的回收率（AA，2010a）。铝废料回收率的计算方法和结果详见不同的研究（Chen and Shi，2012；GARC，2006；Graedel et al.，2011；McMillan et al.，2010；Plunkert，2005；Sibley，2011）。根据目前的模拟结果，美国报废铝产品的回收率大致为 40%~65%，且易受最终产品寿命、报废产品和铝废料的出口量以及进入休眠存量的报废产品量的影响。铝废料预处理和熔铸过程中的损失率分别约为 8%和 5%（EAA，2008）。

欧洲的废铝处理企业大致分为两类，即精炼企业和熔炼企业。与欧洲不同，美国铝业协会将美国废铝处理企业分为 3 类：二次精炼企业、综合生产企业和其他企业（AA，2010a；EAA，2008）。1946~1960 年，美国有超过 70%的铝废料被二次精炼企业购买。然而，1960~1990 年和 1998~2009 年被综合生产企业购买的铝废料占比升高（图 5.7）。2009 年，二次精炼企业、综合生产企业和其他企业的占比分别为 36%、61%和 3%。这一变化的原因在于越来越多的半成品生产商开设铝废料精炼厂，使得综合生产企业处理的铝废料份额增加。

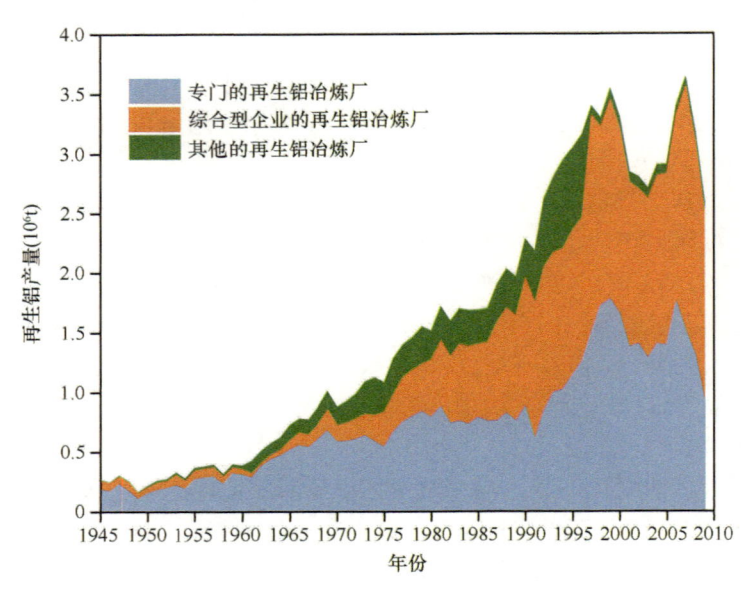

图 5.7　1945～2009 年美国再生铝产量

5.2.7　铝损失、出口的报废产品以及进入休眠存量的铝

采用自上而下的方法建立模型计算和根据废弃物管理与回收阶段物质守恒来计算的旧废料的差异在于报废产品和铝废料收集过程中未收集的报废产品中的铝。如图 5.8 所示，1960 年以后，未收集的报废产品增长很快，1980 年以后其

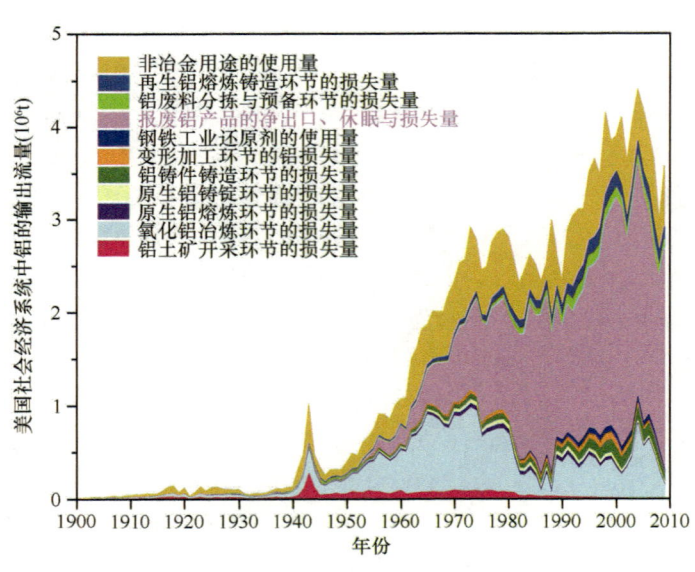

图 5.8　1900～2009 年美国生命周期各阶段铝损失量

数量超过了其他环节铝的损失量之和。然而，未收集的铝与其他环节铝的损失不同，其他环节的铝返回环境或用于非金属或脱氧剂。未收集的报废产品的去向更难识别，因为它不应被视为完全损失，它的一部分可能作为报废产品出口并在国外被回收，同时另一部分可能成为休眠存量，在将来被回收。遗憾的是，由于数据无法获得，我们无法区分出口的报废产品中的铝、变为休眠存量的铝与散失到环境中的铝。

除未收集的报废铝产品，铝的损失主要包括两个来源：一是铝在精炼过程中产生赤泥；二是铝土矿和氧化铝被用作非金属的生产。

5.2.8 美国社会经济系统铝的流入、流出和累积

图5.1揭示了铝循环的历史累积量。此外，表5.1展现了铝在美国社会经济系统中每10年的输入量、输出量和累积量。结果表明1900~2009年共有大约4.38亿t的铝流入美国，但仅有7%来自本地开采，其余93%的铝均来自进口。与此同时，有2.11亿t的铝流出美国，其中59%的铝以出口形式流出美国，有25%的铝散失到环境中，有16%的铝被用于非金属用途，如耐火材料。大约有35%的铝进入本地在用存量，17%的铝去向不明（可能为库存性存量、损失或以报废产品形式出口）。

表5.1 美国社会经济系统的铝输入、输出和累积量 （单位：10^3t）

年份	铝土矿开采量	总进口量	总出口量	总净进口量	流入使用阶段的量	流出使用阶段的量	在用存量变化量	OHSE	总损失量	非金属使用量	总差额
1900~1909	185	6	47	41	46	1	45	0	61	122	2
1910~1919	1 032	33	43	10	344	15	329	3	308	389	13
1920~1929	1 177	209	604	395	669	77	592	15	441	529	5
1930~1939	874	196	916	720	1 027	250	777	42	437	300	38
1940~1949	6 166	739	3 927	3188	5 367	594	4 773	37	2 456	1 353	809
1950~1959	5 344	3 707	16 296	12 589	10 779	1 858	8 921	651	4 351	2 042	1 968
1960~1969	5 321	8 274	39 109	30 835	22 842	5 544	17 298	3 585	8 762	4 827	1 684
1970~1979	6 145	16 948	64 769	47 821	39 121	13 709	25 412	9 779	10 760	6 084	1 931
1980~1989	2 633	19 667	70 004	50 337	52 085	26 006	26 079	14 941	6 491	4 772	687
1990~1999	1 045	32 144	96 520	64 376	70 304	35 364	34 940	18 823	9 718	6 359	4 419
2000~2009	128	43 492	116 010	72 518	76 489	44 846	31 643	25 967	9 597	5 908	469
1900~2009	30 052	125 416	408 246	282 830	279 072	128 266	150 806	73 771	53 385	32 685	2 235

注：总净进口量=总进口量−总出口量；在用存量变化量=流入使用阶段的量−流出使用阶段的量；OHSE：过期和休眠库存增加量与报废铝产品的净出口量；总差额=铝土矿开采量+总净进口−在用存量的变化量−OHSE−总损失量−非金属使用量

基于表 5.1 的数据分析 110 年铝各流量的分布情况，结果显示 1950 年之前铝的累积流量仅占总累积流量的 5%，超过 50%的铝流量在 1950~1970 年产生。1900~1949 年铝的累积进口量仅占总累积进口量的 1%，1990~2009 年铝的累积进口量占总累积进口量的 61%。此外，1900~1949 年仅有 3%的流量进入使用阶段，而在 1990~2009 年有 52%的流量进入使用阶段。这反映了整个研究期间许多流量（包括贸易、消费和废料产生）的持续增长。

5.3 存量分析

5.3.1 美国国内总存量及存量的不同分布

铝工业发展前，美国的铝存量约为 0.36 亿 t（1900 年），且均以铝土矿形式存在（图 5.9）。20 世纪 40 年代，美国开始大量使用和进口铝，国内铝土矿存量减少，在用存量和损失存量增加。2009 年，铝的总存量为 3.16 亿 t，为 1900 年的 8.8 倍，其中 2%是铝土矿，48%是在用存量。美国占全球原生铝产量的 5%和消费量的 11%（图 5.4），但其国内铝土矿储量不到全球储量的 0.1%（USGS，2010）。除非能继续从其他国家进口大量的铝土矿和氧化铝，或开发新技术以便可以用其他原材料（如明矾石或斜长岩）代替铝土矿，美国更倾向于进口再生铝。

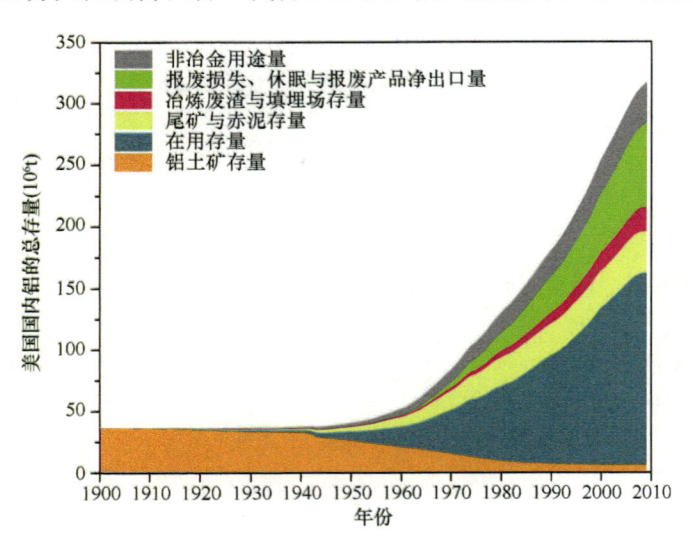

图 5.9　1900~2009 年美国铝总存量及其构成

1900~2009 年，已有超过 27%的铝在美国社会经济系统中损失，其中尾矿中的铝占 11%，矿渣库和垃圾填埋场中的铝占 6%，非金属使用的铝占 10%。大约 23%的铝成为散失性存量，或作为报废产品出口，或进入休眠存量。我们很难判定铝在散失性存量、出口的报废产品和休眠存量之间的数量分布，但识别和量化三者很重要，这是因为铝有明显的回收潜力，同时铝的回收利用可以减少铝土矿的开采和能源消耗。

5.3.2 绝对和人均在用存量的数量与构成

美国铝的绝对在用存量在整个研究期间持续增加，在 2009 年达到峰值，即 1.51 亿 t（图 5.10a）。同年，建筑和交通工具部门分别占在用存量的 32%和 35%，起主导作用。尽管包装部门铝的历史累积量很高，但由于其使用寿命短，占在用存量的比例不到 1%。

美国人均铁存量已达 11～12t/人的峰值（Müller *et al.*，2006，2011），而人均铝存量尚未达峰，在研究期内持续增加直至 2009 年的 490kg/人（图 5.10b）。但是，不同部门的人均在用存量差异很大。建筑和电力工程部门的人均在用存量的变化呈现"S"形曲线趋势，分别于 2005 年达到峰值 155kg 和 2000 年达到峰值 75kg。几十年来，交通工具、机械设备和耐用消费品的人均在用存量持续增加，而交通工具、机械设备部门的人均在用存量的增长率呈下降趋势，意味着这两个部门的人均存量在近期也可能达到饱和水平。相反，包装和其他部门的人均在用存量持续下降。

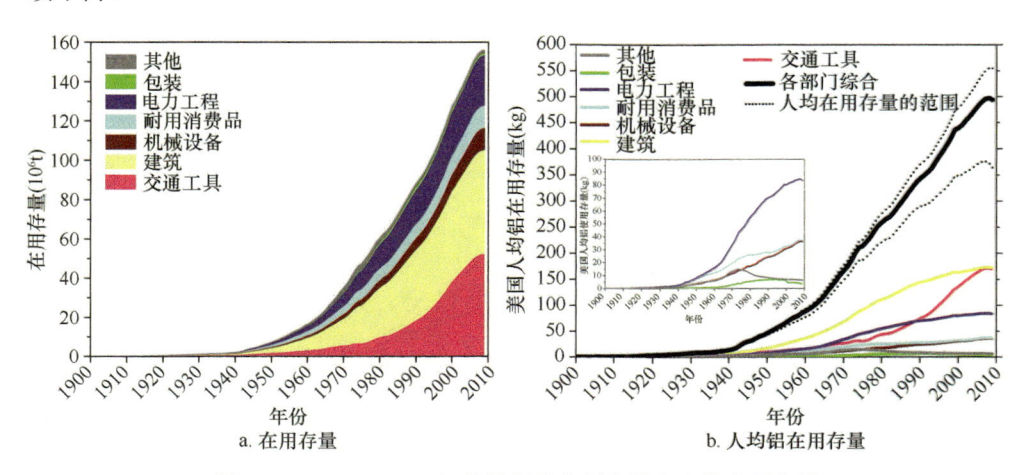

图 5.10　1900～2009 年美国铝的在用存量和人均在用存量

5.4　本章启示

基于美国 1900～2009 年铝的开采、生产、加工、制造、进出口和损失的数据，本章分析了美国经济系统中铝的存量和流量，并采用自上而下的动态物质流方法计算了废料产量和在用存量。

  一个多世纪以来，美国铝在开采和使用过程中发生了巨大的转变。20 世纪 40 年代，铝还仅仅是实验室中的研究对象，而不是工业化生产的金属。第二次世界大战后情况发生了改变，随着富裕人口的增长，越来越多的铝被应用于建筑、包装和交通工具部门。然而，美国国内产业并没有跟上需求的步伐。20 世纪 80 年代，铝行业增长停滞不前，到 20 世纪 90 年代明显进入下降趋势。美国通过增加含铝产品的进口来满足国内需求，开始是铝土矿和氧化铝，1960 年以后是未锻轧铝，20 世纪 80 年代后还包括铝的最终产品。与此同时，铝在国内环境中的损失量从仅与矿石加工相关转变为与未回收的报废产品相关。总之，本章的研究结果呈现了多年来美国铝流量和存量的变化与特点，并进行了详细分析，可供从事相关研究的同行参考。

第6章 铝的全球物质流动网络分析

金属在其全生命周期各个环节均可能发生一次或多次的跨国贸易。金属贸易通常具有以下特点：第一，金属生产一般为能耗与排放密集型的过程，因此金属的贸易也可视为隐含能耗和排放量的贸易；第二，与原生产品不同，再生金属资源（金属废料）可能会通过贸易在另外一些国家得到再次利用；第三，贸易增加意味着运输、物流和排放的增加（Cristea et al., 2013）；第四，贸易模式的改变意味着新的贸易依赖关系形成以及潜在供应链中断的风险。基于物质流和贸易网络分析方法来研究各个国家在金属不同生命周期阶段的贸易联系，有助于更好地理解国民经济中关键物质的源、流动路径和汇以及潜在的回收利用机会，探索各个周期之间的相互联系和依赖关系，以及评估跨境物质流的经济、资源和环境影响（如碳泄漏）。

本章构建了一个铝贸易关联的多层次物质流分析模型，该模型可以跟踪铝在整个技术生命周期的跨国流动。在该模型的基础上，本章试图回答如下问题：①铝金属在全球经济体中如何流动；②考虑资源供应、价值链和环境影响等方面，生产、使用和贸易模式对国家和地区铝循环的潜在影响。

6.1 研 究 方 法

本章建立的物质流分析模型如图 6.1 所示，其中，半成品包括轧制材、挤压材、铸件以及其他类型半成品，最终产品包括建筑、交通工具、机械设备、电力工程、耐用消费品、包装和其他，虚线椭圆表示非冶金铝的使用、工业存量以及平衡物料所需的"补偿流"，罗马数字（Ⅰ～Ⅶ）表示金属生产和使用的各生命周期阶段的物质流量，更多细节描述详见之前的章节。

根据不同国家在铝产品链上的重要性、经济产出和人口规模等因素，本章选择了 66 个国家或地区来探索 2008 年全球铝的物质流网络的特征。这些国家和地区的铝土矿、氧化铝和铝产品产量占全球的 99% 以上，人口和经济产出的占比则分别超过全球的 85% 和 95%。受历史数据所限，研究包括了一些特殊的国家和地区，如前苏联，且在分析中将涵盖的国家或区域进一步分为 10 个所属区域。具体国家名单详见表 6.1。

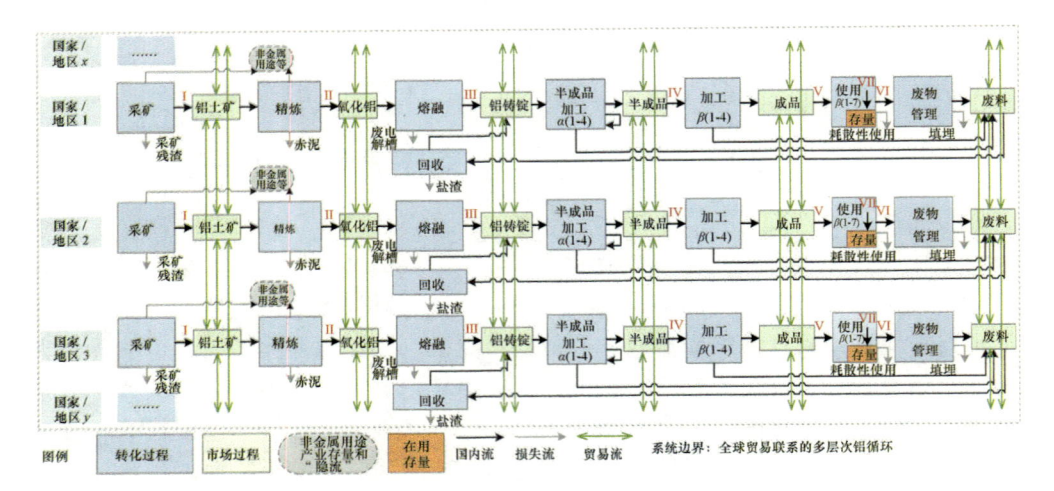

图 6.1 全球铝的物质流网络分析图

A(1-4)指铸造、锻轧、挤压以及其他4种工序；β(1-7)是指7种最终含铝产品，即建筑、交通工具、包装、机械设备、电力工程、耐用消费品和其他

表 6.1 本章涉及的 66 个国家及其所属区域

国家代码	国家或地区	缩写	区域划分	国家代码	国家或地区	缩写	区域划分
269	美国	USA	北美洲	10	阿根廷	ARG	拉丁美洲及加勒比地区
40	加拿大	CAN	北美洲	26	巴西	BRA	拉丁美洲及加勒比地区
12	奥地利	AUT	欧洲	47	智利	CHL	拉丁美洲及加勒比地区
18	比利时	BEL	欧洲	52	哥伦比亚	COL	拉丁美洲及加勒比地区
34	保加利亚	BGR	欧洲	67	多米尼加	DOM	拉丁美洲及加勒比地区
65	丹麦	DNK	欧洲	104	圭亚那	GUY	拉丁美洲及加勒比地区
80	芬兰	FIN	欧洲	120	牙买加	JAM	拉丁美洲及加勒比地区
81	法国	FRA	欧洲	153	墨西哥	MEX	拉丁美洲及加勒比地区
90	德国	DEU	欧洲	240	苏里南	SUR	拉丁美洲及加勒比地区
97	希腊	GRC	欧洲	276	委内瑞拉	VEN	拉丁美洲及加勒比地区
110	匈牙利	HUN	欧洲	4	阿尔及利亚	DZA	非洲
111	冰岛	ISL	欧洲	39	喀麦隆	CMR	非洲
116	爱尔兰	IRL	欧洲	261	埃及	EGY	非洲
118	意大利	ITA	欧洲	93	加纳	GHA	非洲
166	荷兰	NLD	欧洲	103	几内亚	GIN	非洲
181	挪威	NOR	欧洲	160	莫桑比克	MOZ	非洲
198	波兰	POL	欧洲	176	尼日利亚	NGA	非洲
199	葡萄牙	PRT	欧洲	223	塞拉利昂	SLE	非洲
206	罗马尼亚	ROU	欧洲	233	南非	ZAF	非洲
237	西班牙	ESP	欧洲	226	印度	IND	印度

续表

国家代码	国家或地区	缩写	区域划分	国家代码	国家或地区	缩写	区域划分
242	瑞典	SWE	欧洲	48	中国	CHN	中国
243	瑞士	NLD	欧洲	11	澳大利亚	AUS	亚洲和大洋洲的发达国家
262	英国	GBR	欧洲	121	日本	JPN	亚洲和大洋洲的发达国家
62	前捷克斯洛伐克	CZE	欧洲	173	新西兰	NZL	亚洲和大洋洲的发达国家
284	前南斯拉夫	SRB	欧洲	227	新加坡	SGP	亚洲和大洋洲的发达国家
14	巴林	BHR	中东	126	韩国	KOR	亚洲和大洋洲的发达国家
114	伊朗	IRN	中东	15	孟加拉国	BGD	亚洲的发展中国家
161	阿曼	OMN	中东	113	印度尼西亚	IDN	亚洲的发展中国家
202	卡塔尔	QAT	中东	141	马来西亚	MYS	亚洲的发展中国家
219	沙特阿拉伯	SAU	中东	196	菲律宾	PHL	亚洲的发展中国家
253	土耳其	TUR	中东	188	巴基斯坦	PAK	亚洲的发展中国家
251	阿拉伯联合酋长国	ARE	中东	246	泰国	THA	亚洲的发展中国家
260	前苏联	RUS	独联体	229	越南	VNM	亚洲的发展中国家

注：将印度和中国单独成区

含铝产品的铝含量是通过整合国家和国际统计数据、文献数据和专家估计数据综合得到的。铝土矿、氧化铝和电解铝等产品的数据来自美国地质调查局的矿产年鉴（USGS，2011），分国别的再生铝数据和铝半成品表观消费量数据来源不一（Liu and Müller，2013b），损失量通过采矿（采矿残渣）、精炼（赤泥）和其他流程（如废铝电解槽和盐渣）的转化系数估算。与之前的章节类似，本章基于 7 种产品类型的寿命模型来计算离开使用阶段的流量和使用阶段的在用存量。受数据可得性的限制，本章不考虑报废品（即离开使用阶段后进入回收管理阶段之前的产品）的贸易，通过报废品的流入量和国内铝废料的使用量来平衡废弃物管理阶段的铝金属量。除此之外，采用估算的表观消费量与报道的统计数据或整合的数据（即结合产量和下一阶段损失量之和）进行对比，以检查和校验模型计算结果。

本章基于联合国商品贸易统计数据库估算了近 130 种含铝产品的国际贸易量（包括铝土矿、氧化铝、原生铝锭、铝废料以及半成品和最终产品中的间接贸易）。贸易统计指标包括商品价值和商品质量（约 10%的贸易流缺失该指标数据），统计方式包括进口和出口记录。例如，A 国出口某商品到 B 国，可分别以 A 国出口量和 B 国进口量进行记录，两国统计值理论上是相同的，但现实往往存在偏差。为了识别和解决商品质量数据缺失和进出口数据不一致的问题，应用图 6.2 所示的算法：①剔除数据异常值，通过"国际平均价格"将商品价值转换为商品质量填补商品质量缺失数据；②将商品质量和对应的产品铝含量（文献获取）相乘后再整合到不同的产品类别中；③利用进、出口记录数据及两者平均值对贸易估算结果进行灵敏度分析。

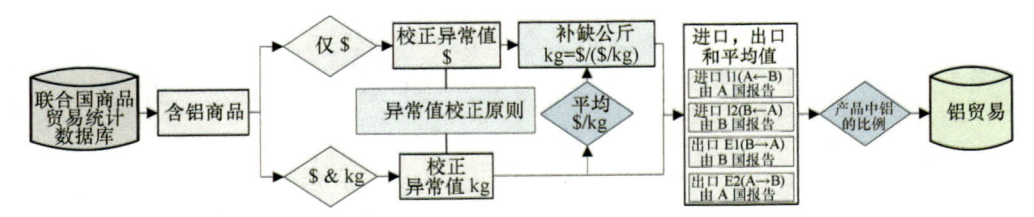

图 6.2　系统评估和修正联合国贸易数据的算法

仅$是指仅有贸易额数据，没有贸易质量数据；$&kg是指既有贸易额数据也有质量数据

6.2　铝产品的生产和使用模式以及国家和地区尺度的铝的物质流分析

图 6.3 和图 6.4 展示了各国铝产量和使用率等关键指标（图 6.1 中的流程 Ⅰ～Ⅶ）。其中，图 6.3 为 2008 年 66 个国家的铝产量及其使用率，流量以蓝-白-红的次序递增，国家则按照人均 GDP 从左至右升序排列。图 6.4 左侧表示 10 个区域中从岩石圈流出、进入使用阶段和离开使用阶段的流量，右侧则反映不同人均 GDP 购买力平价水平下，各国人均每年用铝量的分布。国家人均铝用量存在显著差异，其中，工业化国家达 10～60kg/人，是全球平均水平（7.2kg/人）的 1～10 倍。该模式与之前关于其他 7 种金属（铜、锌、银、铬、铁、镍和铅）的研究基本一致（Graedel and Cao，2010）。同时，在该研究的假设中，人均铝用量和 GDP 发展水平存在正相关性，且与铬和镍金属相似，但本章中线性和指数拟合 R^2 皆约为 0.6（图 6.4），更接近于铜（Binder et al., 2006）和不锈钢（Reck and Rotter，2012）。

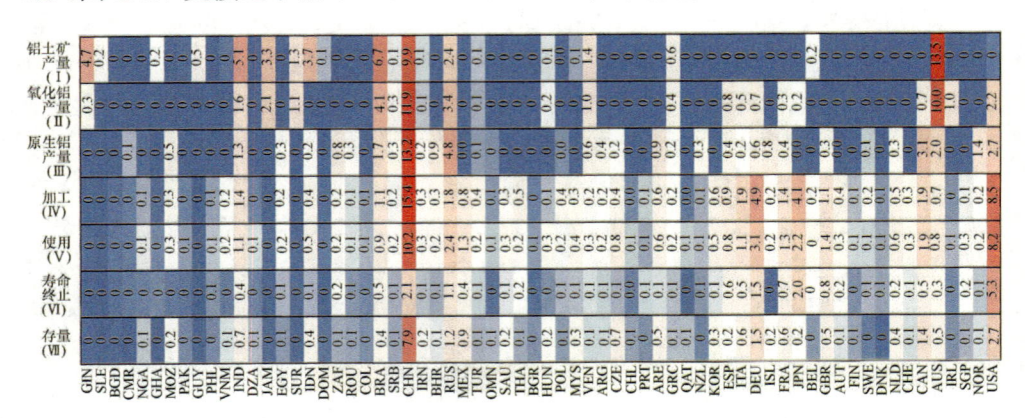

图 6.3　2008 年 66 个国家或区域的铝产量和使用效率

数据的颜色从蓝到红分别代表从低到高的量值；横坐标上国家按 2008 年人均 GDP 大小排列，国家代码对应国家名称，详见表 6.1；单位：Mt/a

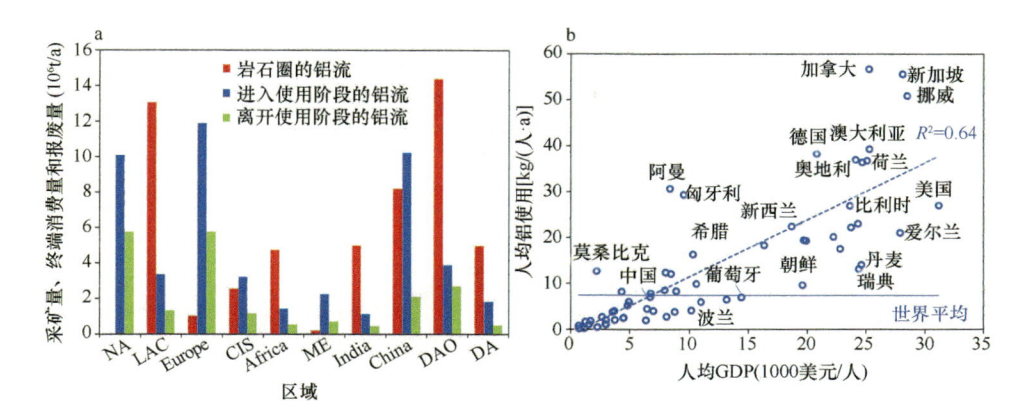

图 6.4　2008 年全球 10 个区域铝的采矿量、终端消费量和报废量（a）
以及人均铝终端消费量和人均 GDP 的相对关系（b）

图 a 横坐标依次是北美、拉丁美洲及加勒比地区、欧洲、独联体、非洲、中东、印度、中国、亚洲和大洋洲的发达国家、亚洲发展中国家

这表明随着财富的积累和技术的进步，铝与钢铁和铜类似，也可被广泛且灵活地应用于产品和基础设施中。

2008 年全球铝的在用存量增量约为 3.9kg/人，但铝存量增量只占进入使用阶段铝用量的 55%。当具体到不同国家时，该比率差异很大，最小值低于 20%（如比利时和丹麦），最大值高于 75%（如中国和越南）。此现象反映了各国铝产品（如长、短寿命产品）的发展阶段和使用模式，对消费后铝废料的可用性至关重要。在国家高速发展期，存量增量一般更高，随着存量积累速度的放缓，存量增量下降，更多在用产品转化成铝废料。以中国和美国为例，2008 年两国铝用量相近（中国 1020 万 t，美国 1010 万 t），但中国大部分铝产品尚在使用阶段，两国的报废产品流量存在显著差异（中国 210 万 t，美国 580 万 t）。

在国家层面上，铝存量和流量的差异（图 6.5）反映了各国的资源可用性、发展状况、工业结构、经济财富和生活方式。例如，中国是最大的铝生产和消费国，铝土矿至最终产品间的材料流动和供应主要依靠国内冶炼。作为"世界工厂"，中国也进口大量铝土矿、氧化铝和铝废料（分别占表观消费量的 30%、8% 和 27%）以满足市场需求，同时出口铸锭、半成品和最终产品到其他国家。美国是第二大铝消费国，铝土矿产量微不足道，几乎所有的含铝产品（除铝废料和半成品外）严重依赖对外进口，但其在用存量相对较高且成熟，在再生产品市场占据很大的份额。澳大利亚铝土矿储量丰富，为其他地区供应了大量的铝土矿（190 万 t）、氧化铝（730 万 t）和铝（160 万 t，金属量），对铝工业上游产业至关重要。挪威几乎没有铝土矿和氧化铝等上游产业，且半成品和最终产品用量较少，但其利用水电资源优势将进口氧化铝加工成未锻轧铝和铝半成品（分别占其国内产量的 92% 和 67%）并出口到其他国家，在原生铝生产领域占有重要地位。

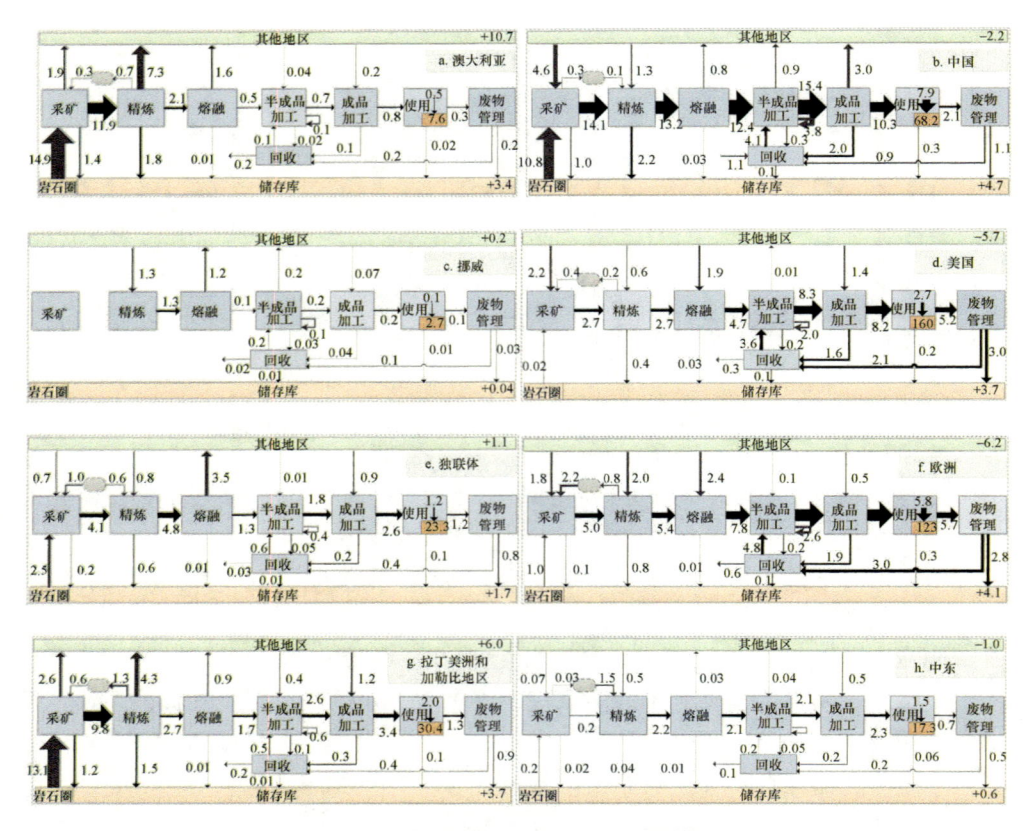

图 6.5　2008 年典型国家和区域的铝的物质流图
单位为 10^2 万 t 或 10^2 万 t/a

区域层面的铝的物质流也可通过类似的方法进行分析,根据消费和贸易模式将 10 个区域(图 6.5)大致分为两组。第一组国家国内铝消费量较低,高度依赖采矿和出口,包括亚洲和大洋洲的发达国家、拉丁美洲及加勒比地区、非洲、亚洲的发展中国家、独联体和印度;第二组国家铝消费量极高且各种形式的铝进口量远远大于出口量,包括中东、中国、欧洲和北美洲。

6.3　含铝产品的贸易网络和贸易模式

2008 年,全球铝贸易总量超过 8000 万 t,是原生铝产量的两倍以上。图 6.6 为铝贸易总量和按国家划分的进出口情况,其中,左侧为主要的矿产国家和净出口国,如澳大利亚、巴西、印度尼西亚、牙买加和几内亚等,其次是、俄罗斯[①]、委内瑞拉和挪威等铝生产国或地区;右侧为消费大国和净进口国,如美国、中

---

① 本书中关于苏联和俄罗斯的统计数据以数据发表时的时间点为准。后文同。

国和日本等。大部分工业化国家和主要经济体进口大量的原材料（铝土矿、氧化铝、未锻轧铝），并出口半成品和最终产品到其他国家，有高度的对外依赖性。

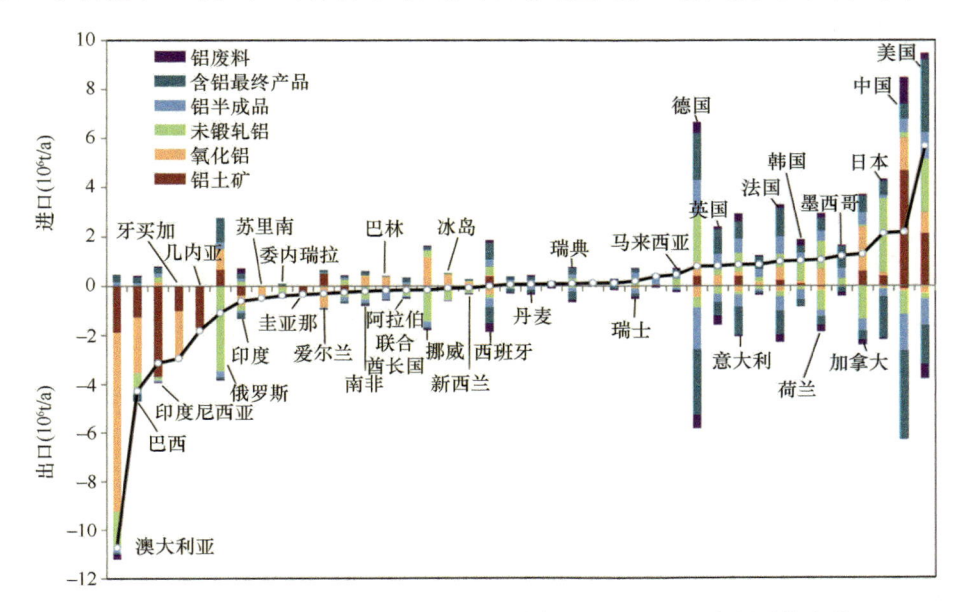

图 6.6　2008 年铝土矿、氧化铝、未锻轧铝、铝半成品、含铝最终产品和铝废料的国际贸易情况

考虑铝生命周期各阶段和产品类型时，各国贸易模式差异很大。例如，出口方面，澳大利亚以氧化铝为主，印度尼西亚和几内亚则以铝土矿为主。中、德两国均为进出口大国，但中国主要进口铝土矿和氧化铝，出口耐用消费品；德国则主要进口未锻轧铝，出口交通运输产品。这些贸易模式对产品链的增值收益及环境效益均有启示意义。

6.4　基于贸易的全球铝的物质流网络及其影响

图 6.7 整合了 2008 年各国在不同产品阶段（从铝土矿到铝废料）的国内外出货量及其进入全球物质流系统的路线，其中，国家按照 2008 年人均 GDP 顺序排列，线路粗细程度表示流量大小，且忽略了损失流和 5 万 t 以下的贸易流。

铝元素在全球经济系统中的来源、流动途径和目的地呈现出如下显著特征。首先，铝冶炼的各阶段通常发生在不同国家且高度依赖自然条件。例如，铝土矿主要分布于南半球的热带地区，澳大利亚、中国、拉丁美洲及加勒比地区（如巴西、牙买加和苏里南）以及非洲（如几内亚）的储量超过全球储量的 2/3。铝循环全球化程度日益提高，尤其是精炼和冶炼及其下游环节，更多的国家参与到产品

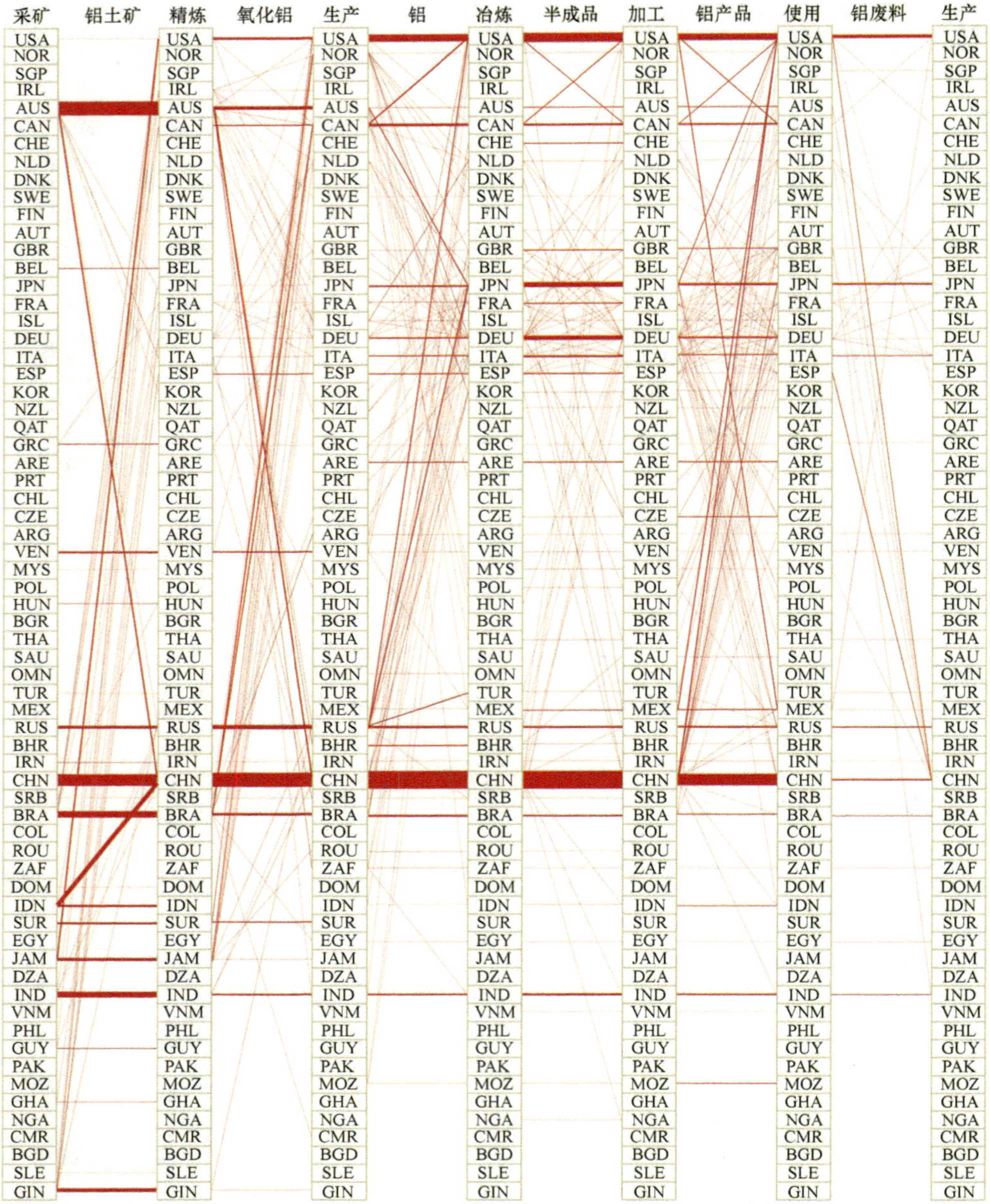

图 6.7 2008 年贸易联动的全球铝的物质流网络

生产过程中，且重心逐渐向人均 GDP 较高的国家转移。铝型材制造集中在北半球（欧洲、北美和中国），与国家的经济规模密切相关，一般靠近消费地区。美国、中国、日本、德国和英国等国家的铝废料规模巨大，因而有较大的回收潜力。其次，国家采矿量不能代表生产规模，生产规模化不能代表高效利用。例如，发展中国家以采矿为主，在铝土矿精炼后的各环节参与度较低，而发达国家在铝产品各阶段都有较高的参与度。最后，中国在全球铝人为循环中的作用尤为突出，几乎每种产品产量和消费量都占全球 1/4 左右（原铝生产占比近 50%），美国次之。只有少数国家（如美国、澳大利亚、加拿大、日本、德国、俄罗斯、中国、巴西和印度）拥有近乎完整的国内产业链。

各国间明确的贸易联系和相互依赖关系表明：只有少数国家在贸易网络中扮演关键角色，供应路线优先级受地理、政治和经济因素影响。例如，铝土矿和氧化铝供应前五名的大国可满足 70% 的全球需求，中国、德国和意大利等国家已成为全球铝半成品和最终产品的供应基地。中、美两国进口的铝土矿占全球的 50% 以上，而受地缘政治和地理距离的影响，中国主要从印度尼西亚（350 万 t）和澳大利亚（110 万 t）进口，美国则主要从牙买加（100 万 t）进口。加拿大和美国地理距离近，加之北美市场一体化，两国双边贸易在未锻轧铝和铝半成品贸易网络中尤为突出。铝土矿资源和工业产能的高度集中加深了全球贸易网络的脆弱性。当主要国家遭受灾害、生产成本上涨、地缘政治等因素影响时，全球铝工业可能面临供应链中断的风险。

铝的产品价值从采矿到生产阶段逐渐增加，在加工和制造阶段达到峰值，越接近使用阶段，技术集约化程度越高，增加值随之增高（Dahlström and Ekins，2007）。北美洲和欧洲等较富裕地区从发展中国家进口原材料，进一步加工成价值更高的半成品和成品并出口到较贫穷国家，获取了更多的价值增量。

铝产品贸易过程伴随着物质和环境负荷的跨界转移。对于铝消费国进口的原材料和铝产品，其开采和生产过程是在产地进行的，出口国承担了此过程中所排放的温室气体，即进口国通过贸易将环境负荷转移到了出口国，而从事自然资源开采和上游产品生产的出口国则面临低经济效益和高环境成本的双重风险（Clift and Wright，2000；Steinberger et al.，2012）。

6.5 本章启示

本章所采用的贸易关联的多层次物质流分析为了解经济系统中金属资源的再分配提供了可视化工具，对政府制定与资源危机、供应链风险、价值链管理和减缓跨境环境影响相关的政策和战略有重要参考意义。本章仅讨论了铝国际贸易中的资源和经济价值转移，后续章节将进一步探讨铝国际贸易给主要参与国带来的多方面影响。

第 7 章　全球各国铝在用存量的演化特征

随着工业化和城市化的不断发展,埋在地下的自然资源被不断地转移到人类社会中的在用产品存量中(Gordon et al., 2006; Müller et al., 2006; UNEP, 2010)。与流量相比,在用存量具有长期稳定的特征,更便于作为设定未来基准情景的依据。因此,各国铝存量的历史演变模式对有关需求预测(未来情景基准)、回收利用(潜力和区域行业分布)和温室气体排放的研究(政策和效率)至关重要(Liu et al., 2011, 2013)。

本章建立了动态物质流分析模型来量化 1900~2010 年所有国家的铝存量和流量,识别铝在用存量 100 年的演变模式,以探讨一个多世纪以来,全球铝在用存量的历史演变模式以及当前在用存量的时空分布(国家、形式、数量)。

7.1　研究方法

本章研究的地理范围覆盖全球所有国家并将其划分为 10 个区域,其中,曾变更领土或名称的国家或地区则追溯至其原有名称,以最大化地使用具有长时间尺度的历史数据。

铝金属生命周期物质流的技术路线和系统边界(图 7.1)与第 6 章一致。其中的矩形表示工艺流程、贸易和使用等过程,箭头表示转化和贸易等流动过程,箭头颜色表示不同的流量计算方式,存量和流量单位均折算为铝金属的质量且所有计算过程都遵从质量守恒定律。

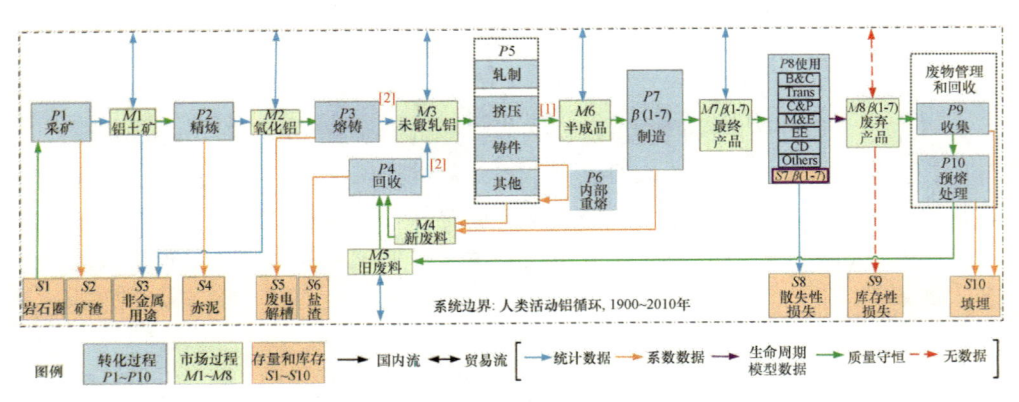

图 7.1　铝的物质流分析的系统定义及计算流程图

本章采用产品驱动的自上而下（Liu *et al.*，2011；Müller *et al.*，2011）方法测算铝的历史在用存量 [$S(t)$]，如公式（7.1）所示。其中，根据产品类型 [β(1-7)] 和地理区域（表7.1）分别设置了服从正态分布的产品寿命模型，$L(t, t', \tau, \sigma)$ 表示产品在 t' 时刻投入使用且 t 时刻仍处于在用状态的概率，σ 和 τ 分别代表标准差和平均值，且标准差设为平均值的30%。此外，根据是否可获得铝半成品的国内出货量（DS）数据，本章设置了2个计算起点，即铝半成品国内出货量（见图7.1中[1]，涵盖19个有国内出货量统计数据的国家或地区：阿根廷、澳大利亚、奥地利、比利时、巴西、中国、法国、德国、印度、意大利、日本、荷兰、挪威、前苏联、南非、西班牙、瑞士、英国和美国）和原生铝以及再生铝产量（见图7.1中[2]，适用于所有其他无国内出货量统计数据的国家），并通过半成品和最终产品的间接交易对出货量或产量数据进行调整，以计算进入使用阶段的铝流量 [见公式（7.1）中的 $X_{M7\sim P8}$，即图7.1中 $M7$ 至 $P8$ 的流量]。其中，方法1采用1900～2010年不同部门的历史统计数据，只需通过公式（7.2）直接计算，方法2则采用全球历史平均数据，首先需要利用公式（7.3）计算未锻轧铝的表观消费量，然后通过公式（7.4）计算使用阶段铝的流入量。

$$S(t) = \sum_{t=1900}^{t} \sum_{\beta=1}^{7} X_{M7\sim P8, \beta(t)} \times \left(1 - \sum_{t' \leq t} L(t-t', \tau_\beta, \sigma_\beta)\right) \quad (7.1)$$

$$X_{M7\sim P8} = \text{DS} + X_{0\sim M6} - X_{P7\sim M4} + X_{0\sim M7} - X_{M7\sim 0} \quad (7.2)$$

$$X_{M3\sim P5} = X_{P3\sim M3} + X_{P4\sim M3} + X_{0\sim M3} + X_{M3\sim 0} \quad (7.3)$$

$$X_{M7\sim P8} = X_{M3\sim P5} - X_{P5\sim M4} + X_{0\sim M6} - X_{M6\sim 0} - X_{P7\sim M4} + X_{0\sim M7} - X_{M7\sim 0} \quad (7.4)$$

表7.1 分产品类别及区域的不同部门产品服务年限平均值（τ）

区域	建筑 (B&C)	交通工具 (Trans)	包装 (C&P)	机械设备 (M&E)	电力工程 (EE)	耐用消费品 (CD)	其他 (Others)
欧洲	50	13	1	15	20	8	10
北美洲	75	20	1	30	20	12	10
亚洲（除中国）和大洋洲	40	10	1	20	20	10	10
中国	40	15	1	20	20	10	10
世界其他	40	15	1	20	20	12	10

注：假设产品寿命模型为标准分布，标准差（σ）设置为平均值（τ）的30%。产品类别（β）详见图7.1

历史贸易数据来自联合国商品贸易统计数据库。本章覆盖了约130种含铝产品的贸易记录，缺失或不一致数据的识别和处理详见第6章。生命周期过程的生产率和损失率（如采矿残留物、赤泥和新废料）可利用行业统计或专家估计的转换系数计算得到（Liu *et al.*，2011；Rauch，2009）。半成品加工（$P5$）和最终产品制造过程（P7）产生的工业废料可通过市场内部（P6）或外部（P4）进行回收。可以利用使用阶段的流出量和铝废料消费量来核算废物管理与回收过程的流量。

本模型共包括约5万个生产、消费和参数数据，以及超过2000万个贸易数据，时间跨度为1900~2010年。在已有数据的基础上，利用插值法补充了无法获取的数据。本章基于以往文献，开展了敏感性和不确定性分析，用于估计参数变化产生的后续影响。例如，利用进出口数据以及两者的平均值评估铝在用存量对贸易数据的敏感性，以及基于蒙特卡罗法和高斯展开法分别估算商品铝含量和参数变量的不确定性等。

7.2 铝的在用存量和铝土矿储量

截至2010年，全球铝的在用存量（0.6Gt）已达到探明储量的10%左右。与地下原生资源相比，在用存量中所积累的再生资源分布更广，品位更高。由于红土型铝土矿高度依赖地质和气候条件，故南半球的铝土矿最多，且50%以上集中在几内亚（0.16Gt）、澳大利亚（0.12Gt）和巴西（0.07Gt）等国。相反，铝在用存量则与地区的经济水平高度相关，由于经济发展不平衡，铝在全球产品和基础设施中的使用量也不尽相同（Rauch，2009）。由于北美、西欧和东亚等地区较为发达，铝的在用存量主要分布于北半球。

2010年，全球平均人均铝在用存量约为90kg/人，但国家间存在巨大差异（表7.2）。在发展中国家和新兴经济体中，人均铝在用存量基本都在100kg/人以下。在发达国家中，人均铝在用存量浮动较大，其中，葡萄牙、西班牙、瑞典、希腊、沙特阿拉伯、墨西哥和韩国为100~200kg/人；澳大利亚、卡塔尔、比利时、日本、捷克共和国、新西兰、意大利、爱尔兰、法国、匈牙利、丹麦、英国和芬兰为200~400kg/人；美国、加拿大、荷兰、瑞士、德国和奥地利为400~600kg/人。在多数小型富国（如新加坡和阿拉伯联合酋长国）或原生铝生产国（如巴林、冰岛和挪威），人均铝在用存量高于600kg/人，此现象可能是由未锻轧铝的贸易数据不准确或未考虑政府及企业的库存所导致的。

表7.2 各国或地区人均铝在用存量　　　　　　（单位：kg/人）

国家（地区）	2000年	2005年	2010年	国家（地区）	2000年	2005年	2010年
阿富汗	1	1	2	马来西亚	51	76	164
阿尔巴尼亚	8	28	54	马尔代夫	13	31	60
阿尔及利亚	19	22	31	马里	2	3	4
安道尔	0	0	0	马耳他	171	239	346
安哥拉	2	5	9	马提尼克岛	0	0	0
安提瓜和巴布达	0	0	0	毛里塔尼亚	3	5	7

续表

国家（地区）	2000年	2005年	2010年	国家（地区）	2000年	2005年	2010年
阿塞拜疆	76	61	69	毛里求斯	23	35	58
阿根廷	52	55	66	墨西哥	57	94	132
澳大利亚	256	312	388	蒙古国	2	8	16
奥地利	243	331	409	黑山	65	82	94
巴林	1676	1810	1454	摩洛哥	11	14	22
孟加拉国	2	3	4	莫桑比克	2	18	44
亚美尼亚	76	61	69	阿曼	90	113	355
巴巴多斯	93	115	58	纳米比亚	0	0	0
比利时	345	373	373	尼泊尔	0	0	0
不丹	0	0	0	荷兰	346	425	500
玻利维亚	12	13	18	阿鲁巴	0	0	0
博茨瓦纳	0	0	0	新喀里多尼亚	0	0	0
巴西	32	34	40	瓦努阿图	35	28	21
伯利兹	47	81	101	新西兰	171	233	285
保加利亚	9	30	58	尼加拉瓜	8	11	15
布隆迪	1	1	1	尼日尔	1	1	2
白俄罗斯	76	61	69	尼日利亚	4	5	12
柬埔寨	1	5	10	挪威	398	498	611
喀麦隆	38	32	29	巴基斯坦	2	3	4
加拿大	271	345	504	巴拿马	225	264	279
佛得角	0	0	0	巴布亚新几内亚	7	9	11
斯里兰卡	5	7	10	巴拉圭	20	22	28
乍得	0	0	1	秘鲁	9	11	16
智利	35	46	60	菲律宾	11	12	14
中国	19	36	64	波兰	27	30	40
哥伦比亚	16	17	20	葡萄牙	112	167	200
科摩罗	0	0	0	几内亚比绍	1	2	2
马约特岛	0	0	0	卡塔尔	184	265	384
刚果共和国	6	7	11	罗马尼亚	56	55	63
哥斯达黎加	27	34	40	俄罗斯	76	61	69
克罗地亚	65	82	94	卢旺达	1	1	1
古巴	6	11	15	圣马力诺	0	0	0
塞浦路斯	210	273	354	圣多美和普林西比	0	0	0
贝宁	3	6	10	沙特阿拉伯	111	113	133
丹麦	174	220	230	塞内加尔	6	7	9
厄瓜多尔	15	19	27	塞尔维亚	65	82	94

续表

国家（地区）	2000年	2005年	2010年	国家（地区）	2000年	2005年	2010年
萨尔瓦多	9	17	25	塞舌尔	91	132	161
埃塞俄比亚	1	1	2	塞拉利昂	1	1	1
厄立特里亚	0	0	0	印度	5	6	8
爱沙尼亚	76	61	69	新加坡	653	696	677
斐济	14	31	41	斯洛伐克	46	135	315
芬兰	115	155	207	斯洛文尼亚	65	82	94
法国	177	204	241	索马里	0	0	0
法属圭亚那	0	0	0	南非	49	52	56
法属波利尼西亚	112	176	223	津巴布韦	3	3	6
吉布提	8	9	21	西班牙	114	151	168
加蓬	32	43	58	西撒哈拉	0	0	0
格鲁吉亚	76	61	69	苏丹	2	4	6
德国	234	319	425	苏里南	532	415	341
加纳	48	41	35	斯威士兰	49	52	56
直布罗陀	0	0	0	瑞典	174	166	167
基里巴斯	4	4	5	瑞士	337	392	463
希腊	111	141	163	叙利亚	13	17	23
格陵兰岛	152	164	186	塔吉克斯坦	76	61	69
格林纳达	53	90	119	泰国	31	36	44
危地马拉	15	21	26	多哥	4	6	8
几内亚	3	4	5	汤加	35	39	44
圭亚那	15	24	35	特立尼达和多巴哥	70	89	110
海地	1	1	1	阿拉伯联合酋长国	508	651	641
洪都拉斯	14	15	17	突尼斯	18	18	15
匈牙利	67	135	239	土耳其	24	26	29
冰岛	542	529	1413	土库曼斯坦	76	61	69
印度尼西亚	5	9	17	乌干达	1	1	3
伊朗	23	31	38	乌克兰	76	61	69
伊拉克	8	7	10	埃及	23	24	27
爱尔兰	155	205	247	英国	151	192	228
以色列	65	91	115	布基纳法索	2	3	3
意大利	181	214	264	乌拉圭	31	36	42
牙买加	27	38	53	乌兹别克斯坦	76	61	69
日本	287	311	318	委内瑞拉	74	69	82
哈萨克斯坦	76	61	69	也门	4	6	9
约旦	34	43	65	赞比亚	2	3	6

续表

国家（地区）	2000 年	2005 年	2010 年	国家（地区）	2000 年	2005 年	2010 年
肯尼亚	2	3	5	缅甸	1	1	3
科威特	191	170	202	中非	2	2	2
吉尔吉斯斯坦	76	61	69	刚果民主共和国	1	0	1
黎巴嫩	38	52	73	捷克	46	135	315
莱索托	0	0	0	多米尼加	6	12	20
拉脱维亚	76	61	69	冈比亚	4	6	10
利比里亚	89	84	66	韩国	55	77	115
利比亚	62	48	53	越南	3	8	15
立陶宛	76	61	69	坦桑尼亚	2	3	5
卢森堡	345	373	373	美国	437	496	530
马达加斯加岛	2	2	3	萨摩亚	5	8	0
马拉维	1	1	2				

总体来说，本章所得到的铝存量结算结果与以往的研究基本一致，只有极少数的偏差超过30%（表7.3）。和以往研究相比，本章中美国、日本和韩国的估计值略高，而中国的则略低。不考虑寿命和行业分类等因素，产生此现象的可能原因是以往研究低估了工业化国家中半成品和最终产品的净进口量以及新兴经济体中半成品和最终产品的净出口量，而本章明确了铝的间接贸易。对比 2000 年的

表 7.3 已有研究中铝在用存量的结果对比

国家（地区）	年份	存量（Mt/Tg）	人均存量（kg）	方法	参考文献
美国	2009	151（7%）	490（8%）	自上而下	Chen，2018
	2007	91.1~97.6（73%）	—	自上而下	McMillan et al.，2010
	2006	146（5%）	490（5%）	自上而下	Liu et al.，2011
	2003	120（13%）	410（13%）	自上而下	Hatayama et al.，2009
	2002	142（7%）	—	自上而下	Sullivan，2005
	2000	—	360~400（21%）	自下而上	Recalde et al.，2008
中国	2009	88.9（12%）	—	自上而下	Yue et al.，2012
	2009	78.4（1%）	57.7（1%）	自上而下	Chen and Shi，2012
	2005	48.8（4%）	37.3（4%）	自下而上	Wang and Graedel，2010
	2003	32（12%）	25（12%）	自上而下	Hatayama et al.，2009
日本	2003	32（17%）	250（17%）	自上而下	Hatayama et al.，2009
	2000	34.8（4%）	—	自上而下	Murakami，2006
韩国	2007	0.29（43%）	—	自上而下	Jang et al.，2009
欧洲	2004	120~140（29%）	—	自上而下	EAA，2006
	2003	72（30%）	16（12%）	自上而下	Hatayama et al.，2009

注：括号中的百分比表示以往研究结果与本章同年结果的最大差异

铝存量分析结果发现，本章中大多数国家的估计值低于 Rauch（2009）的回归结果；相似的现象在有关铜的研究中也被发现（Takahashi et al., 2010），这表明基于夜间灯光和 GDP 的回归计算模型可能高估了在用存量。

2010 年铝存量排名较高的前 15 个国家的总存量超过了全球的 80%，这些国家的铝存量及其结构分布如图 7.2 所示。其中，工业化国家和发展中国家分别用黑色和蓝色字体表示，黑色曲线表示存量总量（Mt），从左至右的国家人均存量逐渐降低。全球铝存量分别有 40%和 27%分布在建筑和交通工具部门，图 7.2 中的所有国家也基本呈现类似的特征。一方面，工业化国家拥有较完善的基础设施，更多铝存量分布在交通（美国、加拿大、德国和法国）和建筑部门（荷兰、日本和意大利）。另一方面，在发展中国家和新兴经济体中，铝在成本和质量上比铜更有优势，因此输配电设施的用铝量逐渐增加，导致电力工程领域的铝存量比例较高（印度约为 50%）。不同领域废弃产品的回收难度不一。例如，报废车辆比废弃电缆更易回收，因此上述铝存量的分布模式将直接影响铝废料的质量和可用性。

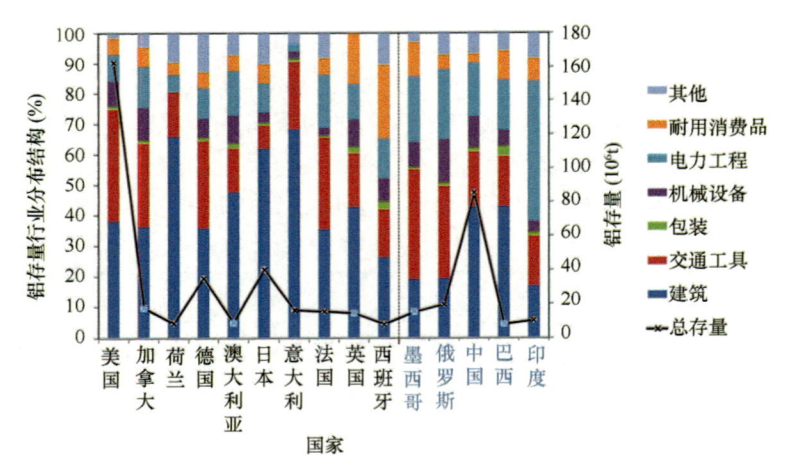

图 7.2　主要国家的铝存量行业分布情况

横轴中各国按 2010 年的人均存量由高到低排列，黑色为发达国家，蓝色为发展中国家；黑色实线表示总存量

7.3　铝存量的历史演变特征

图 7.3 展示了 1950~2010 年经济合作与发展组织（OECD）国家、金砖国家（巴西、俄罗斯、印度、中国）和"新钻十一国"人均铝存量的历史演化过程。从图中可见，一个多世纪以来，全球所有国家的铝在用存量基本都呈现增长的趋势。工业化国家的铝存量历史演变模式有相似的发展路径：20 世纪初，铝存量微不足道，而后几十年缓慢增长直至人均铝存量达 50kg/人左右，增长速度明显加快，呈

现出年均 5~10kg/人的近似线性增长趋势。在 2008 年以后，个别工业化国家（美国、日本和西班牙等）的增速放缓，可能是由于近年来贸易数据不准确、经济危机、存量增长趋缓等，目前尚无法确定真正原因。中国和巴西刚刚达到 50kg/人 的在用存量水平，且仍在快速增长阶段，而俄罗斯的铝存量经历了 20 世纪 90 年代的下降后，开始逐渐复苏和上升。印度和"新钻十一国"（除墨西哥和韩国外）的铝存量低于 40kg/人，且增长缓慢。

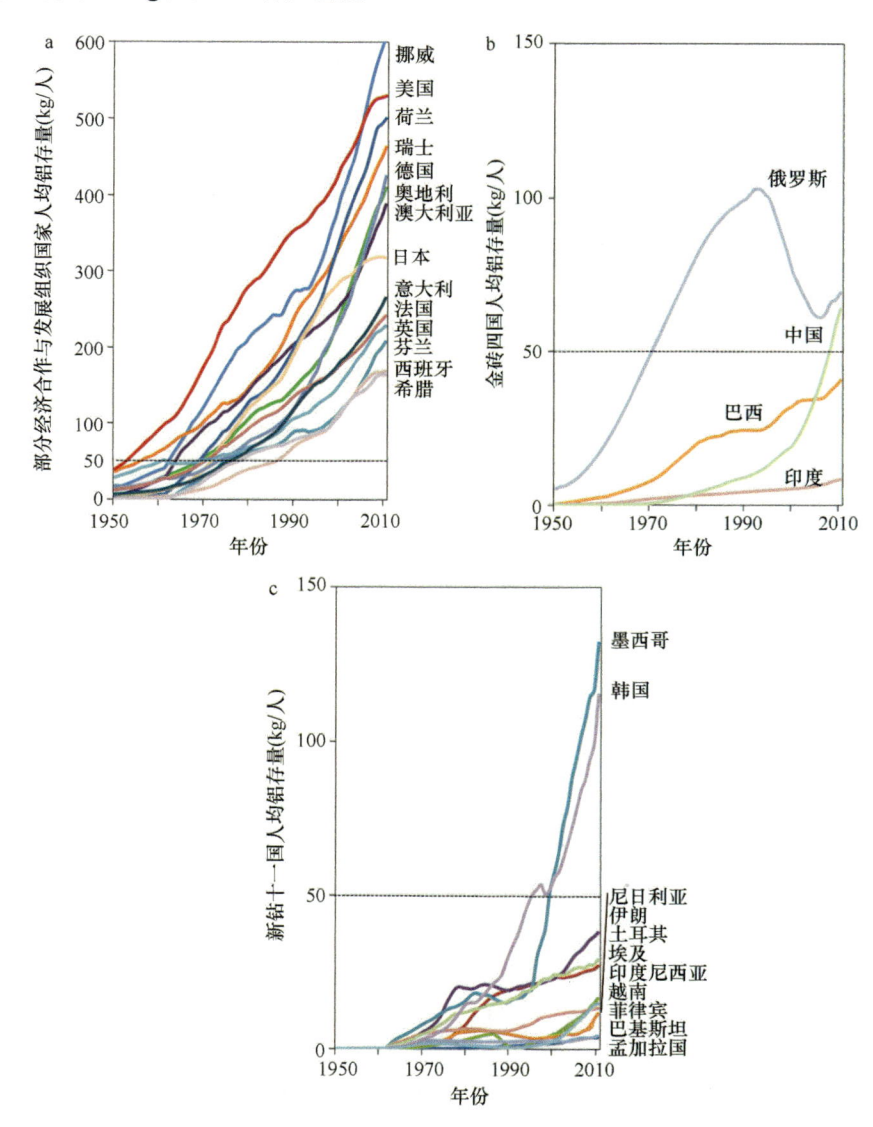

图 7.3 OECD 国家、金砖国家及"新钻十一国"人均铝存量的历史变化趋势

截至 2008 年，部分国家的人均铝存量和人均 GDP 之间的关系如图 7.4 所示；其中，GDP 数据基于 1990 年国际美元（Geary-Khamis dollar）的购买力平价进行换算。对于已实现工业化的国家，钢铁存量早在人均 GDP 达到 1000~4800 美元时就进入了快速增长时期（Müller *et al.*, 2011），而铝在用存量则在人均 GDP 达到 8000~10 000 美元时才开始快速增长；当 GDP 达到人均 20 000~35 000 美元时，铝存量则上升至 100~600kg/人。有趣的是，工业化国家的人均经济水平相同时，对铝存量水平的需求却不同。例如，同等人均经济水平下，英国和法国的铝存量少于美国和荷兰（Newman, 1996）。这种差异反映了后工业化国家不同的用铝方式，国家和城市社会文化与空间格局的差异（如在人口密集城市中，人均汽车量可能较低）以及不同产品铝含量的差异。

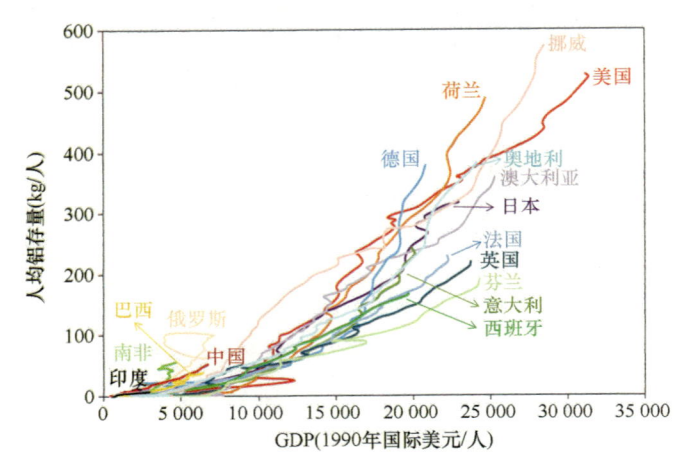

图 7.4　人均铝存量与基于购买力平价测算的人均国内生产总值的关系

图 7.5 是 1900~2010 年不同形式的铝存量的发展路径。其中，铝土矿中的铝存量只包括已探明的铝土矿储量，铝土矿渣包括铝土矿开采残渣和赤泥，炉渣包括电解渣、盐渣和耗散的铝。目前，铝土矿依然是铝生产的主要原材料，全球铝土矿已探明储量在 20 世纪 50 年代增长了 10 倍，并于 80 年代趋于稳定。第二次世界大战后，大量铝从岩石圈转移到了人类社会，广泛应用在交通和建筑领域。1900 年，铝元素的人为存量微不足道，但随着铝产品的发展，到 2010 年在铝存量总量中的比例已增至 15%。2010 年，在用产品、填埋和报废产品分别占铝元素人为存量的 55%和 20%，未来铝废料有巨大的回收潜力。与此同时，尾矿和赤泥也不断增加，造成了铝金属的大量损失（分别占铝元素人为存量的 20%和 5%），同时也引发了环境问题、增加了生态风险（CSIRO Minerals, 2009）。

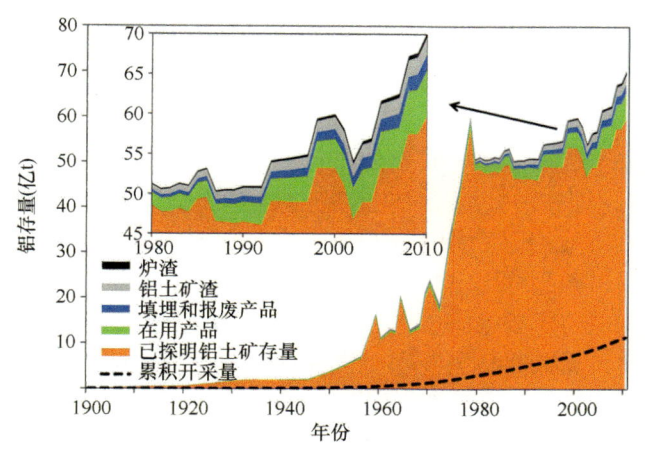

图 7.5　1900～2010 年全球铝存量的变化趋势和结构

7.4　存量估计的不确定性

存量模拟结果的敏感性主要来自所假设的产品寿命和估算的贸易数量的不确定性，其次是用于制造环节的国内出货量以及废料产生率的不确定性。图 7.6 是美国人均铝存量对不同系统参数的敏感性和间接贸易净进口量对产品铝含量的敏感性分析结果，其中，未锻轧铝和铝废料变化的影响曲线与参考情景重合，灰色线条组成的高、低两边界表示历史存量的综合不确定性。对单一产品而言，铝含量数据可能产生较高的不确定性；但蒙特卡罗模拟结果显示，2006 年美国铝间接贸易净进口的最大值、最小值与平均值的偏差低于 20%，综合不确定性较低。整体而言，不同参数导致的不确定性维持在 20% 之内，历史铝存量估计结果相对稳健。

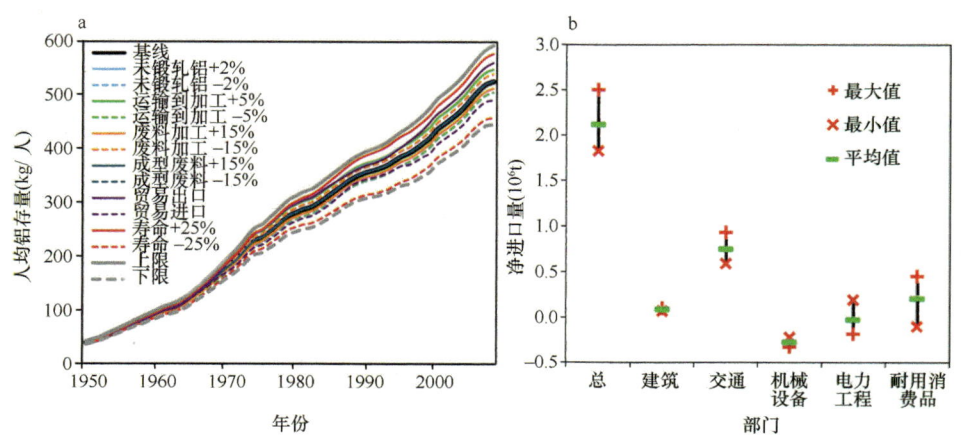

图 7.6　美国历史人均铝存量对不同系统参数的敏感性（a），2006 年美国铝净进口间接贸易对产品铝强度估计值的敏感性分析（b，1000 次蒙特卡罗分析结果）

7.5 本章启示

本章在国家尺度上呈现了长达一个世纪的全球铝在用存量的时间序列数据。结果显示，工业化国家中人均铝在用存量达到 50kg/人之后，基本都出现了强劲的近似线性增长的趋势。虽然 2008 年以来有少数国家的存量增长趋于平缓，但尚无明显的饱和迹象。由此可提出假说：铝存量在农业社会微乎其微，在工业化过程中逐渐渗透到人们的生活中，后工业化时期开始迅速并持续增长。不同金属材料的社会分工不同，如钢铁是工业社会物质材料中最基本的金属，所以在多个工业化国家中，人均钢铁在用存量在 20 世纪 80 年代就已达到饱和（Müller et al., 2006，2011）；而铝的使用历史较短，可灵活应用于建筑和汽车轻量化等领域，因此铝存量尚未达到饱和。铝存量无限维持增长是不现实的，从长期来看，随着铝产品所提供的服务趋于饱和（如汽车的拥有量趋于饱和），或者某些用途的铝用量减少（如用复合材料替代飞机用铝材料），铝存量增长将出现放缓、平稳甚至下降的趋势。

在工业化国家中，钢铁存量的差异很小（Müller et al., 2011），但铝存量的差异却很大，工业化国家的铝存量比世界平均水平高 1～6 倍。在现有产品分类下，无法对上述现象做出更准确的解释。但可以推测，不同国家的生活方式和城市空间格局在一定程度上引起了铝存量的差异，同时也表明由于不同社会的历史、文化、经济和自然条件不同，各国铝在用存量的增长模式也有所差异。相反，钢铁存量增长主要发生在工业化期间，应用范围和灵活度相对有限。因此，若利用铝在用存量的历史模式对未来进行预测，其稳健性可能不及钢铁，需要更深入地了解铝存量增长的潜在驱动因素，以提高铝存量和流量预测的稳健性。此外，未来可以实现利用更低的存量提供相同甚至更高水平的服务，从而丰富"物质效率"战略的内涵，并帮助减缓气候变化（Allwood et al., 2011）。

过去一个多世纪以来（截至 2010 年），超过 10%的铝存量从铝土矿储量转移到了在用产品中。发展中国家（如中国和印度）的工业化和城市化尚未完成，因此，这种转移仍会持续几十年。假设世界各国全部达到工业化国家的铝在用存量的平均水平（400kg/人），则需要将已探明铝土矿储量的 1/3 从地下的矿产资源中挖掘出来并转移到人类社会中。虽然铝土矿储量丰富，可满足未来几十年内的需求，但在用存量的增长仍会引发一些问题。

1) 铝产品产量持续增长，但清洁能源供应有限，铝土矿生产铝所需的能耗和能源成本提高，相应的温室气体排放也会随之增加。

2) 随着矿产的不断开采，铝土矿品位降低，而冶炼低品位铝土矿需要更多的能耗。例如，中国早期铝工业大量使用低品位铝土矿进行冶炼，但其能耗强度却比拜耳法平均水平高 2～3 倍（Liu et al., 2006）。

3）区域铝需求不断增长，导致初级产能逐渐转移到以煤炭等高排放发电方式为主的国家（如中国等）中，进而引起全球铝工业的排放总量增加。

4）区域资源枯竭与不断变化的贸易模式和依赖关系（如地缘政治、经济或社会约束等）均可能导致原材料运输需求增加或面临供应链中断的风险。

铝元素的人为存量（如在用含铝产品和废弃含铝产品）是世界上"品位最高的铝矿"之一（Das，2012；Müller *et al.*，2006）。铝在用存量的不断增长不仅代表着铝需求的不断增加，也意味着未来有更多的回收及节能减排潜力。假设铝冶炼的能源强度为 15 200kW·h/t，其他上游工艺能耗为 8600kW·h/t（Liu *et al.*，2013），则目前全球铝在用存量（6 亿 t）可折算为 $1.4×10^{13}$ kW·h 的能源当量，相当于目前全球年用电量的 3/4。和原生铝相比，回收利用消费后的废料可减少 90% 以上的能耗。在未来几十年内，随着含铝产品逐渐达到使用年限，报废产品将不断增加，铝废料的回收利用将成为铝工业温室气体减排的关键策略之一。

第 8 章 铝的生命周期评价研究综述

20 世纪 60 年代，生命周期评价（life cycle assessment，LCA）作为一种全面的环境系统分析方法越来越受到产业、政府和公众的关注。尽管在方法论体系上取得了巨大进展，但其在诸如系统边界、分配方法和影响特征化等方面一直存在着不一致性，这使得使用者难以轻松地比较生命周期评价的结果，也难以拓展结果的含义。例如，对同一项产品或服务的生命周期评价研究可能会得出完全不同的结果，大大降低生命周期评价对于决策的可靠性（Williams et al.，2009）。为了更好地服务于产业和政府的政策制定，需要对特定产品系统中生命周期评价方法的应用情况和效果进行评判，系统总结已有的生命周期评价研究，不仅对后续研究同一产品体系具有重要启示，还能减少生命周期评价原有的不确定性和不一致性，进而增加该方法的可接受度和可用性。目前，已有少数关于生命周期评价研究的综述，但主要是针对生物燃料（Farrell et al.，2006；Larson，2006；van der Voet et al.，2010）、废纸（Villanueva and Wenzel，2007）、饮料包装（Falkenstein et al.，2010）、道路（Santero et al.，2011）和供电技术（Heath and Mann，2012），而针对金属行业的则比较少（Yellishetty et al.，2009），更没有关于铝的生命周期评价综述。

本章批判地分析了关于铝行业生命周期评价的文献，并系统地识别了该方法在量化环境效益和探索可持续性目标实现路径上的优劣性。在研究内容上，首先回顾了所有含铝产品体系"从摇篮到坟墓"的生命周期过程；然后在选取大量具有代表性文献的基础上，概括与铝产品体系生命周期评价有关的实践领域；最后讨论了生命周期评价在揭示铝行业可持续性方面的多样性、不确定性和局限性，并得出总结性评论。

8.1 铝的生命周期评价方法介绍

生命周期评价是一种客观评价产品、过程或活动的环境负荷的方法。该方法通过识别与量化所有物质和能量的使用以及相应的环境排放，评价产品、过程或活动造成的环境影响，评估改善环境绩效的机会。LCA 包含 4 个步骤：①目标与范围的确定，即表明 LCA 的目的、原因以及研究结果可能应用的领域，确定研究范围主要包括界定研究对象及功能单位、确定系统边界、说明数据要求、指出重要性假设和限制等；其中，功能单位是指生命周期评价中作为参照单元的产品单位,如一个原生铝电解系统的功能单位可以界定为 1t 电解铝;②清单分析,其核心是建立以产品的功能单位表达的资源、能源投入和副产品、污染物产出清单;③影响评价,是对清单中资源、能源消耗与污染物产出的环境影响进行定性和定量的表征;④结果解释,是对清单分析和影响评价的结果进行综合系统的分析和评价,解释局限性,形成结论与建议。

理论上,一个完整的"从摇篮到坟墓"的生命周期评价将检验含铝产品生命周期的全部 3 个阶段(图 8.1):从摇篮到入口(采矿和生产阶段),从入口到出口(半成品加工和制造阶段),从出口到坟墓(使用、废物管理和回收利用阶段)。这些过程既包括了含铝产品生产过程,如开采、电解、铸锭、压铸等过程,也包含了没有铝金属参与但对整个生产系统非常重要的过程,如阳极制造。此外,在研究铝生命周期能源消耗和温室气体排放时,除了铝生命周期各环节的能耗和温室气体排放外,所需能源的生产过程也会消耗能源、排放温室气体。铝生命周期各环节直接消耗的能源和排放的温室气体通常称为直接消耗和直接排放,而能源生产过程所消耗的能源和排放的温室气体则称为间接消耗和间接排放。

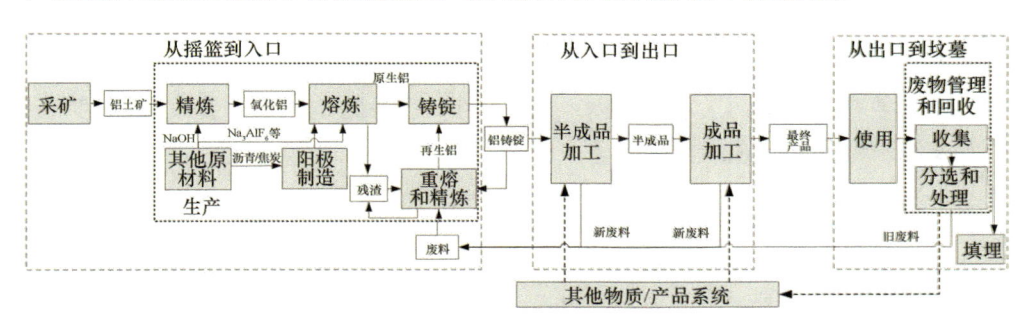

图 8.1 铝的生产环节"从摇篮到坟墓"系统定义

本章尽可能全面地分析与铝产品体系相关的生命周期评价研究,包括全部同行评审的出版物和各种"灰色文献"(主要是政府、行业团体和非政府组织发布的报告)。本章所涉及的文献将形成一个文献数据库(以下简称"铝的生命周期评价数据库"),不只包括铝的生产制造,还包括在不同产品中的使用和报废含铝产品的回收。受时间、数据和知识所限,很少有文献能够对全部生命周期阶段进行完整的研究,甚至有些研究仅包括生命周期清单,部分或完全地省略了生命周期影响评价。涉及文献只要遵循了生命周期评价的指导方针和原则(ILCD,2010),并且涵盖了至少一个生命周期中的阶段,就会被纳入数据库中。本章从 4 个重要方面对所选文献进行交叉评价:①功能单位和系统边界的可比性;②数据的质量和不确定性;③分配方法;④环境指标。本章既囊括了生命周期评价最基本的方法学特征,又为比较、评价和汇总这些文献提供了必要的背景基础。

8.2 铝的生命周期评价研究现状评述

8.2.1 研究范围有限且系统边界各异

大多数研究并没有完整地进行从摇篮到坟墓的生命周期评价，往往局限于其中特定的阶段，且多数关注原生铝锭的生产，即从摇篮到入口阶段的生产过程（Tan and Khoo，2005），只有一小部分研究详细介绍了铝土矿开采（Norgate and Haque，2010）、铸造（Koltun et al.，2009）和废料回收利用阶段（Damgaard et al.，2009；Olivieri et al.，2006）。"从摇篮到坟墓"的生命周期评价，其关注的焦点在于不同的制造阶段，尤其是轧制产品和铸造产品的生产过程（Ootani et al.，2002；Roberts，2003）。对于使用阶段，评估汽车轻量化用铝及其节能减排作用的研究明显占据着主导地位。

相关研究覆盖的地理区域也有限。大部分铝的生命周期评价研究集中在少数几个国家和地区，如欧洲、美国和澳大利亚（2010年，以上区域的原生铝总产量仅占全球的20%左右）（Marco et al.，2009），很少有研究以发展中国家为背景，这可能主要是由于不同国家的数据可用性和生命周期观念的普及程度存在差异，正如生物质燃料的相关研究也呈现出同样的特点(Larson，2006；van der Voet et al.，2010）。

铝的生命周期评价的系统边界除了受到不同功能单位和生命周期范围的影响，还受到有关电力来源结构的假设和生命周期清单编制方法的影响。电力组合假设分为单一发电厂供应、合同制组合、国家和地区电网组合（如北欧或欧洲）。对于生命周期清单编制，大多数研究采用基于过程的LCA方法（PLCA），少数研究采用基于投入产出的LCA方法（IOLCA）（Marco et al.，2009）或两者结合的混合方法（hybrid LCA）。在2000年，有研究建立了一个多区域投入产出模型对全球原生铝产业开展了基于环境投入产出方法的生命周期评价研究（Steen-Olsen，2009）。

8.2.2 已形成行业级的通用清单数据

铝行业很早就开始研究铝的物质流并编制生命周期清单数据（Bertram et al.，2009a；Schrynmakers，2009）。从1992年起，欧洲铝业协会（European Aluminum Association，EAA）就开始收集欧洲铝工业的生命周期指标数据，并于4年后发布了第一份报告（EAA，1996）。随后，国际铝业协会（International Aluminium Institute，IAI）、欧洲铝业协会和美国铝业协会（The Aluminum Association，AA）以及其他国家和地区的铝业组织也积极参与其中，定期更新和发布生命周期清单数据和环境可持续性报告。例如，国际铝业协会发起了一项名为"铝，为了人类的未来"的项目，定期更新和发布生命周期清单数据和环境可持续性报告（AA，2010b；EAA，2008；Green，2007；IAI，2007）。这些数据集为生命周期评价从业者提供了相对可靠且透明的原始数据（Klöpffer，2009）。一般来说，个人很难独立完整获取铝的生命周期评价原始数据，大多数研究者都是引用行业清单数据，也有部分研究者从相关文献中获取数据。

8.2.3 回收利用环节的环境负荷分配问题

从废料中回收利用生产的再生铝比原生铝节省约 95%的能耗，因此铝的生命周期清单数据对于使用原生铝还是再生铝的敏感性很高，由此产生了铝回收的分配问题和分配方案（表 8.1），这对于生命周期评价从业者来说十分关键且富有挑战。

表 8.1 铝循环的分配方法

分配方式		具体方法	描述
开环回收的分配（归因的角度）	基于物理属性	循环量法（recycling content）	ISO 14044 推荐在无法避免分配的情况下，主要以物理性质或经济价值作为分配程序的基础
	基于经济属性	价值修正替代法（value-corrected substitution）	
		按生态成本或价值分配（eco-costs/value ratio）	
		决策树（decision tree）	
扩展系统边界（重要性角度）		寿命期循环法（end-of-life recycling）	如果材料的固有性质没有改变，ISO 14044 规定开环循环系统可以被视为闭环系统，以避免分配
		市场法（market-based）	

理论上，铝的金属结构不受熔炼过程的影响，熔炼多次仍能够维持其固有的特性（EAA，2007）。依据 ISO 14044 标准规定（ISO，2006），如果所讨论材料的固有特性没有改变，可将开环系统看作闭环系统，这样就避免了分配问题。具有闭环特性的铝开环回收（如铝罐），通过扩展系统边界，其开环回收变为闭环回收，是行业认定的"最合适的方法"（AA，2010b；Atherton，2007；EAA，2007；ISO，2006；Ryberg et al.，1998）。基于再生铝对原生铝的替代程度（Atherton，2007；EAA，2007）或通过市场机制分析其边际变化的效果，既遵循了相应的生命周期评价的思维方式（Ekvall et al.，2005），又反映了回收决策所带来的间接影响（Ekvall，2000；Ekvall and Weidema，2004）。

然而，铝的闭环流动和保值通常是通过物质梯级利用实现的（Sirkin and Houten，1994）。尽管多次熔炼的铝在理论上可以保持相同的性质，但是由于受到成本、工厂和产品特定要求的影响，铝在回收过程中可能会发生品级的降低。例如，如今大多数未分类的旧废料通常仅能被再次精炼铸造成用于汽车生产的合金

(Kim et al., 2010)。根据 ISO 14044 标准的建议和制定的国际生命周期参考数据系统（International Reference Life Cycle Data System，ILCD）的指南（ILCD, 2010），可以先后对回收铝的物理性能（Ekvall and Finnveden, 2001；Klöpffer, 1996）和经济价值进行判断（EAA, 2007；Werner and Richter, 2000；Werner, 2005a），进而解决不同铝废料回收利用的分配问题。

8.2.4 多数仅关注能源和温室气体排放指标

大部分铝生命周期的研究主要采用了问题导向（中点法）和损害导向（终点法）的生命周期清单分析方法，但仍然缺乏系统的影响评估。许多研究只关注以能源消耗和温室气体排放为主的少数几个环境指标，这些指标常常是当前公众关注的焦点。从这个角度来看，这些研究方法仅仅是生命周期清单分析的一部分，而非全部。

与此同时，也有研究使用了如废弃物排放量（Werner, 2005a）、耗水量（Norgate and Lovel, 2004）、㶲值（或熵值）（Ayres et al., 2006；Norgate, 2009）等环境指标，而人体毒性、富营养化和臭氧消耗等这些指标却很少被采用。大多数研究均借助不同商业软件中自带的生命周期清单分析数据库，少数则选择自行开发或修订后的生命周期清单分析方法，如 DAIA（决策分析影响评估）（Seppälä et al., 2002）和 SUMMA（可持续性多标准多尺度评估）（Ulgiati et al., 2006）。

8.3 现有研究结果存在较大差异的原因

由以上分析可知，不同研究得到的结果千差万别（表 8.2），背后的原因不仅和现实差异有关（如时间和地理特征），也和数据不确定性或方法选择有关（如系统边界的定义、技术假设、参考的清单和分配方法）。

表 8.2 已有铝生命周期清单分析研究中不同环节的温室气体排放强度

单位产出排放强度	最小值 数值（kg CO₂eq/kg）	最小值 文献	最大值 数值（kg CO₂eq/kg）	最大值 文献	一般范围（kg CO₂eq/kg）
原生铝	5.92	Schmidt and Thrane, 2009	41.10	Steen-Olsen, 2009	9.7～18.3
再生铝	0.32	EAA, 2008	0.74	Hong et al., 2012	0.3～0.6
轧制环节	0.20	Green, 2007	1.35	EAA, 2008	0.6～0.9
挤压环节	0.28	Green, 2007	0.74	IAI, 2000	0.3～0.7
铸造环节	0.48	Green, 2007	0.63	IAI, 2000	0.5～0.6

8.3.1 系统边界的差异

如图 8.2 所示，不同研究中原生铝锭生产的温室气体排放强度存在巨大差异。例如，中国和澳大利亚都是以煤炭发电为主，与其他国家或地区相比，一般有相对较高的排放强度。由于技术进步或效率提高，在针对同一区域的研究中，近期研究成果中所获得的排放强度低于早期的数据。不同研究中具有不同的系统边界，这对排放强度也有重要影响。

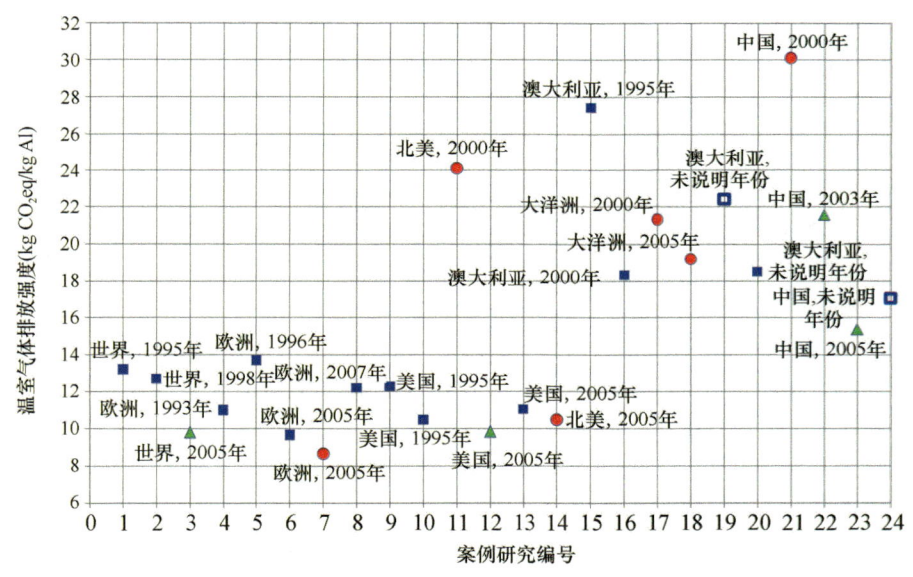

图 8.2 温室气体排放强度及原生铝锭生产的系统边界

实心方块为基于过程法及考虑范围 1～3 的结果，空心方块代表未包含铝锭环节，三角代表基于过程法及仅考虑范围 1 和范围 2，圆圈代表混合法或基于消费法及考虑范围 1～3。范围 1 指现场直接排放，范围 2 指发电厂排放，范围 3 指运输相关排放和其他辅助排放

同一个系统中的物理过程的完整性可能不同。具体来说，图 8.2 有两个研究中没有包含铝锭的铸造过程，但是这个过程的排放却占据了原生铝生产过程总排放的 1%～3%。同样的差异也存在于再生铝的生产（如是否包括废料的收集和合金的生产阶段）和加工过程（如是否考虑半成品生产阶段的重熔）中。为了使结果更加准确，必须拓展原有生命周期清单分析的过程，既要考虑上游的生产阶段（所谓的"截断误差"）(Lenzen, 2000)，又要追踪国际贸易所隐含的排放（"基于消费"的方法）(McMillan and Keoleian, 2009)。通过把投入产出分析法应用到生命周期评价中可以解决系统边界不同的问题，可以形成多区域投入产出的生命周期评价 (Suh and Huppes, 2005)。如图 8.2 所示，针对澳大利亚和中国的研究显

示，采用基于消费法得出的结果明显高于基于过程法所得到的结果；通过采用混合方法研究挪威一家熔炼厂，结果显示每吨原生铝约排放 8.46t CO_2eq 和 50.4kg SO_2eq，比基于过程法高 5%~10%（Steen-Olsen，2009）。

在铝的生命周期评价中，电力系统（如电力混合、排放因子、传输损耗）是一个长期存在争议的问题，尚未有方法能完全真实地反映铝行业中的电力消费，已有的方法各有利弊（Koch and Harnisch，2002）。在电力来源方面，大多数研究仅使用了本国电网的数据，仅少数研究考虑了电力跨国输送的情况（EAA，2008）。由于传统的铝冶炼厂使用水电的比例较高，因此采用混合电网数据的研究结果通常是碳排放量较低。例如，若使用区域特定混合模型，1995 年世界原生铝的 CO_2 排放强度是 13.2t/t（Schwarz et al.，2001），比使用合同制混合模型高 10.7t/t；1997 年欧洲生产 1kg 铝耗电引起的 CO_2 排放，使用单一发电厂供应、合同制混合、本国电网混合和欧洲电网混合得到的结果分别为 5.7kg、6.1kg、6.8kg 和 7.8kg（Koch and Harnisch，2002）。

如果根据温室气体核算体系对铝的生命周期评价中的温室气体排放进行细分，范围 1（现场直接排放）和范围 2（发电厂排放）的排放必然占主导地位，运输相关排放和其他辅助排放（范围 3）也贡献了一定份额（图 8.2），但是否被包含在里面则取决于研究边界。范围 3 在全球约占 5%（IAI，2007），在美国约占 11%（AA，2010b），考虑的辅助排放越多（如货物和基础设施的环境负担），所占比例越高（IAI，2000）。

8.3.2 行业级通用清单数据不准确

生命周期评价的数据质量取决于完整性、可靠性、准确性、聚合性和一致性。铝的生命周期清单数据通常是根据行业数据编制的，但有时使用行业通用数据不够准确。

第一，某些环节的数据覆盖度仍很小。例如，2005 年欧洲铝业协会（EAA）开展的铝生命周期清单调查是迄今为止最完善的调查之一，其获取的压铸工艺清单数据仅覆盖了 33%的产能，并且缺少铸造工艺的清单数据（主要由部门的高度分散所致）（表 8.3）。此外，无论采用水平法还是垂直法（也称为过程平均法和粗平均法）（Williams et al.，2009），对调查结果取平均都可能带来高度的不确定性（AA，2010b），如研究中报道的美国轧辊和挤压机的能耗强度为 2.8~43.2MJ/kg。

第二，地理、时间和技术的变化可能会导致通用清单数据高度不确定。由于铝的生命周期清单数据只在少数几个国家或地区发布，如果其他地区不恰当地使用这些数据，所得研究结果的准确度可能会比较低。以中国铝土矿开采的生命周期评价为例，利用国内行业调查数据进行研究所获得的温室气体排放量（武娟妮等，2010)，比使用一个德国软件数据库所获得的结果高出 230%（Gao *et al.*, 2009)。由于多数数据不会频繁更新，难以反映各种技术的动态变化，然而恰恰是技术的变化引起了环境影响的变化（Schwarz，2008）（图 8.3）。

表 8.3　不同铝行业调查中生命周期清单数据的覆盖度

铝行业调查	欧洲铝业协会，2005 年	国际铝业协会，2005 年	国际铝业协会，2000 年	国际铝业协会，1998 年	北美，1995 年
数据类别	产量	产量	产量	产量	工厂数量
铝土矿开采	0	48%	11 个铝土矿	8 个铝土矿	80%
氧化铝冶炼	86%	59%	59%	82%	85%
阳极泥生产	90%	39 个工厂	71 个工厂	111 个工厂	93%
电解	92%	55%	60%	89%	100%
铸锭	92%	44%	57%	89%	96%
轧制	76%的铝板，51%的铝箔	0	0	使用澳大利亚的调查	71%
挤压	33%	0	0	使用欧洲和北美的调查	76%
铸造	0	0	0	使用北美的调查	50%
再生铸造铝合金（新废铝）	51%	0	0	52%	82%
再生变形铝合金（旧废铝）	23%	0	0	52%	82%

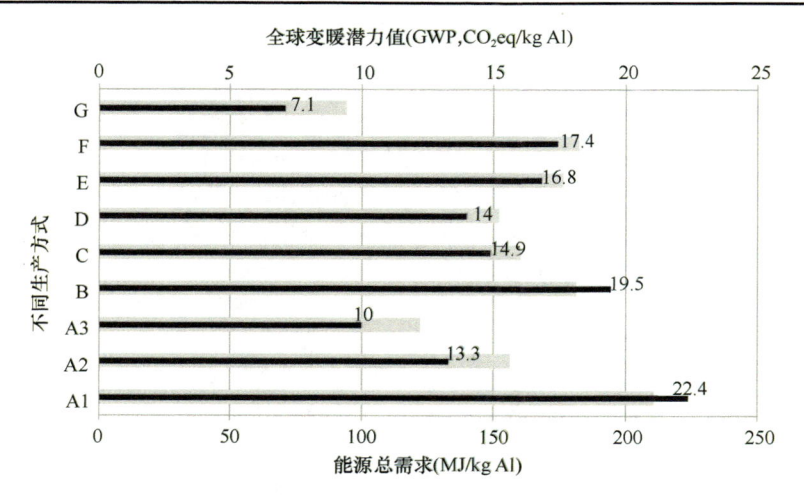

图 8.3　不同铝的生产方式总能耗（宽灰条）及全球变暖潜能（窄黑条）

A1："霍尔-埃鲁特"电解法，电力主要来自煤炭；A2："霍尔-埃鲁特"电解法，电力主要来自天然气；A3："霍尔-埃鲁特"电解法，主要使用水力发电；B："霍尔-埃鲁特"电解法，阴极泄流式；C："霍尔-埃鲁特"电解法，惰性阳极；D：惰性阳极+排干阴极+低温电解液；E：氧化铝碳热还原法（直接）；F：氧化铝碳热还原法（金属溶剂）；G：铝渣碳热还原法（金属溶剂）

第三，高度聚合的通用清单数据可能隐藏了一些重要信息。对铝压铸工艺的分解分析表明，通过废料的厂内循环利用，可以减排的温室气体相当于生产环节所产生数量的一半（Tharumarajah，2008）。增加废料的内部循环从而减少废料的产出对全球减排潜力的影响，与在全球范围通过提高能源效率实现的减排效果相当（Milford et al.，2011），但是如果我们只使用通用的聚合数据，可能会掩盖这一发现。此外，采矿系统通常被多数研究视为数据不足的黑箱（Awuah-Offei and Adekpedjou, 2011），40 多个研究中只有 2 个细分了铝土矿开采环节（Durucan et al.，2006；Norgate and Haque，2010）。

8.3.3 回收利用环节环境负荷分配方法的差异

回收利用阶段的分配一直是铝生命周期评价中经常引起争议的问题，尽管学术界提出了许多方法（表 8.1），但均未达成良好的共识，争论愈加激烈甚至趋向两极化。铝行业和许多从业者认为寿命期循环法比循环量法更适合，因为后者难以估计废料本身的环境效益，并且考虑到铝产品耐用性高、废料普遍缺乏（Atherton，2007；EAA，2007），追求再生材料的使用量可能会导致市场失真。相反，一些学者更倾向于循环量法，他们质疑寿命期循环法包含的工业活动会对环境产生积极影响的观点（Koltun et al.，2005），认为该方法将生产原生材料的排放转移到未来，低估了全球变暖效应的累积效应，从而加剧了不同时代的不公平性（McMillan，2011）。虽然市场和价格信息可以反映铝在回收过程中的品质降级，并将这一点纳入了分配原则中（Ekvall，2000；Werner，2005b），但也有人认为废料供应的价格弹性较低（Blomberg and Söderholm，2009），不妨碍使用废铝替代原生铝。McMillan（2011）通过美国案例的研究证明，市场法无法考虑铝产品的库存，价值修正替代法中的基本假设即固定的价格比率在现实中难以实现，因此，这两种方法都不适合用于铝的生命周期评价。同时，分别采用寿命期循环法和循环量法进行车用压铸件（Koltun et al.，2005）和美国饮料罐（AA，2010b）生命周期评价得到的结果也差异很大。

在理想情况下，分配方法可以准确评估废料的数量、质量和来源，并在不考虑未来用途的情况下分配其效益（如替代效应），然而现实中很难实现。首先，含铝产品中的铝往往以原生金属和再生金属的复杂混合物形式存在，尤其是在研究国际贸易时，很难确定铝产品的原生成分和再生成分、相关废料来源和流动。其次，铝的较长生命周期给未来回收分配带来了时间上的挑战，如果缺乏动态观念就无法持续追踪再生铝究竟何时可用、何地可用，又将被用于何种用途（Field et al.，2000）。上述分配方法各有利弊，都无法完美地解决这些问题。另外一种方法是采用贴现率，它要求现期生产材料的成本和收益与将来用于消费的成本和收益必须平衡（McMillan，2011）。在建立完善的解决方案之前，只能对不同的方法和案例研究进行整合并做定量分析（ILCD，2010）。

8.3.4 评估使用阶段的收益方法的差异

生命周期评价越来越多地用于研究由下游产业链导致的温室气体排放的"补偿"或"消减"效应。许多研究通过比较铝与其他材料（主要是钢）来讨论汽车轻量化的总体环境效益，但这些研究所选的减排方法和假设情景（如节约资源情景、回收率情景和汽车极限里程情景）差异很大，对结果的解释也各不相同，以"盈亏平衡里程"（轻型铝汽车节省燃油所减少的温室气体排放与生产阶段的温室气体排放相抵消时的点）为例（Field et al., 2000），不同研究的平衡里程波动极大，为50 000（Buxmann, 1994）～250 000km（Backhouse et al., 2004; EAA, 2008）。在铝行业内部，每用1kg铝代替低碳钢、铸铁或高强度钢（HSS）可节省13～20kg温室气体排放（Bertram et al., 2009b; IAI, 2007），然而钢铁行业的一项研究却认为替代材料生产的影响超过了燃油效率提升所带来的环境效益，因此总体来看，用铝替代高强度钢的车辆反而产生更多的温室气体排放（WorldAutoSteel, 2010）。因为铝工业模型（为150 000～500 000km）的假设通常高于钢铁工业模型（固定为200 000km）的假设，这可能是导致出现以上情况的关键因素。

除汽车外，定量评估铝应用于其他领域所产生的环境效益的研究较少。由于铝具有良好的物理和机械性能，铝在建筑物和建筑一体化设备中的应用持续增加并将继续保持增加趋势（Efthymiou et al., 2010），这将减少运输和安装的基础工作与能耗（Earle and Ratcliffe, 2008）。铝作为一种良好的包装材料，有助于降低运输过程中的能耗，并且能将食品的腐烂和浪费降至最低。尽管研究发现窗户和软包装的使用阶段的确会比生产和制造阶段产生更大的环境影响，但先前大多数研究的重点仅在于建筑和包装本身，很少有人尝试将这种环境效益整合到铝的生命周期评价中（Andresen et al., 2001; Büsser et al., 2008）。

材料的生产和使用既是造成气候变化的原因，又是解决气候变化的方法。生命周期评价法可以评估解决方案的减排潜力，但方法本身也存在争议。资源节约与环境影响消减的结果因参考文献和假设不同而异，当涉及复杂问题（如分配）时可能会增加研究的不确定性（Kim et al., 2010）。实际的排放是所有在用产品共同造成的结果，但大多数铝的生命周期评价缺乏动态的时间概念，同时仅以单个功能单位为中心从而忽略了产品组合动态变化的影响（Field et al., 2000）。据估计，与单个车辆相比，当年投入所有汽车中的铝的环境效益达到损益平衡点的时间可能延长了两倍（Das, 2000）。根本的问题在于，如何在使用阶段（主要受消费者行为等因素影响）将减排量合理地分配给产品内含的不同材料。

8.3.5 是否纳入更多的环境指标

由于能耗和温室气体排放是铝行业的主要关注点，因此当前铝行业普遍将这两个指标广泛用于解释和比较铝行业的环境概况。但是仅限于这两个环境指标，难以清楚了解环境状况的全貌，主要体现在以下两方面。

1) 其他类别的影响，如铝土矿开采中的土地利用、赤泥产生和通过空气、水和土壤所释放的与铝相关的毒性。在荷兰消耗的所有材料的环境影响中，铝在土地利用变化（LUC）、淡水生态毒性（FAETP）和最终固废产生（FSW）方面分别位列第 7 位、第 8 位和第 10 位（Van der Voet et al.，2004）。

2) 其他影响范围。很少有铝的生命周期评价会在其生命周期清单分析中考虑空间或时间因素，尽管对于全球范围来说，来自工厂的特定排放和废弃物可能是微不足道的，但这仍然会对当前环境中的人与自然造成影响，如赤泥对当地环境就具有较大影响。

如果缺乏完整的生命周期清单分析，会使学者对评价结果的理解和政策含义各持己见，不同的价值选择常常导致不同甚至相反的结论（EAA，2010）。例如，当生命周期评价用于比较铝制饮料罐或可重复使用的玻璃瓶盛装的德国啤酒的环境影响时，主观倾向和选择不同环境影响类别会对结论产生决定性影响（Detzel and Mönckert, 2009）。到目前为止，尚未开发出被广泛认可的、能将各种环境指标囊括进铝生命周期评价的生命周期清单分析方法，目前唯有比较和整合已有方法（Pizzol et al., 2011），才能不断开发出更为可靠的方法（ILCD, 2010）。

8.4 生命周期评价在解决铝行业的可持续发展问题中的优势和不足

实现铝行业的可持续发展目标，在未来几十年内既满足不断增长的社会需求又减少整体的环境影响，仍将是一个巨大的挑战。一方面，铝的生产和消费的持续增长将主要由发展中国家推动（Moors，2006）。而在全球化背景下，这些经历了全部生命周期的含铝产品在国际贸易中会产生更加重要的影响。另一方面，铝在不同领域的智能应用和创新应用可视作有利于解决气候变化的方案之一，当社会中铝在用存量的增长放缓时，预计会有更多废料可供回收利用，这有助于进一步减排（Liu et al., 2011）。作为一个重要的环境决策支撑工具，生命周期评价已经被广泛应用于铝行业（Rebitzer and Buxmann，2005）：①制定常规的战略规划、营销和标准；②确定与能耗和排放相关的关键流程和研发目标，进而优化供应链管理；③通过加入区域或全球范围内的联合行动，与公众和监管机构交换整体环境质量信息。

但是,如前所述,铝的生命周期评价仍有许多不足需要从业者去解决:一是缺乏具体时空特征的数据库以及缺乏对子流程(如采矿、内部重熔)的详细调查,这降低了铝生命周期评价结果的准确性;二是目前全球铝生产在不断向数据较匮乏、技术落后但发展迅速的地区转移;三是铝具有可回收、长寿命(在用存量累积)和使用阶段具有环境效益(如产品轻量化)等特性,这些特性给生命周期评价方法,尤其是回收利用阶段的分配带来了巨大挑战;四是生命周期评价方法所基于的功能单位的思维方式也限制了可持续发展的潜力,由于存在规模和动态性变化,将基于功能单位的研究结论转化为现实改进的方案变得非常困难(Van der Voet et al., 2010),例如,尽管在过去 20 年,全球铝工业每吨产品的全氟化碳排放量下降了 86%,但产品产量也同时翻了一番,很大程度上抵消了每吨产品的减排量(IAI,2010)。

8.5 本章启示

在选取大量代表性文献的基础上,本章对铝行业中生命周期评价应用的现状和效果进行了重要回顾,主要结论是:地域范围和生命周期范围有限;系统边界各不相同;通常使用行业层面的通用清单数据;铝回收利用阶段的各种分配方法存在争议;重点关注能源和温室气体排放这两个环境指标。研究表明,各种研究中数据的不确定性和方法的选择对研究结果具有重要影响。

本章的目的并非为以上所有问题提供解决方案,但这些已识别出的不确定性和问题能够为生命周期评价方法的改进提供重要基础。关于功能单位和清单数据等问题的争议,需要更透明的数据和系统定义、采用更完善的清单数据和生命周期清单分析方法、更谨慎地与评价结果的使用者交流,这样才能更好地指导决策。

生命周期评价方法中仍存在其他争议,如回收利用阶段的分配和使用阶段的效益评估,因此急需持续改进方法与整合已有研究[如 CALCAS(Co-ordination Action for innovation in Life-Cycle Analysis for Sustainability)(Zamagni et al., 2008)和 ILCD(2010)两项目的合作]。当然,生命周期评价并不是唯一能开展可持续性评估的工具,也无法完全解决所有的问题(Jeswani et al., 2010),我们应多结合其他工具,如物质流分析、投入产出分析和其他社会经济学科的研究工具,从而更加全面地了解铝的生产和消费体系。

第 9 章 铝贸易的多维效应分析

国际贸易可以在地理上重新分配商品和服务及其中隐含的劳动力、水、土地、物质及能源投入和环境污染物排放。对于特定商品，从 A 国到 B 国的贸易流可分为直接流（图 9.1 彩色贸易流）和间接流（图 9.1 灰色贸易流）。直接流包括实物流和货币流，两者的流向是相反的。间接流也称为虚拟流、隐藏流或隐含流，其方向与直接实物流的方向相同。

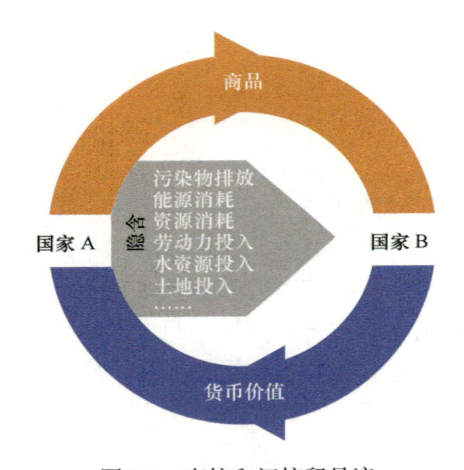

图 9.1 直接和间接贸易流

铝是消费量仅次于钢铁的大宗金属，对国家发展有重要作用。随着国际贸易的飞速发展，含铝产品的直接和间接贸易流导致越来越多的资源、能源和环境要素在国家间的重新分配。这也使得近些年来铝成为国际贸易冲突的焦点。研究铝贸易导致的经济价值、资源、能源以及环境负荷的转移十分必要。鉴于此，本章将基于第 6 章和第 8 章的分析，以铝为对象，开展多维度分析，综合分析铝直接贸易流（货币和实物贸易量）和间接贸易流（贸易中隐含的能源和温室气体排放量）的复合影响。

在全球铝贸易网络中，美国、中国和日本是较大的 3 个进口国，澳大利亚是最大的出口国（Liu and Müller, 2013a）。美国、中国和日本也是全球较大的经济体，其国内生产总值接近全球生产总值的近一半。这 4 个国家是全球铝工业中最具代表性和影响力的国家。因此，本章选择美国、日本、中国和澳大利亚作为研究对象。

9.1 研究方法

9.1.1 系统边界的确定

如前所述，基于联合国商品贸易统计数据库，含铝产品约有 130 种。除使用阶段外，其他生命周期阶段所产生的含铝产品均可以在国家间交易。根据制造程度，这些产品可分为 6 类：①铝土矿；②氧化铝；③报废产品和铝废料（EP&S）；④未锻轧铝；⑤半成品；⑥最终产品。其中，铝土矿、氧化铝和报废产品和铝废料是生产未锻轧铝的原材料。未锻轧铝有两种：一种是氧化铝电解生产的原生铝；另一种是由报废产品和铝废料生产的再生铝。由于报废的含铝产品贸易数据难以获取，EP&S 实际仅指铝废料。

如图 9.2 所示，铝的间接贸易流将通过 LCA 方法核算。与铝生命周期边界不同，除了铝生命周期各阶段的能耗和温室气体排放，铝生命周期评价还包括阳极生产过程和能源生产过程的能耗与温室气体排放，即将范围 1~3 均纳入了研究中（详见第 8 章）。温室气体不仅包含二氧化碳，还包含冶炼过程中产生的全氟化碳。

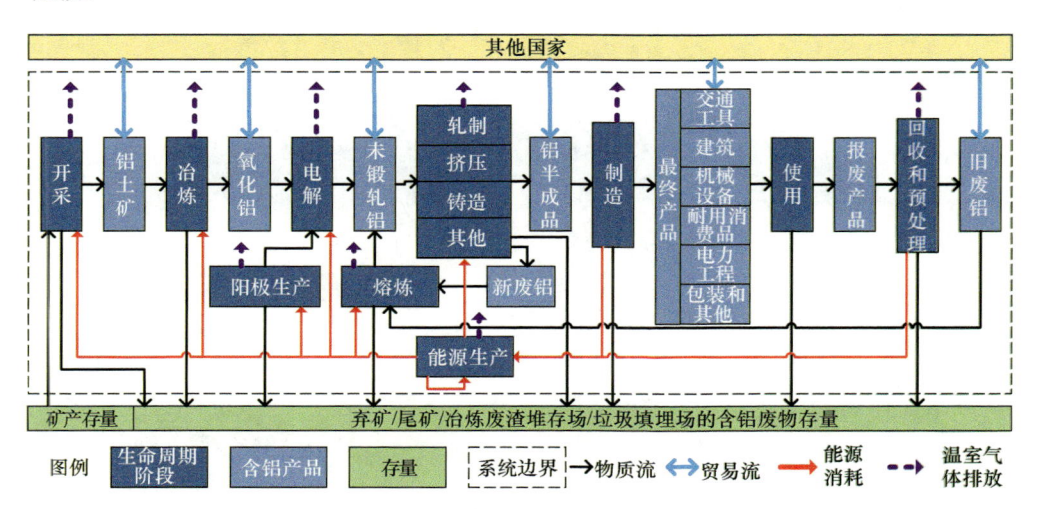

图 9.2　铝生命周期循环及其 LCA 边界示意图

9.1.2 数据来源和计算方法

为计算直接和间接贸易流，本章搜集的数据主要包括：①以美元衡量的含铝产品的货币贸易（MTV）数据；②以净重衡量的含铝产品的实物贸易（PTV）数据；③含铝产品中的铝含量数据；④每个阶段铝的能源消耗和温室气体排放强度数据。具体计算过程如图 9.3 所示。

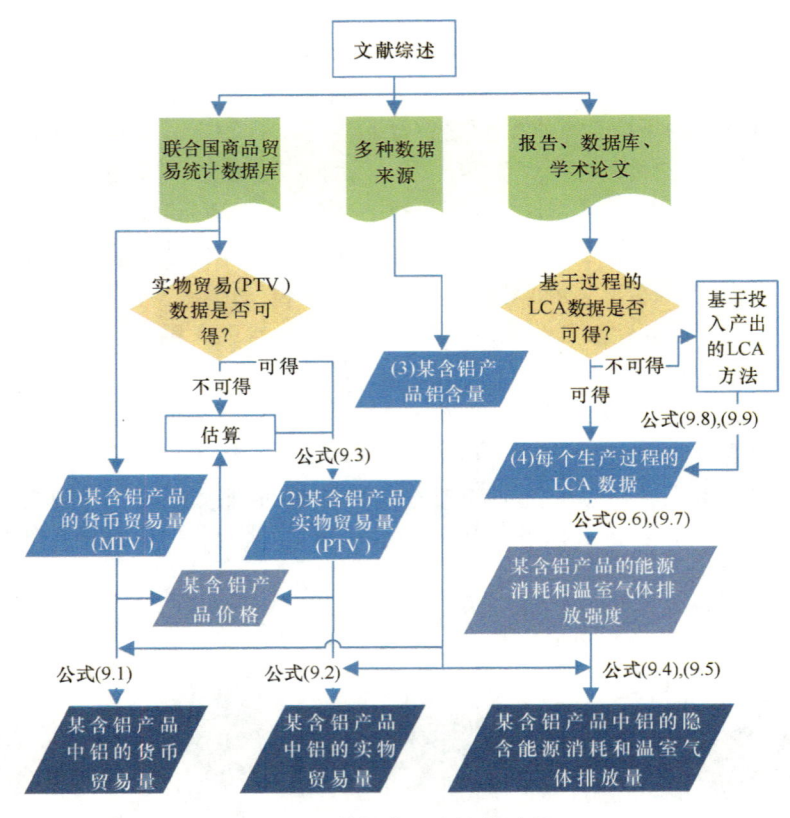

图 9.3 数据来源和计算过程

（1）直接贸易流的计算

直接贸易流指的是货币流和实物流，可由含铝产品的货币量、实物量和铝含量数据计算。含铝产品中铝含量的数据来源于之前的研究（Chen and Shi，2012；Liu et al.，2011），MTV 和 PTV 数据从联合国商品贸易统计数据库中获得，其中 MTV 数据包括所有含铝产品在所有年份的数据，而 PTV 数据仅包含最终含铝产品在某些年份的数据。经消费价格指数（consumer price index，CPI）调整后，当前以美元计算的 MTV 换算成以 2000 年为基准的 MTV。含铝产品中铝的货币价值（$MF_{Al,i,j}$）和实物价值（$PF_{Al,i,j}$）通过公式（9.1）～公式（9.3）得到：

$$MF_{Al,i,j} = MF_{P,i,j} \times C_{Al,i} \qquad (9.1)$$

PTV 数据可得 $\qquad PF_{Al,i,j} = PF_{P,i,j} \times C_{Al,i} \qquad (9.2)$

PTV 数据不可得 $\quad \mathrm{PF}_{\mathrm{Al},i,j} = \mathrm{MF}_{P,i,j} / P_{P,i,j} \times C_{\mathrm{Al},i}$ (9.3)

其中，$\mathrm{PF}_{P,i,j}$ 和 $\mathrm{MF}_{P,i,j}$ 分别是含铝产品第 j 年的实物和货币价值；$C_{\mathrm{Al},i}$ 是含铝产品的平均铝含量；$P_{P,i,j}$ 是含铝产品的价格。

（2）间接贸易流的计算

间接贸易流指的是含铝产品在贸易中隐含的能源消耗（$\mathrm{EF}_{\mathrm{Al},i,j}$）和温室气体排放量（$\mathrm{GF}_{\mathrm{Al},i,j}$），由含铝产品从摇篮到产品（CTP）的累积能源消耗强度（$\mathrm{EI}_{\mathrm{Al},i,j}^{\mathrm{CTP}}$）和累积温室气体排放强度（$\mathrm{GI}_{\mathrm{Al},i,j}^{\mathrm{CTP}}$）计算得出，而累积能源消耗和温室气体排放强度又等于从铝土矿开采（铝生命周期的起点）到阶段 k（含铝产品生产出来的阶段）新增能源消耗强度（$\mathrm{EI}_{\mathrm{Al},i,j}^{\mathrm{Inc}}$）与温室气体排放强度（$\mathrm{GI}_{\mathrm{Al},i,j}^{\mathrm{Inc}}$）之和，可由公式（9.4）和公式（9.5）计算：

$$\mathrm{EF}_{\mathrm{Al},i,j} = \mathrm{PF}_{\mathrm{Al},i,j} \times \mathrm{EI}_{\mathrm{Al},i,j}^{\mathrm{CTP}} = \mathrm{PF}_{\mathrm{Al},i,j} \times \sum_{i=1}^{k} \mathrm{EI}_{\mathrm{Al},i,j}^{\mathrm{Inc}} \quad (9.4)$$

$$\mathrm{GF}_{\mathrm{Al},i,j} = \mathrm{PF}_{\mathrm{Al},i,j} \times \mathrm{GI}_{\mathrm{Al},i,j}^{\mathrm{CTP}} = \mathrm{PF}_{\mathrm{Al},i,j} \times \sum_{i=1}^{k} \mathrm{GI}_{\mathrm{Al},i,j}^{\mathrm{Inc}} \quad (9.5)$$

如第 8 章所述，铝工业协会提供的 LCA 报告数据相比铝 LCA 研究相关的期刊论文更系统、全面和准确，因此使用铝工业协会（国际铝业协会和欧洲铝业协会）基于过程的生命周期评价方法（PLCA）收集的生命周期清单（LCI）数据。由于全球和一些地区电解环节的能耗与温室气体排放量呈逐年下降趋势，建立 LCI 时间序列数据集从而避免铝工业能源效率提高带来的不确定性。本章忽略了运输过程中的能源消耗和温室气体排放（Liu et al.，2011）。原生铝的生产和 EP&S 的回收利用将被视为两个独立的系统。因此，再生铝的生产起始于 EP&S 回收和预处理阶段，而不是铝土矿开采阶段。

制造过程中的新增 PLCA 数据不可用，采用基于投入产出的生命周期评价方法（IOLCA）计算最终含铝产品所属部门在制造过程中的新增能源消耗和温室气体排放强度。为了避免重复计算，只计算制造过程中的直接能源消耗和温室气体排放，由公式（9.6）～公式（9.9）表示：

$$\mathrm{EI}_{\mathrm{Final\ ACP}_{i,j}}^{\mathrm{Inc}} = \mathrm{EI}_{\mathrm{Industry}_{m,j}}^{\mathrm{dir}} \times P_{P,i,j} \quad (9.6)$$

$$\mathrm{GI}_{\mathrm{Final\ ACP}_{i,j}}^{\mathrm{Inc}} = \mathrm{GI}_{\mathrm{Industry}_{m,j}}^{\mathrm{dir}} \times P_{P,i,j} \quad (9.7)$$

$$\mathrm{EI}_{\mathrm{Industry}_{m,j}}^{\mathrm{dir}} = \mathbf{EB}_{m,j}\left(1+\boldsymbol{A}_{j}\right)Y_{j} \quad (9.8)$$

$$\mathrm{GI}_{\mathrm{Industry}_{m,j}}^{\mathrm{dir}} = \mathbf{GB}_{m,j}\left(1+\boldsymbol{A}_{j}\right)Y_{j} \quad (9.9)$$

其中，$\text{EI}_{\text{Final ACP}_{i,j}}^{\text{Inc}}$ 和 $\text{GI}_{\text{Final ACP}_{i,j}}^{\text{Inc}}$ 分别是最终 ACP_i 第 j 年的新增能源消耗和温室气体排放强度；$\text{EI}_{\text{Industry}_{m,j}}^{\text{dir}}$ 和 $\text{GI}_{\text{Industry}_{m,j}}^{\text{dir}}$ 分别是部门 m 第 j 年的直接能源消耗和温室气体排放强度；$P_{P,i,j}$ 是 ACP_i 第 j 年的价格。其中，A_j 是第 j 年的技术系数矩阵；$\mathbf{EB}_{m,j}$ 和 $\mathbf{GB}_{m,j}$ 分别是部门 m 第 j 年能源消耗和温室气体排放系数的对角矩阵；最终需求用 Y 表示，包含国内消费和出口。美国、中国、日本和澳大利亚的投入产出表来源于 Eora 数据库（Lenzen et al., 2013），2016 年的投入产出表用 2015 年的投入产出表代替。

对于含铝产品，一个国家的贸易包括进口和出口两个方面。为了衡量一个国家在铝贸易中的得失，本章从 4 个维度来衡量进出口贸易差值，即贸易余额（进口量减出口量）。正的实物贸易余额（PTB）和货币贸易余额（MTB）意味着从贸易伙伴那里获得了铝资源和经济价值；而负的实物贸易余额和货币贸易余额意味着为了满足贸易伙伴的需求损失了铝资源和经济价值。正的能源消耗差值（EUB）和温室气体排放余额（GEB）意味着该国将能源消耗和温室气体排放转移到了国外，而负的余额则意味着该国替贸易伙伴承担了能源消耗和温室气体排放负担。但是"转移"并不意味着一个国家有意识地转移环境负担（Dittrich et al., 2012）。

9.2 各国铝贸易的总体收益和贡献

这 4 个国家在经济价值、资源、能源和环境方面均存在贡献与收益的不平衡（图 9.4）。美国存在货币贸易逆差，但实物贸易、隐含的能源消耗和温室气体排放存在顺差。中国是铝资源匮乏的制造大国，货币和实物贸易存在顺差，但隐含的能源消耗和温室气体排放存在逆差。日本也是资源匮乏的制造大国，但所有的贸易流都存在顺差，不仅在国际贸易中获得了资源和经济利益，还将能源和环境负担转移到了其他国家。澳大利亚是铝资源的最大出口国，铝土矿占 2017 年全球铝出口总量的 64%，所有的贸易流都存在逆差。

在过去 26 年里（1991~2016 年），4 个国家的收益和贡献都不断变化，但中国的贸易余额变化最大。2000 年以前，中国是资源出口大国，实物贸易余额为负，其余贸易流余额均为正。2000 年以后，中国开始进口铝资源，实物贸易余额转为负值，且数值迅速扩大（图 9.4）。中国在全球铝贸易中的影响力越来越大。1999 年以前，美国所有维度的贸易流都存在顺差。随后货币贸易逆差不断扩大，并且将越来越多的能源和环境负担转移到其他国家。近年来，澳大利亚 4 个维度的贸易流都存在逆差并不断扩大，尤其是实物贸易逆差。日本变化最小，所有维度的贸易流都保持顺差，最近 10 年（2006~2016 年），货币贸易顺差有所下降。

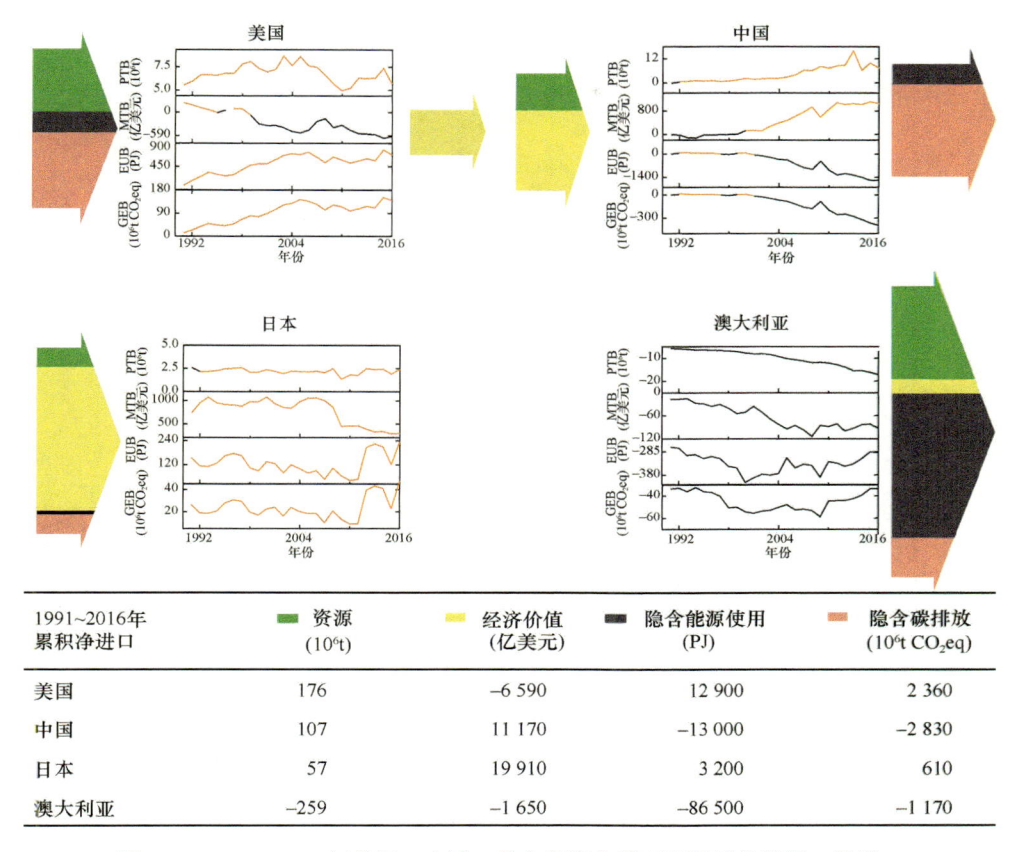

1991~2016年 累积净进口	■ 资源 (10^6t)	■ 经济价值 (亿美元)	■ 隐含能源使用 (PJ)	■ 隐含碳排放 (10^6t CO_2eq)
美国	176	−6 590	12 900	2 360
中国	107	11 170	−13 000	−2 830
日本	57	19 910	3 200	610
澳大利亚	−259	−1 650	−86 500	−1 170

图 9.4　1991~2016 年美国、中国、日本和澳大利亚铝贸易的资源、经济、
　　　　能源和环境逐年净进口量和累积量

9.3　资源维度

从 1991 年到 2016 年，4 个国家均未能在实物贸易中保持平衡（图 9.5）。美国一直是净进口国，进口除铝废料以外的所有含铝产品，特别是铝土矿、未锻轧铝和最终产品。中国铝的进口增长很快，2002 年超过日本，2009 年超过美国，成为最大的铝资源进口国。作为"世界工厂"，中国主要进口铝土矿、氧化铝、铝废料等原材料，出口半成品和最终产品，其中未锻轧铝基本保持了进出口平衡。日本是第三大进口国，主要进口未锻轧铝，出口最终产品及半成品。澳大利亚的铝资源丰富，是 4 个国家中唯一的铝资源净出口国，主要出口氧化铝、铝土矿、未锻轧铝等原材料，进口最终产品及半成品。

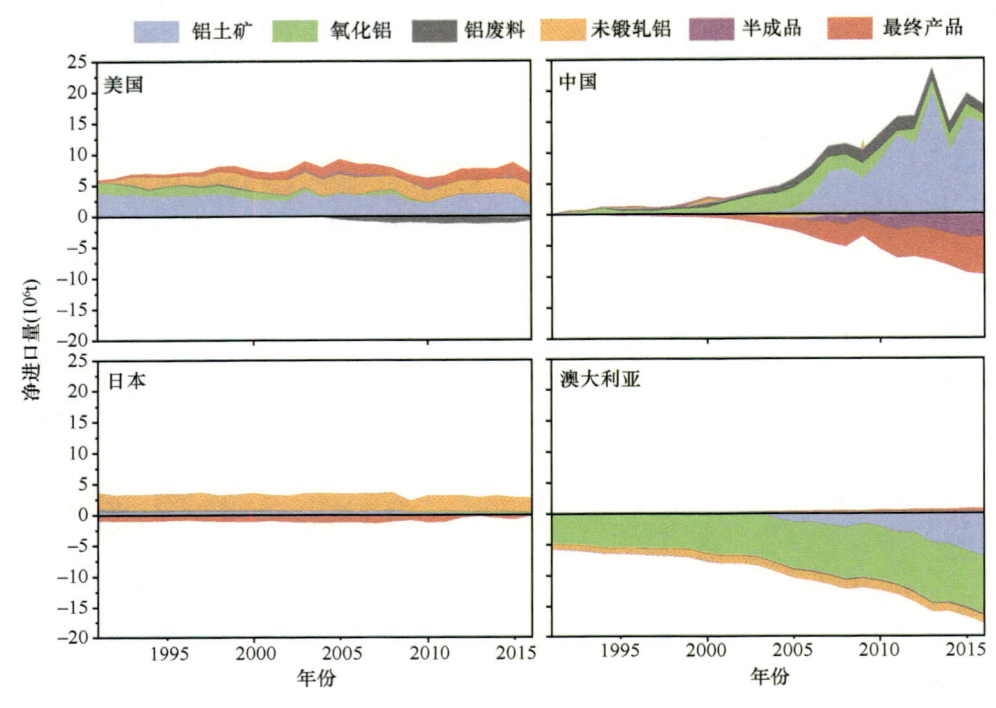

图 9.5　1991~2016 年美国、中国、日本和澳大利亚不同产品中铝的净进口量（按质量计算）

9.4　经 济 维 度

4 个国家均存在货币贸易失衡。除日本外，中国、美国和澳大利亚的进出口贸易差值持续扩大（图 9.6）。随着最终产品出口量的增加，中国的货币贸易余额大幅增长，在 2000 年成为货币贸易顺差国家并在 2008 年超过日本成为经济收益最高的国家。1999 年，美国是最终产品的净进口国，存在贸易逆差。随着最终产品进口量的增加，贸易逆差迅速扩大。澳大利亚虽然出口大量的原材料，但由于进口了大量的最终产品，是铝贸易逆差国。澳大利亚的贸易逆差比美国低，增长也比美国慢。日本一直是货币贸易顺差国，近 10 年随着最终产品净出口量的下降，日本的贸易顺差也出现同步下降。由上述分析可知，铝的货币贸易价值是由最终产品主导的。

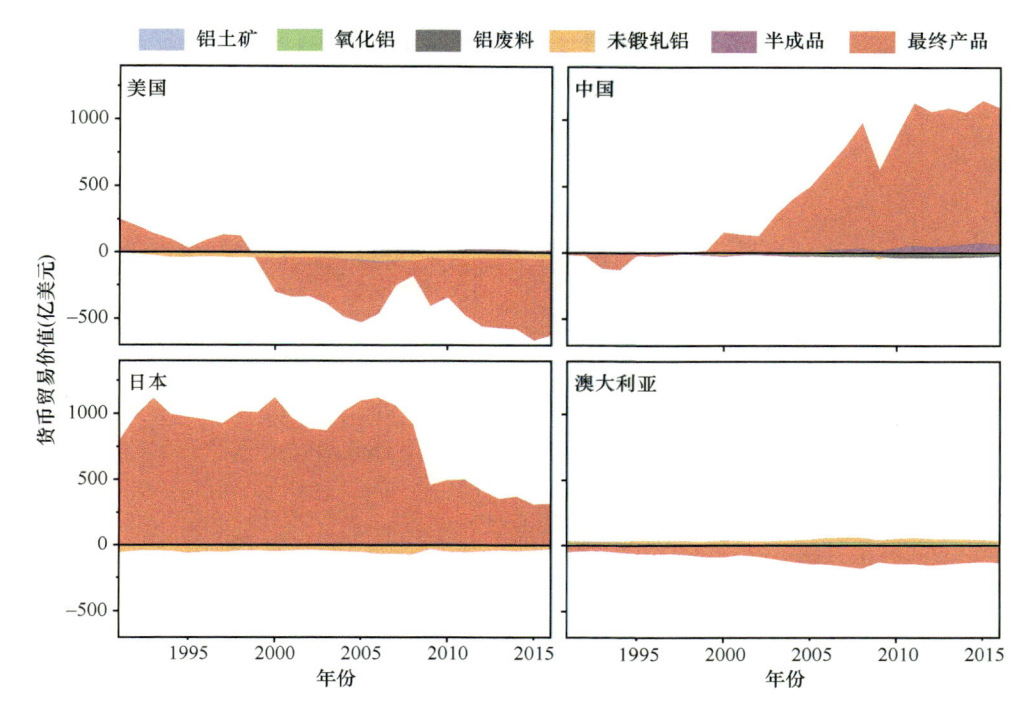

图 9.6　1991~2016 年美国、中国、日本和澳大利亚含铝产品的货币贸易价值

9.5　能源和环境维度

因为能源消耗和温室气体排放过程密切相关，具有相同的趋势，所以能源和温室气体排放的进出口贸易差值放在一起分析。1991~2016 年，中国和澳大利亚承担了其他国家的能源和环境负担，而美国和日本正相反，通过贸易将能源和环境负担转移到其他国家（图 9.7，图 9.8）。中国作为半成品和最终产品的供应国，面临巨大的能源和环境压力。澳大利亚作为铝原料的主要供应国，尤其是未锻轧铝和氧化铝，也承担了巨大的能源和环境压力。美国几乎进口了所有种类的含铝产品，将大量的能源和环境负担转移给其他国家。与中国相似，日本出口了大量的半成品和最终产品。但是，日本每年进口的未锻轧铝超过 260 万 t，相当于进口 309.2PJ 的能源，并减少 5660 万 t 的温室气体排放，抵消了由于出口半成品和最终产品而承担的能源和环境负担。

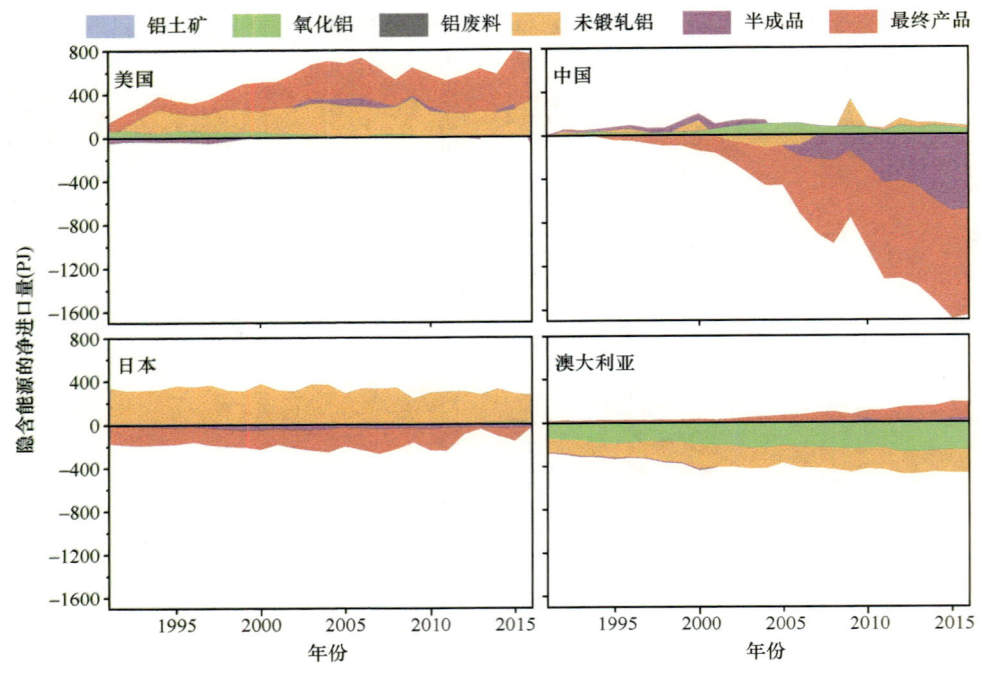

图 9.7　1991～2016 年美国、中国、日本和澳大利亚在铝贸易中隐含能源的净进口量

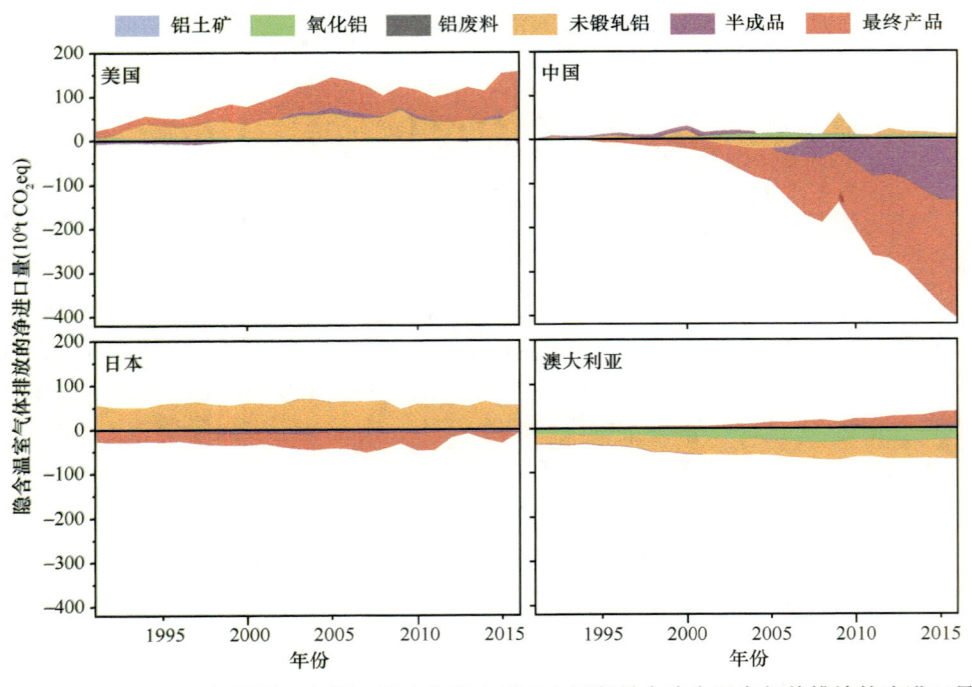

图 9.8　1991～2016 年美国、中国、日本和澳大利亚在铝贸易中隐含温室气体排放的净进口量

9.6 贸易不平衡的原因

可以明显看出，不同的贸易结构是贸易不平等的原因之一。然而，单凭这一点并不能解释日本和澳大利亚的情况。中国和日本都是原材料的净进口国，但只有中国承担了额外的能源和环境负担。中国和澳大利亚都承担了其他国家的能源和温室气体排放压力，但两国的贸易结构完全相反。

一个很重要的原因是，含铝产品具有异质性。总体来说，加工程度越高的含铝产品价格越高（Dahlström and Ekins，2007），能源消耗和温室气体排放强度也越高（Choate and Green，2003）。另一个原因是各国之间有差异，不同国家相同含铝产品的价格有差距（OECD，2019）。一般来说，发达国家比发展中国家更可能占据价值链的顶端，出口价格更高的含铝产品。

首先考察含铝产品的异质性。不同含铝产品的价格以及资源、能源消耗和环境排放强度的差距很大（图9.9）。最终产品的价格最高，是其他含铝产品的10倍；铝土矿的物质强度最高，是其他含铝产品的6倍（图9.9a，图9.9b）。冶炼与电解阶段的能耗和温室气体排放强度最高（基于实物价值），比其他含铝产品的生产高出10倍以上，因此电解阶段下游生产的含铝产品（如原生铝、半成品和最终产品）的累积能耗和温室气体排放强度（基于实物价值）远大于其他含铝产品（图9.9c，图9.9e）。最终产品和半成品具有更高的价格，因此最终产品与半成品累积能耗和温室气体排放强度（基于货币价值）不是最高的。而由于价格不够高，虽然原生铝与氧化铝基于物质量的累积能耗和温室气体排放强度与成品和半成品的强度非常接近，但基于价值量的累积能耗和温室气体排放强度却是最高的（图9.9e，图9.9f）。

其次考察国家间的差异。不同国家生产的相同的含铝产品可能具有不同的隐含能源消耗和温室气体排放强度（图9.10）。这是因为不同的国家有不同的工业技术水平、能源结构和能源效率、劳动生产率和科技水平。这种异质性可以用所谓的"贸易条件"来解释。贸易条件（TOT）是评估一个国家在国际贸易中获取利益能力的重要工具，根据评估对象有不同的变体。商品贸易条件（CTOT）等于商品的出口价格除以进口价格，用来评估一个国家在商品贸易中的获利能力。当商品贸易条件大于100%时，在国际贸易中具有获得利润的能力，但不一定是实际的贸易顺差。CTOT越高，获利能力越强。能源贸易条件（ETOT）和污染贸易条件（PTOT）可以估计能源和环境负担转移到其他国家的能力，分别等于出口商品的能源强度除以进口商品的能源强度和出口商品的温室气体排放强度除以进口商品的温室气体排放强度。如果能源贸易条件和污染贸易条件低于100%，则国家有能力将能源和环境负担转移到其他国家。能源贸易条件和污染贸易条件越低，转移能力越强。从日本和美国生产及出口的产品通常具有较高的附加值，累积能源消耗和温室气体排放较低。相比之下，在中国和澳大利亚生产的产品通常附加值较低，累积能源消耗和温室气体排放较高。这意味着，与日本和美国相比，中国和澳大利亚在出口相同产品时赚取的利润更少，但承受的环境负担更高。幸运的是，中国和澳大利亚的多种含铝产品的商品贸易条件、能源贸易条件和污染贸易条件在过去的 26 年里得到了改善，特别是两国主要出口的含铝产品。例如，澳大利亚的主要出口产品是铝土矿，而该产品的 3 种贸易条件均得到了改善。国际贸易对美国和日本均为正面影响。因此，美国不能从国际贸易中获利，主要在于美国没有出口足够多的产品，而不是缺乏获利能力。

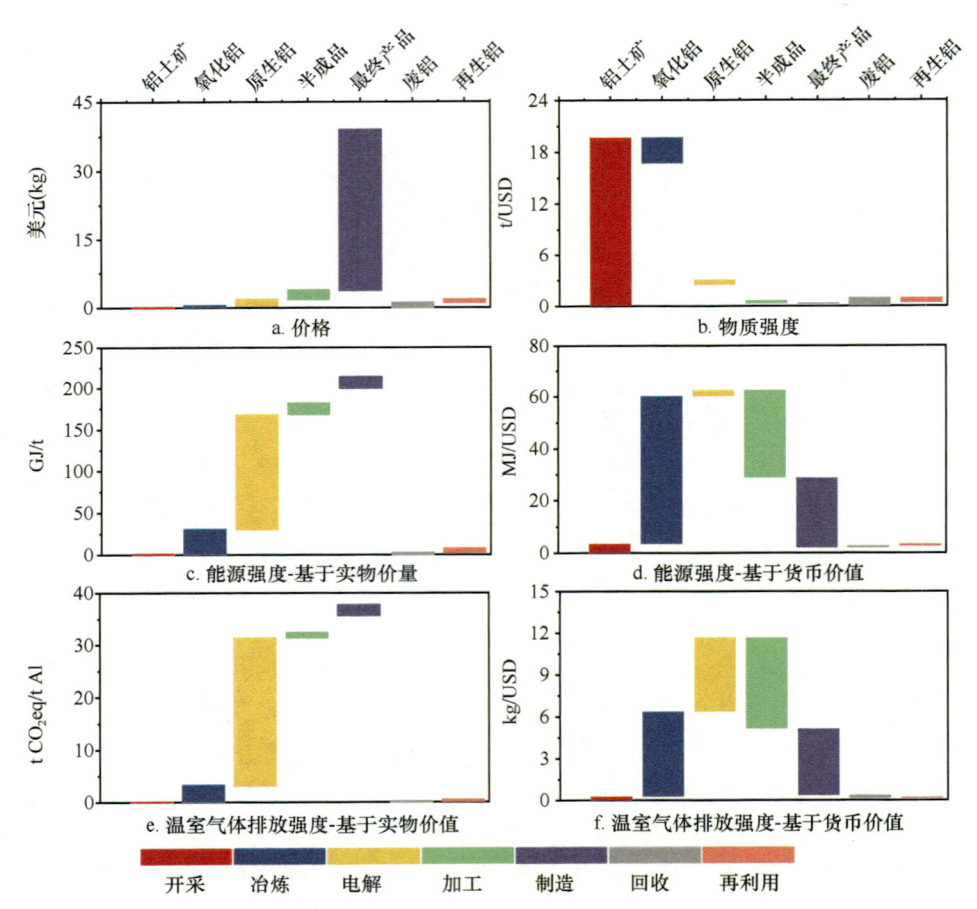

图9.9　含铝产品的价格（a）、物质强度（b）、基于实物价值（PV）的隐含能耗强度（c）、基于货币价值（MV）的隐含能耗强度（d）、基于实物价值的隐含温室气体排放强度（e）、基于货币价值的隐含温室气体排放强度（f）

价格指 4 个国家进出口价格的平均值

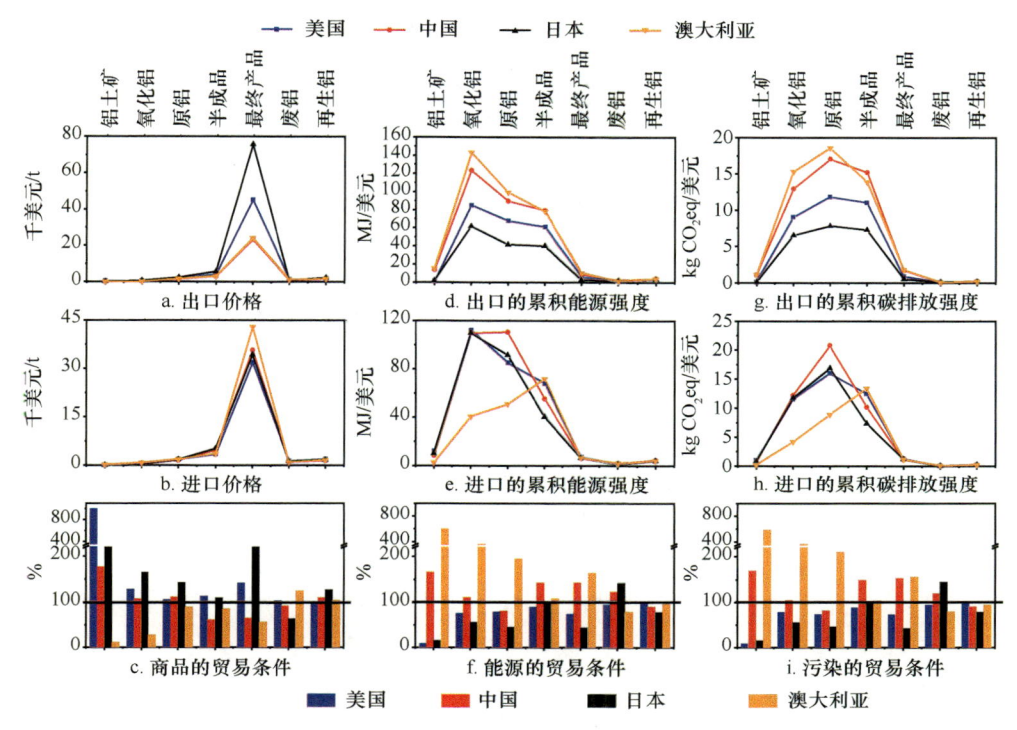

图 9.10　1991～2016 年这 4 个国家 7 种含铝产品的进出口价格、累积能源使用强度、
累积碳排放强度及其贸易条件

千美元是统计上的一个单位

9.7　本章启示

一个国家的资源禀赋决定了这个国家在国际分工中的地位。澳大利亚拥有非常丰富的自然资源和能源禀赋，在向世界提供矿产（包括铝土矿）和原材料方面发挥着不可替代的作用。然而，与其他国家相比，澳大利亚的制造业相对薄弱，需要进口大量最终产品。在 20 世纪 40 年代到 90 年代初，美国曾经拥有最强大的制造能力，是铝半成品和最终产品的净出口国（Nappi，2013）。此后，美国逐渐将获利能力较差且能源和排放密集的产业，如铝冶炼和电解行业转移到其他国家。这种变化导致 2000 年以后氧化铝进口的减少和成品进口的增加。然而，值得注意的是，美国在冶炼和电解环节，特别是半成品制造方面仍有很强的生产能力。从理论上讲，美国完全可以依靠国内产能来满足自身对铝材的需求，而且美国是 4 个国家中唯一能够产生大量的废铝并出口的国家（BIS，2018）。这说明美国拥有足够多的铝资源供其使用。日本是自然矿产资源匮乏的国家，必须进口铝资源。然而，日本较高的能源价格和严格的环保法规限制了冶炼和电

解行业的发展，因此，日本进口的不是铝土矿或氧化铝，而是未锻轧铝。此外，日本自 20 世纪 70 年代开始就成为全球重要的制造中心，在铝半成品和最终产品的制造方面一直具有很高的竞争力（Nappi，2013）。因此，日本可以通过出口高附加值的铝半成品和最终产品来获取高额利润。中国在 2001 年加入世界贸易组织后，生产能力快速增长，铝土矿、氧化铝、废料进口以及半成品和最终产品出口大幅增加（Chen and Shi，2012）。然而，这也导致中国的高能源消耗和环境排放（Liu et al.，2016）。

研究表明，实现贸易平衡似乎是极其困难的。有些过程是不经济的，如采矿具有很高的资源成本，冶炼和电解环节具有很高的能源和环境成本。在国际分工中，为了获得相同的利润，相比占据其他生产环节的国家，占据采矿、冶炼和电解生产环节的国家需要支付更多的资源、能源和环境成本。对于有竞争力的国家来说，将这些流程转移到其他国家是一种很好的策略。在澳大利亚，4/5 的铝土矿由跨国公司控制。在过去的几十年里，冶炼和电解产能持续从美国和日本转移到中国。而中国已经成为原铝生产的中心。对中国来说，将采矿、冶炼和电解环节转移出去，同时出口高价值的半成品和最终产品是一个好的发展战略。目前中国在持续推进产业升级，上述生产环节有较大可能性继续在国家间转移。

值得注意的是，对某个国家有利的战略可能只是将资源和环境负担转移给其他国家，无法改变全球层面上贸易不平衡的现状。各国很难以减少自己的收益为代价，帮助其他国家实现贸易平衡。相反，它们倾向于扩大自己的比较优势，从国际贸易中获利。因此，需要在全球框架内考虑减少贸易不平衡和减轻全球环境负担的措施。

除铝土矿外，铝废料是铝资源的另一个来源。作为铝废料的下游产品，再生铝可以替代原生铝来生产铝材和最终产品，且生产再生铝的能源和环境成本远低于原生铝。因此，建立和加强全球铝回收系统是一个有助于减少贸易不平衡的机会。为了充分利用现有的废铝，必须提高各国的废铝收集、分类和预处理能力，防止铝在回收过程中混入杂质，导致质量下降，即使这些废铝是出口到其他国家的（Qu et al.，2019）。

目前，废铝产量远远不能满足全球发展对铝资源的需求，仍然需要生产原生铝（Sverdrup et al.，2015）。如果将氧化铝和原生铝的生产线转移到技术水平不高的国家，无疑会增加全球能耗和温室气体排放量。为了应对这些挑战，一个做法是鼓励在转移产业的同时，将先进的生产技术和环保技术一并转移。世界贸易组织、国际铝业协会等国际组织可以通过降低国家间技术壁垒来促进技术转移。

通过对铝国际贸易开展多维耦合分析，本章为全球贸易不平衡问题提供了新的见解。我们建议政府、学者、相关产业充分考虑国际贸易的复杂性和多维性，以便制定更为合理的贸易政策。除了上述 4 个维度之外，在未来的研究中还可以纳入其他要素，全面了解不同国家在铝和其他资源贸易中的比较优势和实际得失。这些因素包括但不限于水耗、劳动力投入、土地使用、有毒有害物质排放、对人类健康和生态系统的影响等。

第 10 章　中国未来铝的物质流情景分析

中国是世界上最大的铝生产国和消费国。由于原生铝的生产伴随着高能耗和高排放（Liu and Müller，2012；Zhang et al.，2016），近些年中国开始采取措施减少落后的电解铝产能，并限制产能的进一步扩张。与原生铝相比，再生铝生产可节省大约 95%的能源，并有助于减少铝土矿资源的消耗和降低环境影响（Liu et al.，2011，2016；Liu and Müller，2012；Zink et al.，2018）。在铝土矿资源日益减少、矿石品位日渐下降、环境污染问题日益突出、资源对外依存度不断增高的大背景下（Meyer，2004；Sverdrup et al.，2015；Yue et al.，2014），再生铝产业的发展对于中国尤为重要。然而，再生铝产业的发展取决于铝在用存量的数量和铝废料的可用性。与美国等发达经济体相比（Chen and Graedel，2012，2015），中国大量在用产品仍处于服务年限的早期，目前可用的报废产品较少。但是，随着中国铝在用存量的快速累积（Chen and Shi，2012），未来铝废料产量将快速增加。铝的生产和消费结构及由此带来的能源环境影响可能会面临较大变化。本章将基于情景分析法预测中国未来铝生产和消费结构的潜在变化，并提出应对措施。由中国铝未来存量和流量变化导致的能源与环境影响的变化将在下一章分析。

10.1　研究方法

10.1.1　系统边界的确定与存量和流量识别

本章的空间边界与第 4 章一致，为除港澳台地区外的中华人民共和国各省、自治区、直辖市，时间边界为 1950~2100 年。本章所涉及的铝全生命周期物质流动过程详见第 3 章，主要有采矿、冶炼、电解、加工、制造、使用、报废产品回收、铝废料预处理和再生铝熔铸（图 3.1）。

铝的全生命周期各阶段流量均基于在用存量，利用存量驱动模型和物质守恒原则进行推算，具体各阶段流量与指标详见之前的章节。有 6 个流量指标非常重要，是本章的重点分析对象，具体指标如表 10.1 所示。国内铝需求量是流入在用存量的铝金属量，也称为表观消费量。国内铝报废量是从在用存量流出的废铝量。经济系统所需铝的来源有两个：一是由铝土矿生产而来的原生铝；二是由铝废料生产而来的再生铝。两者产量之和为铝总产量。再生铝产量占铝总产量的比例称为再生铝替代比例，可以表示再生铝对原生铝的替代程度。

表 10.1 铝的物质流分析中的指标

指标	缩写	子指标	历史数据来源 (1950~2016 年)	未来数据来源 (2017~2100 年)	未来情景数量/种 (2017~2100 年)
人均在用存量	SPC	7 个部门	国际铝业协会	逻辑斯谛模型	9
总存量	TS	7 个部门	人均在用存量×人口	人均在用存量×人口	27
国内铝需求量	DAD	7 个部门	国际铝业协会	存量驱动模型	81
国内铝报废量	DAS	7 个部门	存量驱动模型	存量驱动模型	81
铝总产量	TAP	—	物料平衡	物料平衡	243
原生铝产量	PAP	—	物料平衡	物料平衡	243
再生铝产量	SAP	—	物料平衡	物料平衡	243
再生铝替代比例	SAR	—	物料平衡	物料平衡	243

10.1.2 模型计算与情景设置

首先,基于铝存量数据,采用存量驱动模型(Buchner et al., 2015b)计算得到国内铝需求量和国内铝报废量。其次,根据物料平衡原理,基于存量、需求量、铝报废量和贸易量,可以推算得到铝总产量、再生铝产量、原生铝产量和再生铝替代比例等主要指标。下面将介绍历史和未来铝的物质流的详细计算过程。

(1)历史铝的物质流的核算方法:1950~2016 年

中国 1950~2016 年铝的物质流量和存量的量化方法参照第 4 章的研究(Chen and Shi, 2012)。综合第 4 章与国际铝业协会(IAI)的数据,得到中国过去每年的铝在用存量,国内铝报废量由国内铝需求量和寿命模型计算得到。

每个最终消费部门的国内铝报废量(DAS)由公式(10.1)计算:

$$\mathrm{DAS}_i(t) = \sum_{t'=1950}^{t} \left[\mathrm{DAD}_i(t') \times L(t-t', \mu_i, \sigma_i) \right] \quad (10.1)$$

其中,i 取值 1~7 代表研究的最终用途部门,包括建筑、交通工具、机械设备、电力工程、耐用消费品、包装和其他。在所有公式中,i 具有相同的含义。$\mathrm{DAD}_i(t')$ 是 t' 年的国内铝需求量;$L(t-t', \mu_i, \sigma_i)$ 是产品寿命模型。本章选择正态分布来模拟产品寿命。

根据第 4 章的研究,7 个部门产品寿命假设如下(表 4.7):交通工具 15(±5)年,建筑 40(±10)年,机械设备 20(±10)年,电力工程 20(±10)年,耐用消费品 12(±4)年,包装 1 年,其他 10(±5)年。假设 7 个最终消费部门的产品中铝的服务年限与其相应部门的服务年限相同。本章以 1950 年作为铝存量积累的第一年(t'=1950)。这是因为在新中国成立初期,百废待兴,各种产品消费量都非常低,1950 年的铝存量可以假设为 0。

根据质量守恒原理，铝总产量可以通过公式（10.2）计算：

$$\text{TAP}(t) = \frac{\sum_{i=1}^{7}\text{DAD}_i(t) + \text{NE}_4(t) + \text{NE}_3(t)}{1-\text{LR}_2(t)} + \text{NE}_2(t) \quad (10.2)$$

$$\text{SAP}(t) = \text{DAS}(t) \times (1-\text{LR}_5(t)) \times (1-\text{LR}_6(t)) \times (1-\text{LR}_7(t)) \quad (10.3)$$

其中，$\sum_{i=1}^{7}\text{DAD}_i(t)$ 是计算得到的 7 个最终消费部门国内铝需求量的总和；NE_4、NE_3 和 NE_2 分别是终端产品中铝、铝半成品和未锻造铝的净出口量，均来自联合国商品贸易统计数据库；LR_2 是制造过程中的损失率；LR_5、LR_6 和 LR_7 分别指废料收集、预处理和重熔过程中的损失率，具体指标详见第 4 章。

然后，根据估算的铝总产量（TAP）和再生铝产量（SAP）可以推算出原生铝产量（PAP），公式如下：

$$\text{PAP}(t) = \text{TAP}(t) - \text{SAP}(t) \quad (10.4)$$

最后，再生铝替代比例（SAR）可以定义为公式（10.6）：

$$\text{SAR}(t) = \frac{\text{SAP}(t)}{\text{TAP}(t)} = \frac{\text{SAP}(t)}{\text{SAP}(t) + \text{PAP}(t)} \quad (10.5)$$

（2）未来铝的物质流的估算方法：2017～2100 年

为了全面评估中国铝的物质流的未来发展趋势，如图 10.1 所示，本章通过 3 个步骤对中国铝的物质流开展情景分析：①通过梳理中国铝的物质流的历史规律，确定预测未来所需的关键参数（表 10.2）；②根据文献和官方机构报告中发达国家铝存量发展模式设定上述参数的情景；③估计 6 个流量指标的未来数量。最终，本章共得到国内需求量和国内铝报废量各 81 种情景，以及铝总产量、再生铝产量、原生铝产量和再生铝替代比例各 243 种情景。各步骤的详细内容如下。

步骤一：确定关键参数。

一般而言，未来铝流量的变化主要由 5 个关键参数决定：①人均铝存量饱和水平；②人均铝存量的增长速度；③人口；④产品的使用寿命；⑤物质流动过程中的损失率。贸易也很重要，但由于贸易情景设置缺乏依据，本章假设未来的贸易量等于 2016 年的贸易量。

步骤二：设置参数情景。

a. 人均铝在用存量的饱和水平和增长速度

参照已有研究对中国钢铁（Liu et al., 2013; Pauliuk et al., 2012）和第 7 章全球铝的物质流的核算，本章假设人均在用存量（SPC）的增长模式遵循"S"形曲线并最终趋于饱和。本章对每个最终消费部门均应用了三参数逻辑斯谛模型：

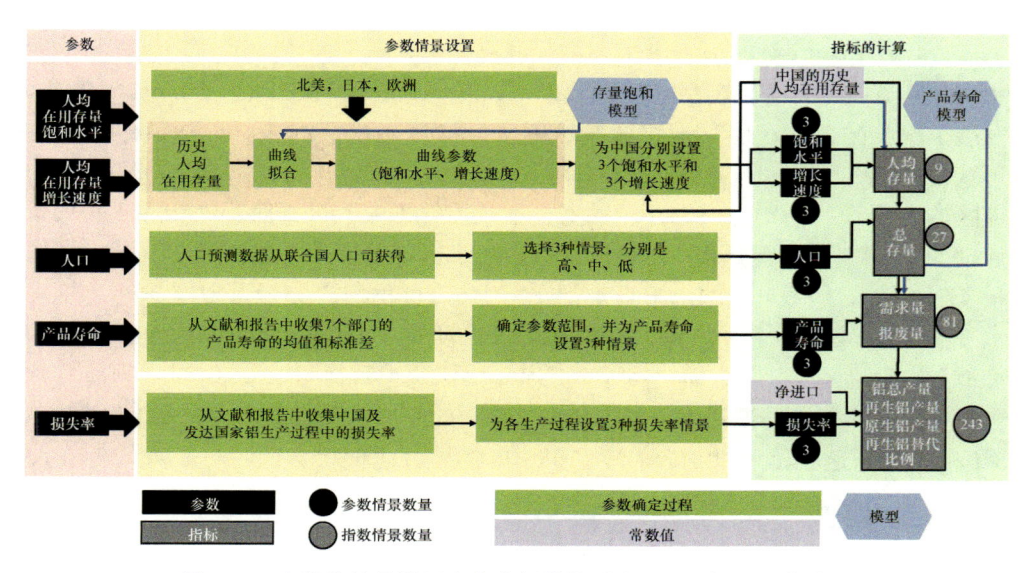

第 10 章　中国未来铝的物质流情景分析

图 10.1　参数的情景设置和未来铝的物质流相关指标的计算流程

表 10.2　未来量化铝的物质流的情景设置

参数	次级参数或说明	历史数据来源	未来数据来源或情景设置依据	未来情景数量及设置
人均在用存量饱和水平	7 个部门 SL_{1-7}	—	根据发达国家模式设置	3 种：高，中，低
人均在用存量增长速度	7 个部门 S_{1-7}	—	基于中国历史数据及发达国家变化模式设置	3 种：高，自然，低
人口	—	联合国人口司	联合国人口司人口预测	3 种：高，中，低
产品寿命	7 个部门 L_{1-7}	根据文献和报告假设	根据文献和报告假设	3 种：高，中，低
损失率	7 个过程 LR_{1-7}	根据文献和报告假设	根据文献和报告假设	3 种：高，中，低
净出口量	5 个过程 NE_{1-5}	联合国商品贸易统计数据库	假设与 2016 年一致	1 种：假设与 2016 年一致

$$\text{SPC}(t)_i = \frac{a_i}{1 + \exp\left(-k_i\left(t - t_{\frac{a}{2}i}\right)\right)} \tag{10.6}$$

其中，SPC(t) 是 t 年的人均铝存量；a_i 是人均在用存量饱和水平；k_i 是人均在用存量增长速度，该值越大，存量增加到饱和水平的速度就越快；$t_{\frac{a}{2}i}$ 是一个内生参数，取决于给定 a_i 和 k_i 的最佳拟合曲线。因此，通过设置饱和水平和增长速度的情景即可计算未来的人均铝在用存量。

人均铝在用存量的饱和水平和增长速度情景将基于发达地区人均铝存量的历史增长模式构建。基于"存量饱和假设"(Müller et al., 2014; Pauliuk et al., 2012), 发展中国家的金属在用存量将像发达国家一样最终趋于饱和。基于IAI的数据,可获得北美、欧洲和日本的人均铝存量增长模式,并利用公式(10.7)对这3个地区的7个最终消费部门铝存量的历史增长进行拟合,分别获得饱和水平和增长速度的表征参数。基于这些参数,本章构建了中国未来人均铝存量的9种发展情景(图10.2)。假设,中国未来人均铝在用存量饱和水平为3个发达地区平均饱和水平的75%、100%和125%; 增长速度同样设置3种情景,中速度是各国平均增速,高速度是其2倍,而自然速度是基于中国历史数据与未来低、中、高饱和水平拟合得到的。根据设置的情景,中国各部门的人均铝在用存量饱和水平为340~540kg/人,而达到饱和的时间均为2050年之后。建筑和交通工具是人均铝在用存量最多的部门。

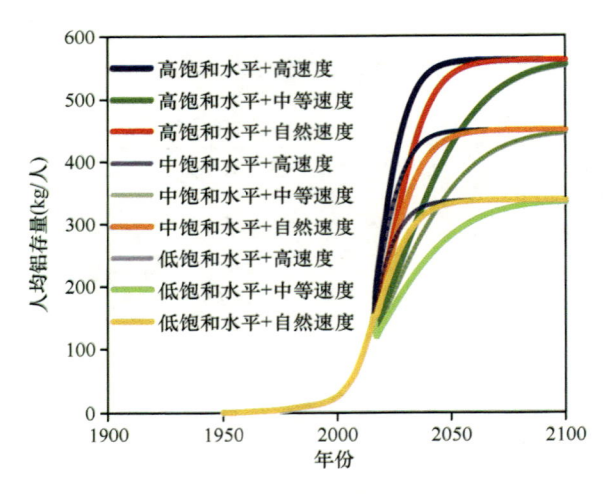

图10.2 人均铝存量的9种情景

b. 人口

联合国人口司(UN, 2017)预测了中国未来的人口变化,本章选择其中的主要情景(即低、中、高情景)确定了人口参数的潜在范围。在低人口情景中,中国人口将继续增加,直到2030年达到约14.1亿,然后持续下降,到2100年为6.2亿。在中等人口情景中,中国人口将在2030年增长到14.4亿,并下降至2100年的10亿左右。在高人口情景中,中国人口将在2050年前后达到15亿左右,并稳定于该数值。

c. 产品寿命(L)

本章采用第4章七大部门产品寿命的上下限和均值作为寿命的3种情景,且假设七大部门的产品寿命不随时间变化,具体数据详见表 4.7。

d. 损失率

各生命周期阶段(包括制造、收集、预处理和重熔阶段)的损失率设置了 3 种情景:低情景,假设所有损失率为零(这是极端情景,实际无法达到);中情景,假设所有损失率均线性下降至世界先进水平;高情景,假设所有损失率与 2016 年相同。值得注意的是,由于技术改进可抵消矿石品位降低的影响,假设原材料生产阶段(从采矿到精炼)的材料损失不变(Schipper et al.,2018)。

步骤三:计算物质流量。

总存量 $TS_i(t)$ 可以通过人口 $P(t)$ 和 7 个最终消费部门的人均在用存量 $SPC_i(t)$ 来估算:

$$TS_i(t) = P(t) \times SPC_i(t) \quad (10.7)$$

人均在用存量的 9 种情景和人口的 3 种情景共形成 27 种总存量情景。

存量变化量等于当前存量和前一年存量的差值,如公式(10.9)所示:

$$\frac{dTS_i(t)}{dt} = TS(t)_i - TS(t-1)_i \quad (10.8)$$

存量变化量还可以通过公式(10.10)表示:

$$\frac{dTS_i(t)}{dt} = DAD_i(t) - DAS_i(t) \quad (10.9)$$

则通过公式(10.9)、公式(10.10)和公式(10.1)的迭代能够估计出国内铝需求量 $DAD_i(t)$ 和国内铝报废量 $DAS_i(t)$。叠加上 3 种产品寿命情景,最终估算的国内铝需求量和国内铝报废量均有 81 种情景。未来铝总产量、再生铝产量、原生铝产量和再生铝替代比例的核算分别根据公式(10.3)、公式(10.4)、公式(10.5)和公式(10.6)进行。将损失率的 3 种情景纳入分析,则以上 4 个指标分别有 243 种情景。

10.2 中国未来铝的物质流变化特征

10.2.1 铝的物质流概况:1950~2100 年

图 10.3 展示了中国 1950~2016 年和 2017~2100 年累积的铝的物质流动情况。在工业化和城市化的驱动下,67 年间中国累计生产了 3.4 亿 t 铝(约 84%为原生铝),累计使用了 2.5 亿 t 铝。在基准情景中,2017~2100 年国内铝需求量累计为 25 亿 t,国内未锻轧铝产量累计为 33 亿 t,其中约 62%是再生铝,其余 38%为原生铝。这意味着未来 84 年间需要从地壳中开采约 16 亿 t 的铝土矿才能满足对于原生铝的需求,而 1950~2016 年的 67 年间仅使用了 3 亿 t 的铝土矿(其中

原生铝的生产主要集中在 1990～2016 年）。历史铝的物质流的总损失为 1.19 亿 t，其中分别约有 58%、28% 和 14% 的损失发生在原生铝生产、再生铝生产和未锻轧铝加工阶段。而未来铝的物质流的总损失高达 9.23 亿 t，分别约有 40%、48% 和 12% 的损失发生在原生铝生产、再生铝生产和未锻轧铝加工阶段。很明显，随着大量废料产生对再生铝工业的促进，来自再生铝生产阶段的损失占比会逐渐升高。

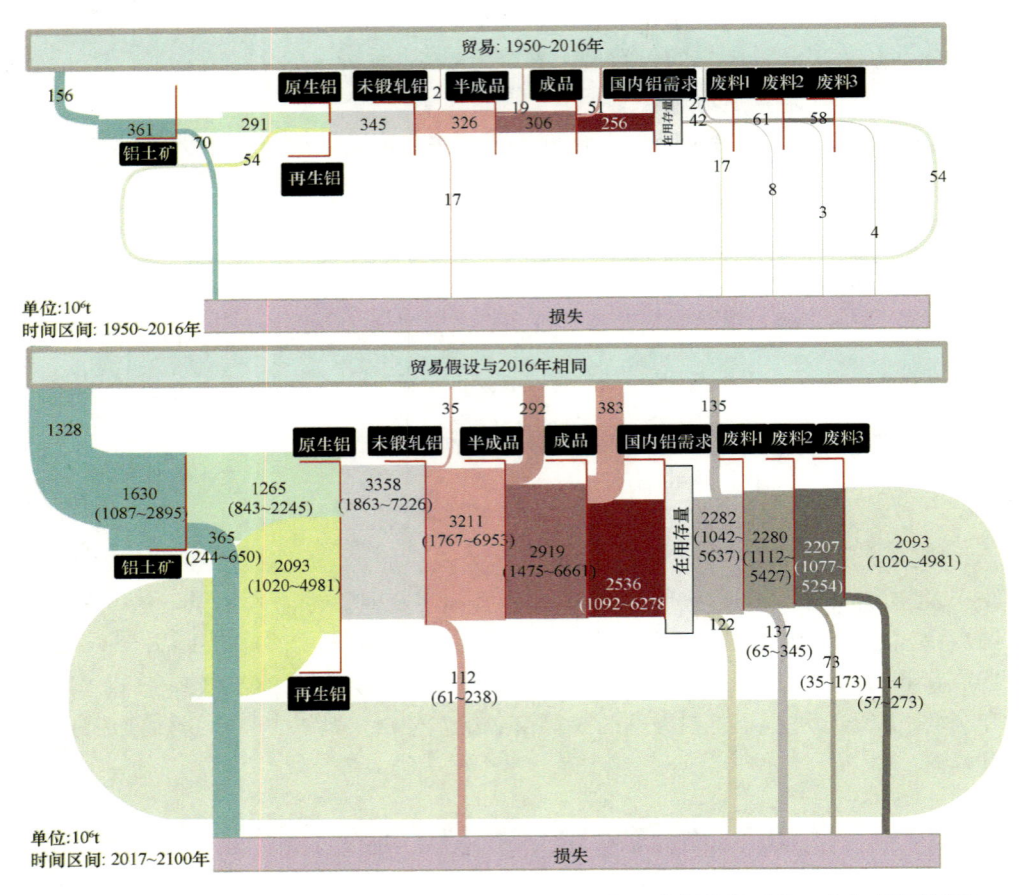

图 10.3　过去（1950～2016 年）和未来（2017～2100 年）的铝的物质流（多年累积数据）

10.2.2　在用存量快速累积并在未来达到饱和

2000 年以后，由于中国工业化和城镇化的快速推进，铝在用存量经历了急剧的指数型增长。在所有情景中这种增长都将持续到 2040～2050 年。21 世纪下半叶，在用存量变化模式将因人均铝存量参数和人口参数的设置而存在较大差异。其中，人均铝存量参数的设置主要影响未来铝在用存量预测结果的量级，而人口参数设置则对其变化趋势有明显影响。例如，高人口情景中，铝未来存量将持续增长，到 2100 年达到 5 亿~8 亿 t；中人口情景中，铝未来存量将在 2050 年前达到 4 亿~7.7 亿 t 的峰值，之后开始显著下降，上述铝存量变化趋势与人口变动趋势高度一致。在各最终消费部门中，建筑和交通工具部门的铝总存量分别排在第一和第二位，其他部门按存量从大到小排列依次为电力工程、机械设备、耐用消费品、其他和包装部门。

10.2.3 需求量快速增长预示着未来铝废料的大量产生

在所有情景中，国内铝需求量都将于 2050 年之前达到峰值，并在 21 世纪下半叶以 2000 万~8000 万 t/a 的水平趋于稳态（图 10.4a）。由于在用存量的快速累积以及对报废产品的替换，国内铝需求量从 2010 年的 500 万 t 开始快速增长，并于 2020~2030 年增长至 2000 万~6000 万 t/a。2030 年之后，国内铝需求量的变化趋势主要受在用存量饱和水平和饱和时间的影响。在所有情景中，国内铝废料都将在 2050 年之后达到峰值，且此峰值与国内铝需求量相近。这表明，如果铝废料得到 100%的回收利用，则可以完全满足未来需求。一般来说，国内铝报废量与国内铝需求量具有相似的趋势和范围。但国内铝报废量的变化趋势比国内铝需求量延迟 5~40 年（图 10.4），且产品寿命越长，时滞越长。国内铝废料将从 2010 年开始明显增长，并将线性增加至 2050 年的 2000 万~8000 万 t（图 10.4b），达到或超过同期国内铝需求量，这表明中国将在 2050 年左右迎来铝的大量报废时代。因此，中国应该尽早开始制定政策提高铝废料回收利用管理水平，布局再生铝行业。

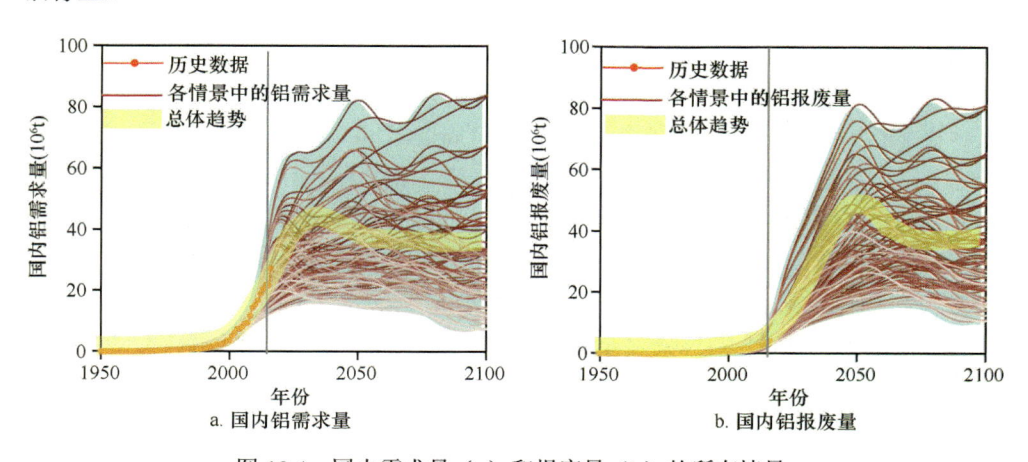

图 10.4 国内需求量（a）和报废量（b）的所有情景

由于交通工具和建筑两大部门拥有较多的铝在用存量，国内铝需求量和国内铝报废量的变化主要由这两个部门驱动。但是，与建筑部门相比，交通工具部门的铝需求量更大，产生的铝废料更多，这是因为该部门产品的寿命相对较短。因此，废弃的交通工具及其零部件（如汽车车身、高速铁路的火车车厢等）可能是未来旧废料的最大来源。建筑部门的铝需求量和铝废料产量呈现波形曲线变动，这种周期性增长意味着每隔一定时间建筑部门就会有大量废铝产生并消费大量铝。值得注意的是，在大多数情况下，除了交通工具和建筑部门外，在用存量最低的包装部门的铝需求量和报废量最高，这是因为包装产品寿命通常很短（小于1年）。

10.2.4　原生铝产量下降而再生铝产量增加

在大多数情景中，总产量将在 2020 年左右达到峰值，为 2000 万～6000 万 t（图 10.5）。总产量的增长由国内铝需求量、净出口和各流程中的损失驱动。但是由于较高的生产加工效率（即低损耗），中国总产量的变化模式接近于国内铝需求量的变化模式，即在未来将会快速增长。如果未来所有的铝都来自原生铝生产，那么铝生产环节的环境和资源负担将是巨大的。然而，随着国内铝废料产量的快速增长，在损失量不变的情况下，再生铝产量将急剧增加并于 2050 年达到 1300 万～6000 万 t（图 10.5）。再生铝将替代更多的原生铝，并进一步减轻上述环境与资源负担。

随着再生铝产量的持续增加，原生铝产量将在 2020～2030 年达到峰值，然后急剧下降。这意味着中国需要尽快调整原生铝产能，应对原生铝需求的下降。废铝回收率对于未来的原生铝产量具有重要影响。回收率越高，社会经济系统对原生铝产量的需求就越少。在 100%回收的情况下，2050 年之后，原生铝产量有可能趋近于零（图 10.5）。

再生铝替代比例是衡量铝行业及铝生命周期可持续性的关键指标（Liu *et al.*, 2013）。在中国，由于回收的废料日益增加，再生铝替代比例从 1950 年到 1985 年有所提升（图 10.5）。然而，由于需求的快速增长以及在此期间废料供应有限，再生铝替代比例在 2003 年降至 15%左右。国内铝需求量在未来将继续增加并最终趋于稳定，而国内铝废料产生量也将随之经历类似的变化。再生铝替代比例将于 2050 年增加到 50%～100%，之后保持稳定（图 10.5）。在某些情况下，再生铝替代比例甚至会达到或超过 100%（图 10.5）。在这种情况下，再生铝产量不仅将覆盖国内生产，还可为其他国家提供铝资源。

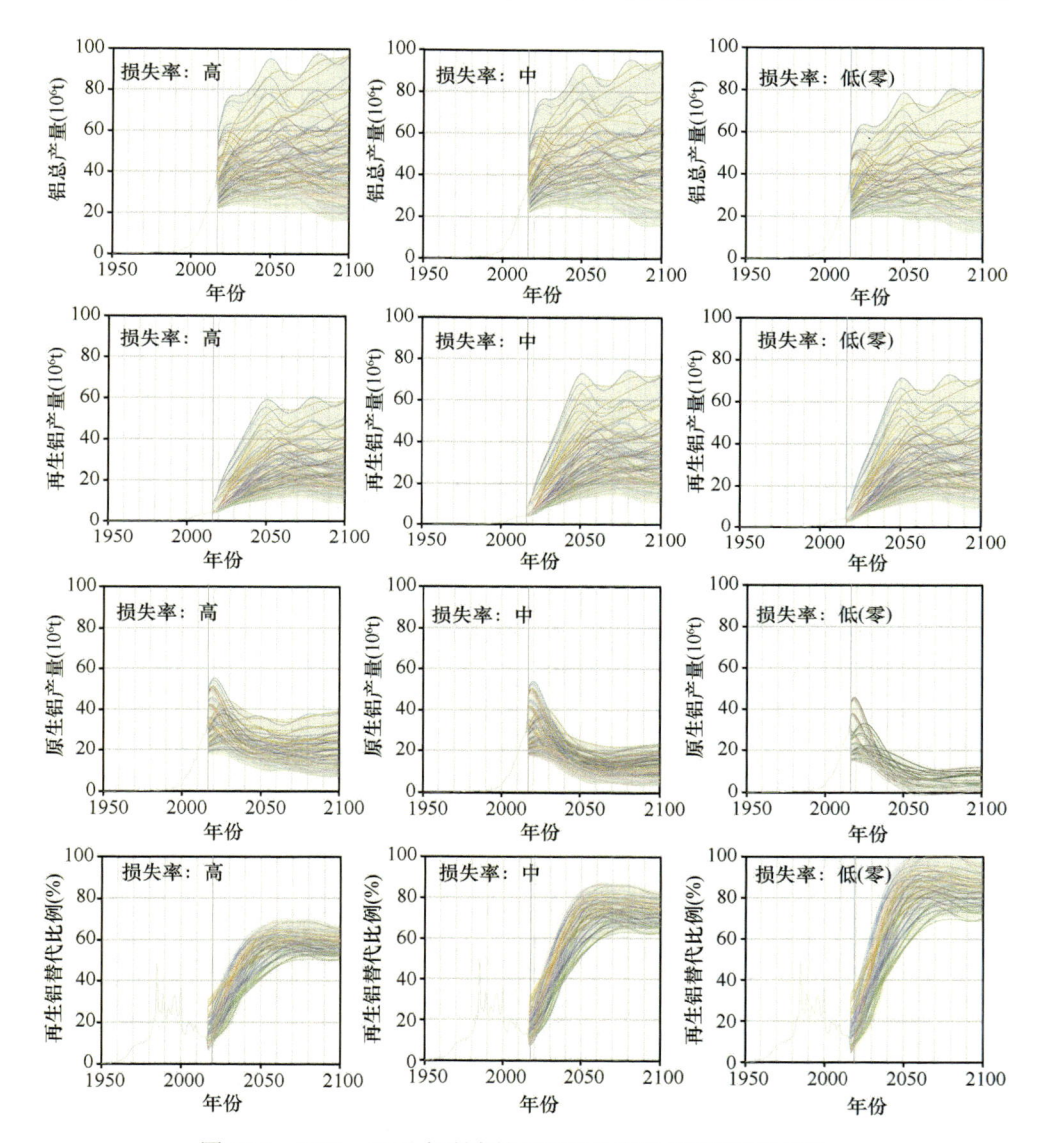

图 10.5　1950～2100 年所有情景下铝总产量及其结构的变化

10.3　影响因素分析

为了探索人均存量饱和水平、人口和产品寿命对结果的影响，我们选择了 9 个参数组合（表 10.3）作为代表情景开展分析。其中，基准情景具有中等人均存量饱和水平、自然增长速度、中等人口和中等产品寿命。为了方便讨论参数变化对最终结果的影响，与基准情景相比，其他 8 种代表情景均仅变动一个参数。例如，高饱和水平情景是人均铝存量高饱和水平、自然增长速度、中等人口和中等产品寿命的组合，而低饱和水平情景是低饱和水平和其他中等参数的组合。结合基准情景，能够分析饱和水平对各指标的影响。

表 10.3 选定的 9 种情景

选定的情景	人均存量的饱和水平	人均存量的增长速度	人口	产品寿命	损失率
最高	高	自然拟合	高	短	高
最低	低	自然拟合	低	长	高
基准	中	自然拟合	中	中	高
高饱和水平	高	自然拟合	中	中	高
低饱和水平	低	自然拟合	中	中	高
高人口	中	自然拟合	高	中	高
低人口	中	自然拟合	低	中	高
长寿命	中	自然拟合	中	长	高
短寿命	中	自然拟合	中	短	高

除了最高和最低情景之外，其余 7 种选定情景下的铝存量和流量曲线形成的范围较窄（图 10.6，图 10.7）。值得注意的是，前人研究估算的结果（Hatayama et al.，2009；Li et al.，2017；Zhou et al.，2013）都落在了上述 7 种情景形成的范围内，这表明本章设置的情景对未来中国铝的物质流的变化进行了更全面的估计。

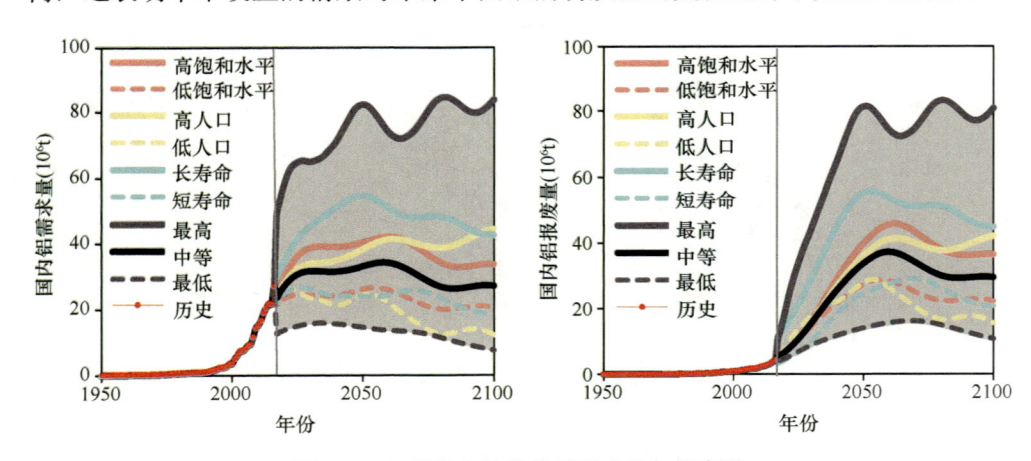

图 10.6 9 种选定情景的铝需求量与报废量

基准（中等）情景（图 10.6，图 10.7）的主要特征如下：①国内铝需求量从 2000 年开始显著增加，并在 2030 年左右达到约 3200 万 t；②报废量从 2010 年的约 240 万 t 线性增长到了 2060 年的约 3720 万 t，然后略有下降；③铝总产量从 2000 年开始快速增长，并在 2030 年左右达到约 3500 万 t 的饱和水平；④再生铝产量从 2010 年开始明显增长，并在 2030 年以后急剧上升，然后达到约 3000 万 t 的饱和水平；⑤与国内铝废料类似，再生铝产量从 2010 年开始快速增长，并在 2030 年左右达到约 3000 万 t 的饱和水平；⑥从 2010 年到 2050 年，再生铝替代比例将经历快速的线性增长，并最终达到 60%左右的水平。

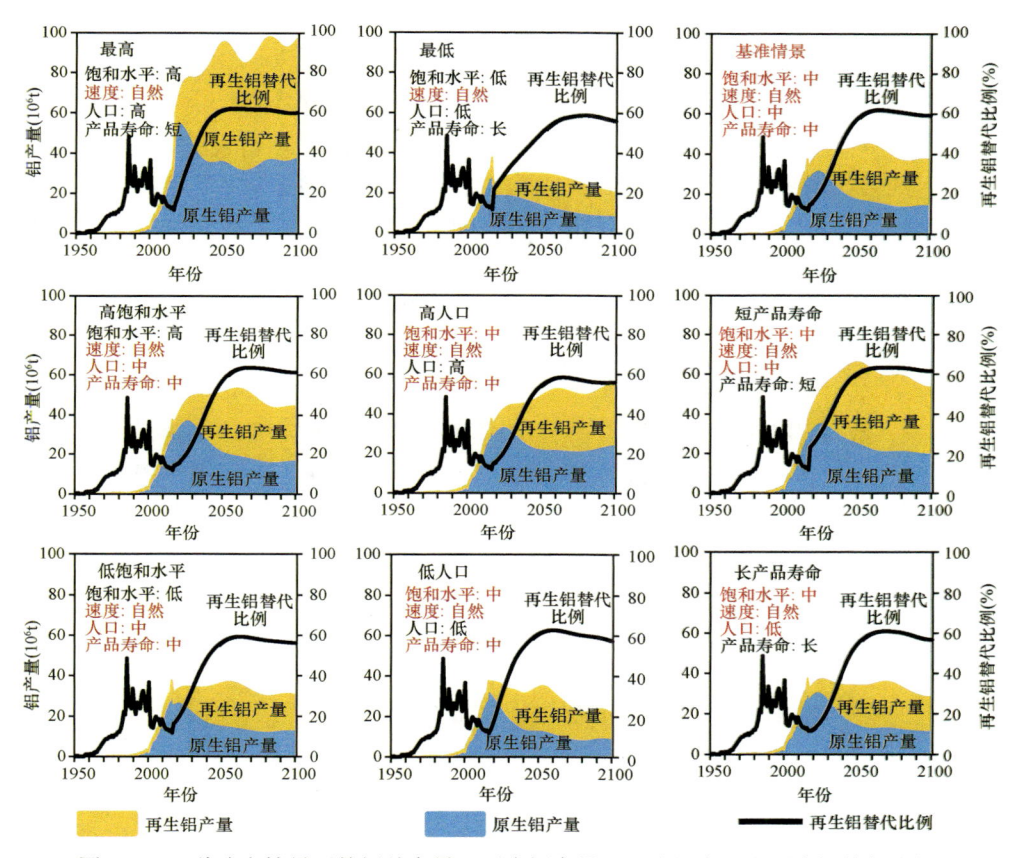

图 10.7　9 种选定情景下的铝总产量、再生铝产量、原生铝产量和再生铝替代比例

情景之间的差异由对应参数（如产品寿命、人均铝存量饱和水平、人口等）决定，故通过将各情景与基准情景对比可分析各参数的影响。由于上述 9 种情景未考虑损失率的变化，损失率的影响将结合其他情景开展分析。

（1）人均铝存量饱和水平对存量和流量指标具有线性影响

与基准情景相比，人均铝存量饱和水平的变化将导致几乎所有指标的上升或下降（图 10.6，图 10.7）。例如，大约±25%的人均铝存量饱和水平的变化（高与低饱和水平情景）可以造成国内铝需求量大约±780 万 t（±23%）的变化（图 10.6）。这种变化也可能分别导致原生铝产量和再生铝产量约±13%和±26%的变化，意味着较低的人均铝存量饱和水平将有助于节约资源。再生铝替代比例的变化在±1%以内，这是因为分子和分母几乎改变了相同的比例，表明人均铝存量饱和水平对再生铝的替代作用影响不大。

（2）较高的人口增长有可能会阻碍铝循环经济的实现

2020年之后，人口的变化趋势决定了各指标的变化趋势（图10.6，图10.7）。与人均铝存量变化导致的线性放大和缩小效应不同，高和低人口情景中，人口的增长或下降对各指标影响的差异随着时间的推移而逐渐扩大。如果中国人口继续增加，则会产生更多的在用存量，从而引发整个铝的物质流规模的扩大。与基准情景相比，高人口情景中的原生铝和再生铝产量将会增加15%~30%，而低人口情景则会减少约20%（图10.7）。人口对再生铝替代比例的影响很小。总之，高人口增长将带来更多的物质使用，可能会阻碍铝的闭路循环。

（3）短寿命产品将会产生大量的待回收铝废料

短寿命产品会促进铝的物质流动，因为产品寿命降低会带来更多的报废产品，从而产生更多的铝废料来生产再生铝。相较于增加产品寿命，减少产品寿命会对铝的物质流产生更大的影响。例如，长寿命情景中的国内铝需求量和国内铝报废量将比基准情景减少20%~30%（图10.6）。然而，短寿命时，国内铝需求量和国内铝报废量将达到约5500万t，比基准情景高50%~60%（图10.6），对于再生铝产量也有50%的推高作用（图10.7）。这意味着更多的资源投入和更高的废弃物处理压力。图10.7中产品寿命的变化对原生铝产量的影响小于10%。由于铝总产量和再生铝产量同步变化，各寿命情景下再生铝替代比例的变化更小，不到5%。

（4）低损失率带来更高的再生铝替代比例

当其他参数保持不变时，低损失率会导致更高的铝废料产生量和更高的再生铝产量。相比高损失率情景，当损失率接近发达国家时（中等损失率情景），中国将多产生约20%的再生铝，损失率等于零时，再生铝产量更高（图10.5）。由于现有的铝产品加工和制造过程的损失率已处于较低水平，损失率下降空间不大，对铝总产量的影响有限。当损失率较高时，再生铝替代比例最终稳定在60%左右；损失率达到中等情景时，再生铝替代比例稳定在75%左右，当损失率降低为零时，再生铝替代比例在某些情景下甚至达到了100%（图10.5）。由此可见，损失率对再生铝替代比例影响很大，这是因为它对再生铝比例的分子（再生铝产量）有明显的影响而对分母（铝总产量）仅有轻微影响。

10.4　中国进入废铝时代的挑战与机遇

10.4.1　原生铝产量即将达峰

改革开放以来经济的快速增长驱动了中国铝需求量的急速扩张，从而推动了这一时期全球铝需求的增长。目前，这些快速增长的铝需求是由原生铝提供的（约70%）。因此，在过去几十年间，原生铝产量增长迅猛。但考虑到其带来的环境问题和持续下降的矿石品位，中国和世界原生铝产量的增长趋势能否持续，是值得怀疑的。

中国铝需求仍将持续增长至21世纪末，但本章的综合情景分析表明中国原生铝产量的快速增长将在2020年左右结束。在所有情景下，未来所需要的原生铝产量将以50万~250万t/a的速度急剧下降。因此，迫切需要对原生铝产能进行合理的调整。中国已经面临严重的原生铝产能过剩问题。例如，2017年中国的原生铝产能约为4200万t，比实际需求高900万t。未来30年里，如果没有新的大规模用途被发掘出来，则可能需要削减超过3000万t的原生铝产能（约100万t/a）（图10.8）。因此，中国未来应该坚持推行淘汰落后产能和总量控制政策。事实上，中国近些年已经采取了产能置换与淘汰等措施。

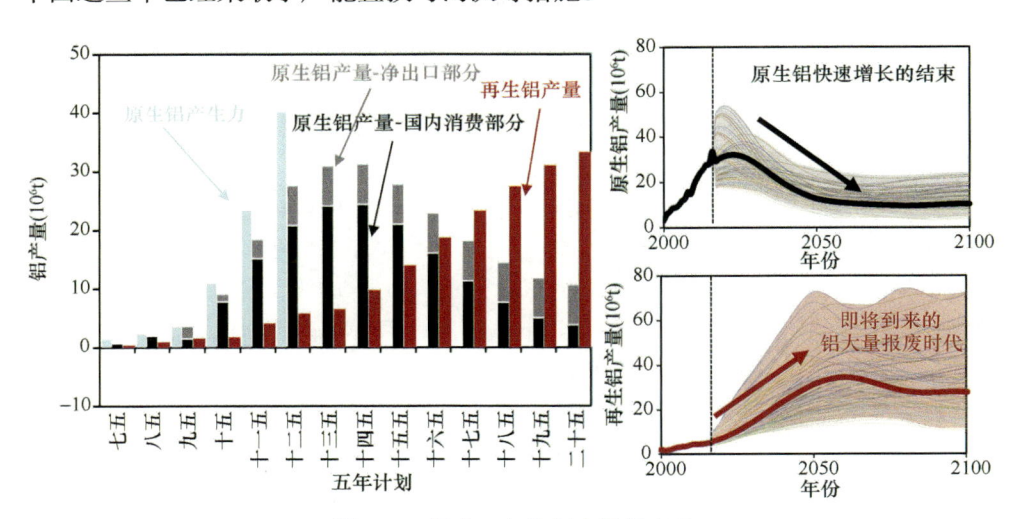

图10.8　每个5年计划末的铝产量

这幅图展示了所有情景中的原生铝产量和再生铝产量。"十二五"规划之后的数据基于各参数中等情景组合得出

10.4.2　中国即将进入废铝时代

铝报废量将在未来显著增长。在大多数情景下，废料供应量将于2050年之后

接近甚至超过最终的铝需求量，这使得实现闭路循环成为可能。然而，如果没有完善的废弃物回收利用体系，铝废料也不一定能够被合理利用，反而可能会导致环境污染和资源浪费。

面对这种情况，未来应该进一步改进和调整中国的废铝管理体系。例如，应该明确含铝产品何时报废、哪些铝废料适合重复使用、哪些铝废料需要回炉重熔等问题。由于交通工具和建筑对存量与流量影响较大，应特别注意从报废的车辆、高铁列车、高速公路、旧建筑中回收和利用铝废料，更好地了解铝废料产生的种类、数量和位置，以便合理规划和布局再生铝产能。中国的再生铝产能有较大的提升空间。2017 年中国再生铝产量为 680 万 t，仅占铝总产量的 17%。若要实现较高的废铝回收利用率，中国的再生铝产能将在 2055 年之前增加到 2600 万 t（图 10.8）。提升铝回收利用效率的另一个关键挑战是重复回收导致的杂质元素的积累可能会降低废铝的质量，从而限制回收的次数和效率。例如，铝合金中的杂质元素将导致废料降级利用，阻碍铝的闭环回收。应该提高分选技术水平从而提高资源回收系统的效率。

10.4.3　中国铝贸易结构的变化

在过去的 20 年中，随着中国铝电解和加工产业的崛起，中国进口了越来越多的铝土矿、氧化铝和铝废料，出口了越来越多的未锻轧铝、铝半成品和含铝最终产品。中国已成为全球铝贸易中的重要节点国家。但随着中国进入废铝大量产生的时代，对国外废铝的依赖度下降，未来中国很可能会减少低质量铝废料的进口。事实上，自 2010 年以来，旧废料的进口量已呈现下降趋势。但由于再生铝生产往往需要添加原生铝来调整合金配比，即使再生铝产量可以满足中国铝的需求量，中国对原生铝的需求也不会降低到零。在控制电解铝产能的大背景下，可通过进口高质量的未锻轧铝和新废料来满足消费需求。事实上，日本就是关闭境内的电解铝厂，并从资源、能源丰富的国家进口电解铝，不仅满足了自身需求，还极大地缓解了电解铝工业造成的能耗和排放压力。

本章假设中国未来铝贸易规模和结构与 2016 年一致，可能与未来的实际情况相悖，并导致预测结果的不准确。例如，如果中国继续扩大原生铝出口量，再生铝替代比例会低于预测水平；如果中国进口更多的铝废料，再生铝替代比例会高于预测水平。

10.4.4　实现更可持续的铝的物质流

除了提升回收利用效率外，还可以通过降低需求来实现铝的可持续循环。从物质流的角度看，这可以通过较低的人均铝存量、较少的人口、较长的产品寿命和较低的损失率来实现。显然，在其他条件不变的情况下，人口越少则原料消耗越少。据预测，中国的人口将在 2030 年以后下降（UN，2017），有助于减少对铝的需求。此外，从原材料利用效率看，共享经济、合理的城市规划等策略能够在保持服务水平不下降的同时减少人均铝存量。延长产品寿命会显著减少资源需求并降低环境影响。而产品寿命的延长与产品设计和消费者行为密切相关。好的产品设计能够延长其使用寿命，并提高回收和分拣效率。引导消费者的节约行为，改善其对回收的看法，可以奠定资源节约与循环利用的群众基础。此外，优化供应链、提升生产技术、降低回收和预处理损失率等均会减少资源和能源的消耗与污染排放。

第 11 章　中国铝工业能耗和碳排放的情景预测

全球气候变化已成为人类社会可持续发展面临的最为严峻的挑战，减少碳排放，阻止地球升温，已刻不容缓。作为最大的温室气体排放国，中国减排目标的制定不仅关乎自身的可持续发展，更影响全球控温目标的达成。为此，习近平主席在第七十五届联合国大会上承诺：中国二氧化碳排放力争于 2030 年前达到峰值，努力争取 2060 年前实现碳中和。

铝工业是发展国民经济与提高人民物质和文化生活水平的基础工业，但同时也是高能耗高排放工业，其能源需求占全球工业能源总需求的 3%，CO_2 排放量占全球工业总排放量的 4%（IEA，2017）。2016 年中国铝消费量占全球消费量的 54%（杨毅等，2018）。在推动实现"双碳"目标的大背景下，铝工业的节能减排工作备受关注。探索铝工业的节能减排路径，促进铝工业低碳转型和可持续发展，对实现中国的节能减排目标至关重要。

本章在第 10 章研究的基础上，围绕存量水平、技术水平和能源结构 3 类重要参数设置了 15 种情景，结合生命周期评价方法对比分析不同情景下中国铝全生命周期能耗与碳排放量，以探索铝工业的节能减排路径，为实现中长期节能减排目标提出对策建议。

11.1　研究方法

11.1.1　系统边界的确定

本章的空间边界与第 10 章一致，即除港澳台地区外的中华人民共和国各省、自治区、直辖市，时间边界为 1990~2100 年。如前所述，铝在社会经济系统中的生命周期包括 4 个主要阶段（陈伟强等，2008b），即生产阶段、加工与制造阶段、使用阶段和废物管理与回收循环阶段。含铝产品作为铝的载体出现在生命周期的不同阶段。本章选取含铝产品中铝的质量作为系统投入和产出的功能单位，用来计算含铝产品的能耗和碳排放量。

与铝的物质流分析框架不同，铝生命周期评价还包括阳极泥生产过程和能源生产过程，这两个过程为含铝产品的生产提供动力，同时消耗能源、排放温室气体。与第 9 章一致，本章研究的能耗和排放同样涵盖范围 1~3（见第 8 章）。能源消耗分为直接能源消耗和间接能源消耗。直接能源消耗是铝在生命周期不同阶段以及阳极生产过程中所消耗的能源，间接能源消耗是生产和运输过程中所需的电力、燃料、辅助原材料。在铝电解和燃料燃烧过程中会产生 CO_2、CO、CH_4、CF_4、C_2F_6 等温室气体，本章将转化为 CO_2 当量计算温室效应的影响。温室气体排放分为 3 类：一是在铝工艺现场生产含铝产品时使用直接能源的排放；二是在电解和阳极生产过程中的排放；三是电力生产和其他能源生产过程的排放。温室气体排放分为直接温室气体排放和间接温室气体排放。直接温室气体排放是主产品生产过程和阳极效应直接排放的温室气体，即消耗直接能源引起的温室气体排放。间接温室气体排放是为了给直接能源生产提供能量所消耗的电力、燃料、辅助原材料排放的温室气体，即消耗间接能源引起的温室气体排放。与之前研究相同，本章不考虑制造与使用阶段的能耗和温室气排放（Liu *et al.*，2013）。

11.1.2 计算模型

本章在第 10 章的基础上，根据质量守恒原理和存量驱动模型，进一步计算出各阶段含铝产品中铝的质量，并结合能耗和碳排放系数量化铝工业的能耗和碳排放量。

铝流量和存量的计算方法参见第 10 章的研究（Dai *et al.*，2019）。在用存量（TS）由人口（P）与人均在用存量（SPC）相乘得到。在用存量的变化量等于使用阶段铝的消费量减去使用阶段铝的报废量，其中报废量可以由消费量和产品寿命模型计算得到。其余环节的流量可根据铝在用存量、铝消费量和铝报废量推算得到。

铝的能源消耗（EU）和碳排放量（CE）通过含铝产品中铝的质量与能耗系数（EI）、碳排放系数（CI）相乘得到。计算公式如下：

$$\mathrm{EU}_t = \sum_{i=1,2,4} F_{i,t}^{\mathrm{input}} \times \mathrm{EI}_{i,t} \tag{11.1}$$

$$\mathrm{CE}_t = \sum_{i=1,2,4} F_{i,t}^{\mathrm{input}} \times \mathrm{CI}_{i,t} \tag{11.2}$$

含铝产品指的是生产阶段的铝土矿、氧化铝，加工与制造阶段的原生铝、再生铝和铝半成品，以及废物管理与回收循环阶段中的铝废料。

11.1.3 情景设置与数据来源

（1）情景参数设置

在用存量水平、技术水平、能源结构是铝行业能耗和碳排放的主要影响因素。本章通过设置 2017~2100 年在用存量水平、技术水平和能源结构的不同情景来对比分析铝行业能耗和碳排放量。

如第 10 章所述，人均在用存量的饱和水平和增长速度决定了各年份在用存量的规模。存量规模越大，铝生命周期各环节的流量越大，则铝全生命周期的能耗和排放量也越高。因此，需要设置人均在用存量饱和水平和增长速度的情景。本章假设这两个指标的情景与第 10 章一致。

本章把损失率和产品寿命作为技术水平参数，设置了高、中、低 3 种技术水平情景。产品寿命与第 10 章一致。但为了更准确地评估能耗和排放量，本章设置的损失率与第 10 章略有不同。高技术水平假设铝土矿开采、氧化铝冶炼、原生铝电解、加工、废料预处理、再生铝熔铸的损失率到 2050 年线性下降至零后不变；报废产品回收率到 2050 年线性上升至 100%后不变。中技术水平假设铝土矿开采、氧化铝冶炼、原生铝电解、加工、废料预处理、再生铝熔铸的损失率到 2050 年线性下降至世界先进水平后不变；报废产品回收率到 2050 年线性上升至世界先进水平后不变。低技术水平假设铝土矿开采、氧化铝冶炼、原生铝电解、加工、废料预处理、再生铝熔铸的损失率和报废产品回收率与 2016 年相同。具体数值如表 11.1 所示。

表 11.1　本章若干关键参数的数值设置

技术水平	年份	铝土矿开采损失率	氧化铝冶炼损失率	原生铝电解损失率	加工损失率	报废产品回收率	废料预处理损失率	再生铝熔铸损失率	产品服务年限
高	1991~2016	0.06~0.59	0.1~0.36	0.004~0.03	0.05	0.8	0.05	0.07	长
	2050	0	0	0	0	1	0	0	
中	1991~2016	0.06~0.59	0.1~0.36	0.004~0.03	0.05	0.8	0.05	0.07	中
	2050	0.05	0.05	0.002	0.03	0.95	0.03	0.05	
低	1991~2016	0.06~0.59	0.1~0.36	0.004~0.03	0.05	0.8	0.05	0.07	短
	2050	0.06	0.2	0.004	0.05	0.8	0.05	0.07	

能源结构的历史数据来源于《中国能源统计年鉴》，预测数据根据《BP 世界能源展望》(IEA，2019) 设定。假设能源结构分为不变（与 2017 年一致）、中等转变速度和快速转变速度 3 种，不同能源的比例呈线性变化且到 2040 年之后趋于稳定。能源结构如图 11.1 所示。

贸易量的历史数据和预测数据根据本书第 10 章的研究设定。根据第 10 章的结论，2050 年之后中国国内再生铝产量已可以基本满足铝需求，故假设铝废料净进口量为 0。根据《中国现代化报告》（何传启，2016），中国将在 2050 年跨入发达国家行列，假设最终产品净出口量为 0。其余含铝产品贸易量假设与 2016 年相同。

在生命周期评价中，采矿、冶炼、阳极制造、电解和铸造阶段的能耗系数来自国际铝业协会，铝的半成品和再生铝生产阶段的能耗系数来自欧洲铝业协会的能源调查统计表。碳排放系数的计算方法来自国际铝业协会发布的碳足迹技术支持文件（IAI，2015）。更多详情见第 9 章。

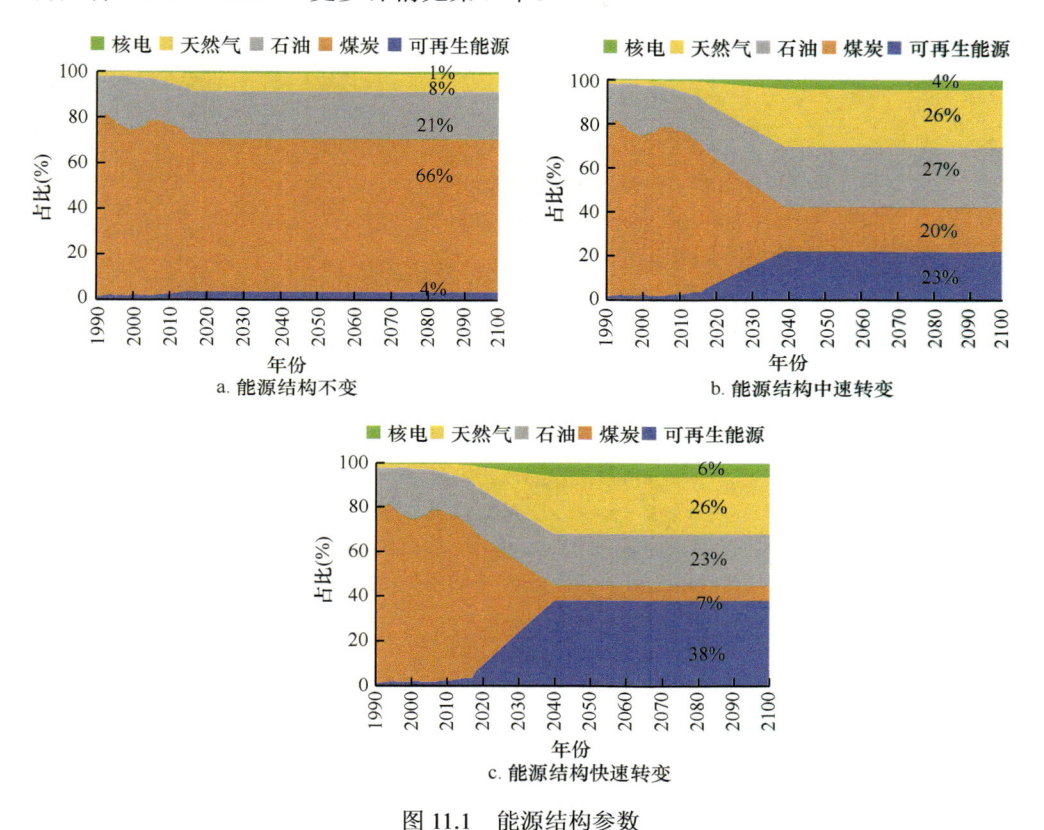

图 11.1　能源结构参数

（2）情景设置

根据各参数取值的不同，本章设置了四大类 15 种情景。每一种情景代表了一条节能减排路径。现行政策情景由参数的中等水平值组成，是现有政策最有可能达到的情景。在现行政策情景的基础上，本章设置了调整一类、两类和三类参数的单情景、双情景和三情景。当一类参数取极值时，对应单情景中能耗和碳排放最高与最低的两种情景，这两种情景会形成一个范围的边界，代表了这一参数对铝工业能耗和碳排放的影响范围；当两类参数同时取极值时，对应双情景中能耗和碳排放最高与最低的两种情景，这两种情景也形成一个范围的边界，代表了这两类参数对铝工业能耗和碳排放的影响范围。三情景是调整所有参数所对应的能耗和碳排放最高和最低的情景，是最大影响范围的边界。一类或两类参数取极值形成的范围与三类参数取极值形成的范围的比值可以代表这些参数节能减排潜力的大小。情景设置如表 11.2 所示。

表 11.2　15 种情景的代码、含义和参数设置

情景类别	情景代码	情景含义	存量水平（S）	技术水平（T）	能源结构（E）
现行政策	CP	按照现有政策最有可能达到的情景	中	中	中速
单情景	LS	只调整存量水平参数的最低能耗和碳排放情景	低	中	中速
	HS	只调整存量水平参数的最高能耗和碳排放情景	高	中	中速
	LT	只调整技术水平参数的最低能耗和碳排放情景	中	高	中速
	HT	只调整技术水平参数的最高能耗和碳排放情景	中	低	中速
	LE	只调整能源结构参数的最低能耗和碳排放情景	中	中	快速
	HE	只调整能源结构参数的最高能耗和碳排放情景	中	中	不变
双情景	LST	调整存量水平和技术水平参数的最低能耗与碳排放情景	低	高	中速
	HST	调整存量水平和技术水平参数的最高能耗与碳排放情景	高	低	中速
	LSE	调整存量水平和能源结构参数的最低能耗与碳排放情景	低	中	快速
	HSE	调整存量水平和能源结构参数的最高能耗与碳排放情景	高	中	不变
	LET	调整能源结构和技术水平参数的最低能耗与碳排放情景	中	高	快速
	HET	调整能源结构和技术水平参数的最高能耗与碳排放情景	中	低	不变
三情景	LSTE	调整全部参数的最低能耗和碳排放情景	低	高	快速
	HSTE	调整全部参数的最高能耗和碳排放情景	高	低	不变

11.2　全生命周期铝存量与流量分析

2016 年，电解环节（原生铝生产）是铝生命周期能耗和碳排放最大的阶段，其能耗和排放量分别占全生命周期总量的 76.0%（图 11.2a）和 88.9%（图 11.2b）。电解环节对总排放量的影响大于对总能耗的影响。回收预处理以及熔铸环节（再生铝生产）是能耗和碳排放量最小的生命周期阶段，仅分别占能耗和碳排放总量的 0.8%（图 11.2a）和 0.2%（图 11.2b）。因此，以再生铝替代原生铝能极大地降低铝工业的能耗和碳排放量，尤其是对减排影响更大。2016 年，中国回收利用再生铝 440 万 t，仅占原料总量的 13.4%（图 11.2c）。

本章根据在用存量与流量的历史数据（1990～2016 年）预测 2017～2100 年的在用存量与流量。铝在用存量只和人均在用存量饱和水平有关，15 种情景分为低、中、高 3 类（图 11.3a）。铝各阶段流量与在用存量水平和技术水平均有关，15 种情景分为 7 类：中存量中技术、高存量低技术、高存量中技术、低存量高技术、低存量中技术、中存量低技术、中存量高技术（图 11.3b）。

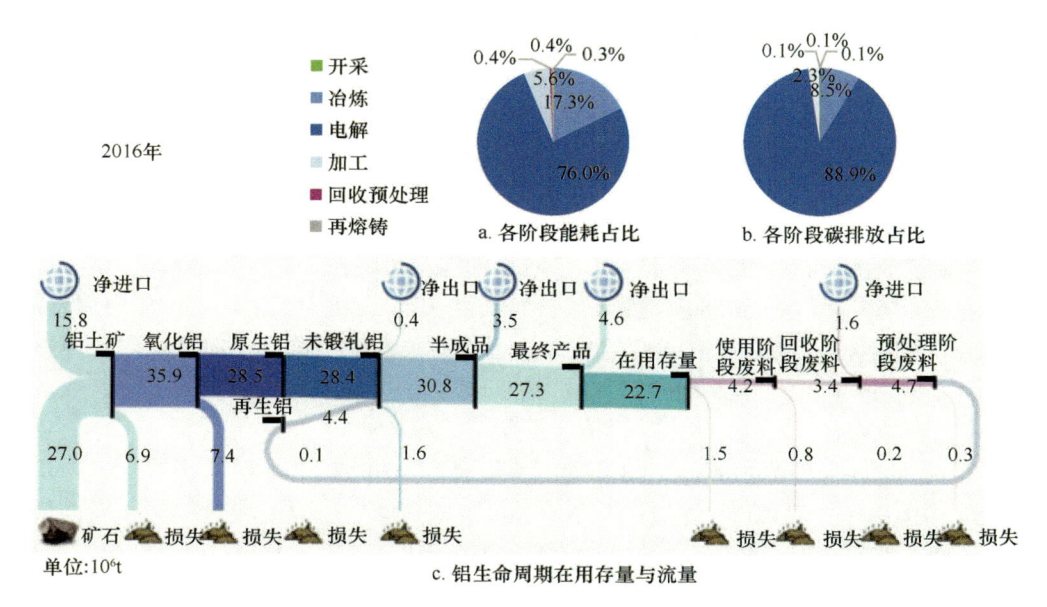

图 11.2　2016 年铝各生命周期阶段的在用存量、流量及其能耗和碳排放占比

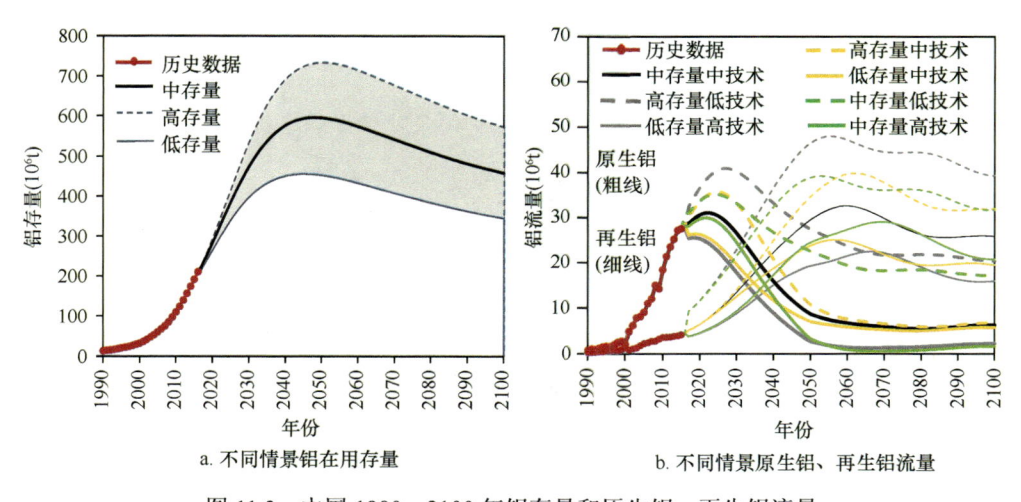

图 11.3　中国 1990~2100 年铝存量和原生铝、再生铝流量

中国铝在用存量将在 2040~2050 年达到峰值，峰值为 4.6 亿~7.3 亿 t（图 11.3a）。各情景下，中国原生铝在 2030 年前达峰，再生铝在 2050~2060 年达峰。再生铝在低存量中技术水平下最早（2035 年）超过原生铝数量，在高存量低技术水平下最晚（2040 年）超过原生铝数量（图 11.3b）。这表明随着中国铝废料大量报废，再生铝最迟在 2040 年可成为主要原料。

11.3 全生命周期能耗情景分析

（1）节能目标分析

在各情景下，中国铝工业均可以实现 2030 年前能耗达峰的目标。在现行政策下，铝工业能耗将于 2021 年达峰；单情景的能耗最晚在 2025 年达峰；双情景和三情景的能耗最晚在 2028 年达峰。这意味着按照现有状况发展，不做任何调整，中国仍能实现在 2030 年前达峰的目标。达峰的关键在于原生铝的产量。如前所述，原生铝生产是生命周期中能耗最大的阶段。随着原生铝逐步被再生铝替代，原生铝产量将在 2030 年前达到峰值，推动总能耗达峰。

根据世界银行的预测，中国 2030 年国内生产总值将达到 64.2 万亿美元，是 2005 年国内生产总值的 3.5 倍，能源消耗过程会伴随碳排放，2030 年铝工业的能源消耗水平应该为 2.3 万亿～2.7 万亿 MJ。通过图 11.4 可以看出，在所有情景下，铝工业都无法实现 2030 年单位 GDP 能耗下降的目标。

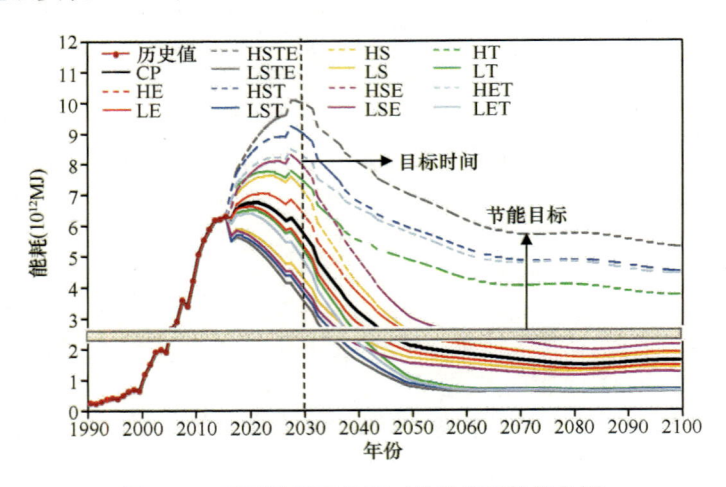

图 11.4 不同情景下的铝工业总能耗趋势分析

2030 年，单情景中的 LS 最接近目标，三情景中的 LSTE 最接近目标，但两者离目标差距都比较大（>10%）。LS 在 2030 年的能耗为 4.3 万亿 MJ，单位 GDP 能耗比 2005 年下降了 34.9%，与 60% 的目标相差 25.1 个百分点。LSTE 在 2030 年的能耗为 3.6 万亿 MJ，单位 GDP 能耗比 2005 年下降了 45.7%，与 60% 的目标相差 14.3 个百分点。无论存量水平和能源结构参数如何变化，只要技术水平维持现有的低水平状态，在 2100 年前就无法实现单位 GDP 能耗下降的目标。而在技术水平指标中，报废产品回收利用率是关键。提高报废产品的回收利用率，提高再生铝产量以替代原生铝是节能的根本。

（2）节能潜力分析

如图 11.5 所示，单情景中技术水平的节能潜力最大，其次是存量水平，最后是能源结构，分别为 55.7%、20.3% 和 10.8%。提高技术水平是节能的根本。从时间上看，存量水平的节能潜力逐渐降低，2025 年之前约为 50%，大于其余参数的节能潜力。这是由于在低存量水平下再生铝最早超过原生铝的产量，成为主要原料，在前期大幅降低了能耗。因此，在前期，降低存量水平的节能效果大于优化能源结构和提高技术水平的节能效果。能源结构的节能潜力最小且随时间变化不大，一直维持在 10% 左右。技术水平的节能潜力逐渐增加并趋于稳定，在 2049 年以后超过 60%，占主导地位。中国将在 2050 年左右迎来铝的大量报废时代，使铝循环经济的实现成为可能（Dai *et al.*，2019）。技术水平提高意味着在生命周期过程中有更多的铝可以被循环利用。未锻轧铝中再生铝的比率越高，社会经济系统对原生铝的需求相对越少，能源消耗越少。

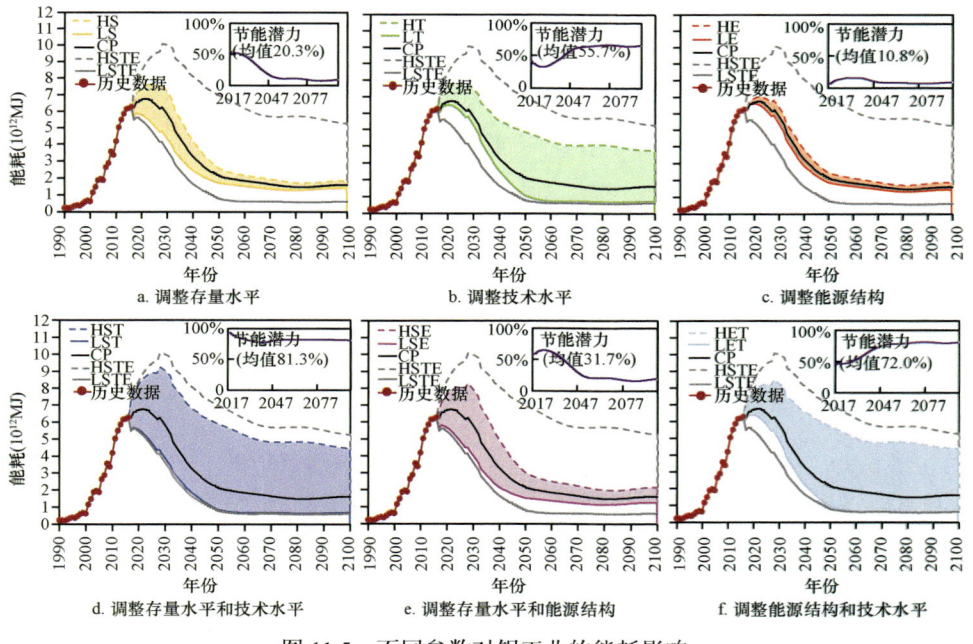

图 11.5　不同参数对铝工业的能耗影响

双情景中存量水平和技术水平的节能潜力最大（81.3%），其次是能源结构和技术水平（72.0%），最后是存量水平和能源结构（31.7%）。存量水平越低，能源消耗在前期越接近最低能耗水平；技术水平越高，能源消耗在后期越接近最低能耗水平。

11.4 全生命周期碳排放情景分析

（1）减排目标分析

与能耗类似，中国铝工业碳排放也将在 2030 年前达到峰值。单情景的碳排放最晚在 2022 年达到峰值；双情景中 HSE 的碳排放在 2025 年达到峰值，HET 和 HST 的碳排放在 2023 年达到峰值；三情景中 HSTE 的碳排放达峰时间最晚，在 2027 年达到峰值 20 亿 t（图 11.6）。与能耗的达峰时间相比，不同情景碳排放的达峰时间较早。这是由于原生铝生产对排放总量的影响更大，以再生铝替代原生铝对减排更为有效。

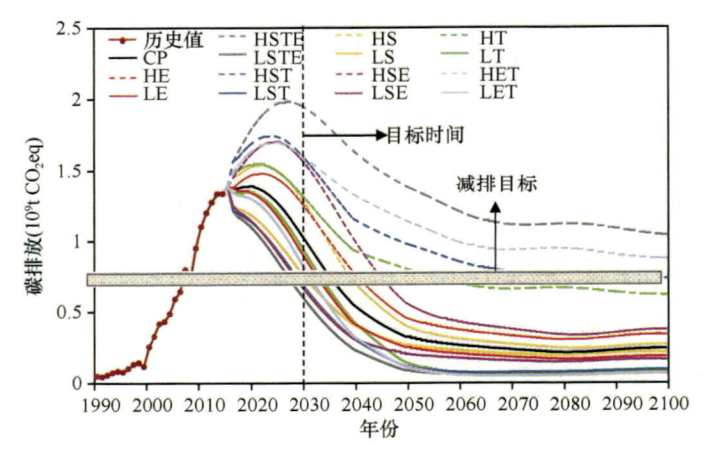

图 11.6 不同情景下的铝工业总排放趋势分析

只有三情景中的 LSTE 可以实现 2030 年碳排放的目标。双情景中 LSE 的碳强度（单位国内生产总值 CO_2 排放量）比 2015 年下降了 59.9%，十分接近目标，LST 和 LET 的碳强度分别下降了 56.2%、50.4%。单情景中的 LS 在 2030 年最接近目标，碳强度比 2005 年下降了 54.5%，与目标差距较小。无论存量水平和能源结构如何变化，只要技术水平维持现有的低水平状态，就无法在 2100 年前实现碳强度下降的目标。

（2）减排潜力分析

如图 11.7 所示，单情景中技术水平的减排潜力最大，其次是能源结构，最后是存量水平。减排潜力由大到小的均值分别为 47.0%、17.3%和 16.7%。从时间上看，存量水平的减排潜力在 2034 年之前超过 30%，大于其余参数的减排潜力。这是由于再生铝在低存量水平下最早超过原生铝的数量，在前期大幅降低了碳排放量。能源结构的减排潜力一直维持在17%左右。与节能潜力不同，能源结构的减排潜力在2038年之后大于存量水平的减排潜力，转变以煤炭为主的能源结构的减排效果好于节能效果。技术水平的节能潜力逐渐增加并趋于稳定，在2035年以后达到31.2%，占主导地位。在2034～2100年，延长含铝产品的服务年限、降低各阶段损失、提高报废产品的回收利用率、增加再生铝生产比例依旧是最有效的减排路径。

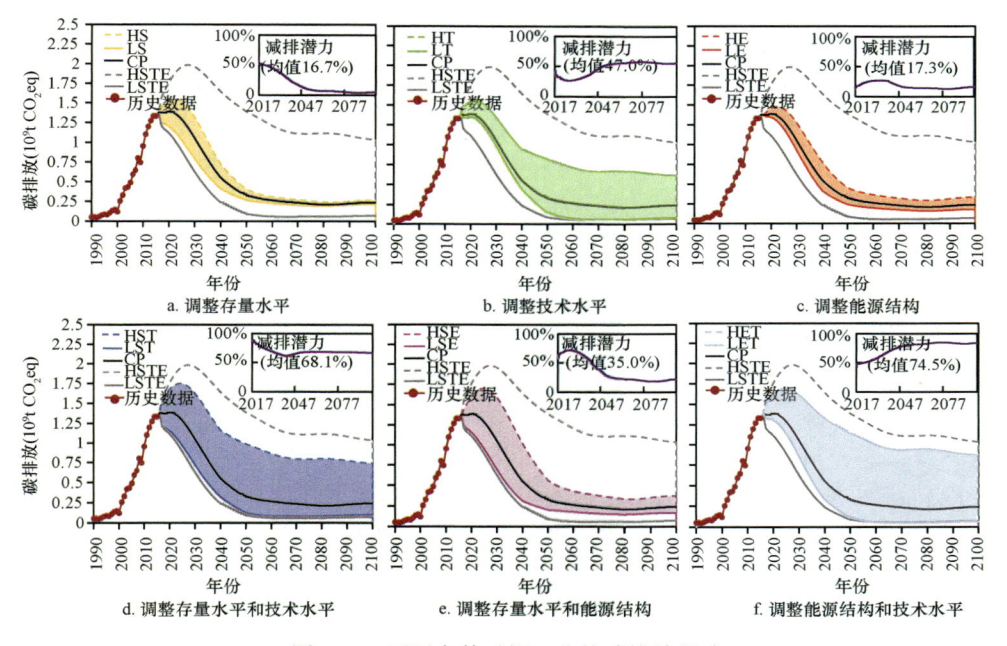

图11.7　不同参数对铝工业的碳排放影响

双情景中能源结构和技术水平的减排潜力最大（74.5%），其次是存量水平和技术水平（68.1%），最后是存量水平和能源结构（35.0%）。调整存量水平的最低碳排放情景（LST、LSE）在前期最接近最低碳排放情景（LSTE），调整技术水平的最低碳排放情景（LST、LET）在后期最接近最低碳排放情景（LSTE）。

11.5　铝工业实现"双碳"目标的挑战与途径

根据上述分析可知，按照现有的经济增长速度、技术水平和能源结构，不采取任何措施，中国铝工业仍能实现能耗和碳排放在2030年前达峰的目标。铝工业在2030年无法实现单位GDP能耗比2005年下降60%～65%的目标。但在技术水平最高、存量水平最低和能源结构快速转变的情景下，铝工业可以在2030年实现单位国内生产总值CO_2比2005年下降60%的目标。这是由于原生铝生产对碳排放的影响大于对能耗的影响，以再生铝替代原生铝对减排更为有效。

然而中国很难达到铝存量水平最低、技术水平最高、能源结构最优的情景（LSTE）。在该情景下，中国2030年的铝存量水平为3.96亿万t，人均在用存量水平为274.9kg/人，比2016年高81.5%。由于中国仍处于工业化中期发展阶段，正在向中等发达国家迈进，按照正常速度中国在2030年的人均在用存量应比2016年高约120%；同时，北美、欧洲和日本的人均在用存量饱和水平为350～540kg/人，约为该情景的1.6倍。而中国居民消费处于以住房、汽车为标志的消费升级阶段，控制人均在用存量水平是一个巨大挑战。在该情景下，2030年再生铝在未锻轧铝中的比例为33.0%。但中国2018年再生铝产量仅占未锻轧铝的19.4%，尚存在13个百分点以上的缺口。此外，该情景的平均损失率仅为2016年的58.3%，且低于目前最先进技术水平所能达到的损失率最小值（陈伟强等，2009）。因此，如果要达到该目标，需大幅提升现有铝工业全产业链技术水平，存在较大困难。在该情景下，可再生能源比例将从2017年的3.5%升至2030年的23.6%，煤炭比例从65.2%降至31.2%，石油比例从20.2%升至21.8%，天然气比例从7.5%升至18.3%，核电比例从0.7%升至3.9%。中国在"十三五"规划中指出，2020年天然气消费比例力争达到10%，煤炭消费比例降低到58%以下，能源结构转变速度随着时间推移下降，与该情景下的能源结构尚存在较大差距。

双情景中最优的节能路径是提高技术水平和降低存量水平，最优的减排路径是提高技术水平和快速转变能源结构，提高技术水平是节能减排的最优路径，转变能源结构的减排效果好于节能效果。单情景中最优的节能减排路径是提高技术水平，且该路径的节能减排潜力大于双情景中存量水平和能源结构的节能减排潜力。综合考虑所有情景，技术水平的节能减排潜力最大。

值得一提的是，如果技术水平维持现有的低水平状态，在2100年前就无法实现单位GDP能耗和碳排放量下降的目标。节能减排的首要任务是提高技术水平，建立完整的回收、运输、处理、利用废旧产品的铝回收利用体系，提高报废产品的回收利用率和再生铝的替代比例；发展分类技术、冶炼技术等，降低各阶段铝产品的损失率，延长铝产品的使用寿命。其次，政府应盘活社会经济系统中的铝存量，推动共享经济的发展，提高闲置产品的利用效率，由扩张增量转向优化存量。最后，能源结构对碳排放有较大影响，政府除了改善电力结构，降低煤炭消费占比，还应完善市场机制在节能减排方面的作用，如建立完善的碳交易市场、对高能耗高排放企业征收环境税等。

第 12 章 全球铝工业能耗和碳排放的情景预测

如前所述，金属工业在缓解气候变化问题上面临着满足全球范围内迅速增长的需求和严格控制温室气体排放（IEA，2009；IPCC，2007）的双重挑战。由于存在国际贸易，在国家层面实现铝工业节能减排是不够的，还需要从全球层面预测需求量、能耗和温室气体排放量，以探索节能减排路径。

预测全球铝的需求量和相关的温室气体排放量通常基于市场增长的推断假设（IEA，2009；Schwarz et al.，2001）或经济指标（如价格、人均 GDP）（Menzie et al.，2010；Soria and Luo，2008），但这些模型缺乏有关铝循环物理特征的刻画，也没有考虑质量守恒的联系和反馈以及建成环境演变导致的时间滞后效应。尽管提高不同阶段的生产效率和回收利用率有利于减少单位产出的温室气体排放，但从长期来看，铝的需求量和废料可用量本质上还是取决于社会在用存量的动态变化（Gordon et al.，2006；Liu et al.，2011；Müller et al.，2006，2011）。因此，通过对在用存量设定边界条件来选取未来最优减排路径具有重大意义。

本章基于质量守恒原则和存量驱动模型，构建了一个全球动态物质流模型，以模拟全球未来的铝循环量、温室气体排放路径及减排潜力。

12.1 研 究 方 法

本章开发了一个全球铝循环和相关的能源消耗及温室气体排放模型（图 12.1）。该模型通过整合铝的动态物质流及其相关的能耗和温室气体排放系数，模拟历史和未来的铝存量流量以及铝循环的能耗和温室气体排放量。本章同样不考虑制造和使用阶段的温室气体排放量。更详细的生命周期过程详见第 3 章的描述。

铝的历史存量和流量（1900~2009 年）是通过基于存量驱动的自上而下方法计算得到的，即根据含铝产品的生产、贸易数据和产品寿命的假定计算得到（Gordon et al.，2006；Liu et al.，2011）。铝产品从半成品到最终产品的净出货量历史数据主要来自国际铝业协会下属的全球铝循环利用委员会（GARC）汇编的工业统计，而所选的 12 个国家的净出货量历史数据来源不一。模型共选取联合国商品贸易统计数据库中约 130 种含铝产品的历史贸易数据（1962~2009 年）来呈现半成品和最终产品中铝的贸易情况。研究对 1962~2009 年的铝流动情况进行了逐年分析，基于产品寿命呈正态分布的假设来模拟最终产品在用存量的累积过程，并推算不同时间不同报废产品退出使用阶段的流量和在用存量。消费前的废料产量和消费后的废料产量分别通过各阶段产出率和废弃产品的回收率估算得到。再生铝往往无法满足金属的全部需求，需要原生铝进行补充，因此模型中模拟的原生铝产量是基于铝总体需求和再生铝的差值核算得到的。

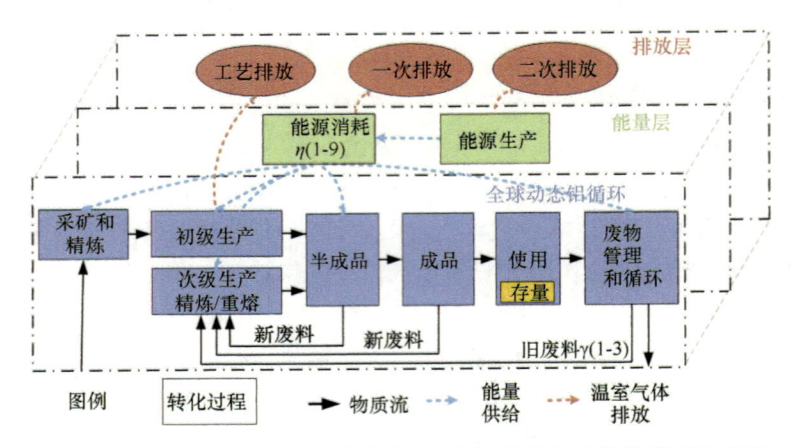

图 12.1　全球铝循环及其相关的能源使用和温室气体排放模型示意图

未来的铝存量和流量（2010～2100 年）通过存量驱动模型计算得到，通过假定的在用存量和产品使用寿命推算未来的流量。首先基于假定的在用存量饱和水平和饱和时间，通过修正的 Gompertz 模型来模拟未来人均在用存量的增长曲线。如公式（12.1）所示，s_t 为 t 时刻的人均在用存量，s_{sat} 为人均在用存量饱和水平，以 2009 年为起始年份，α、β 为增长曲线参数，以此分别得到存量饱和水平及时间。某年的最终产品流入量 $I(t)$ 为该年存量净增量和报废产品产生量 $O(t)$ 之和，如公式（12.2）所示，P 为人口数量。$O(t)$ 则根据流入产品的类型和产品寿命计算得到，如公式（12.3）所示，$L(t,t')$ 为符合正态分布的产品寿命。

$$s_t = \frac{s_{sat}}{1+\left(\dfrac{s_{sat}}{s_0}\right)\times e^{\alpha\times\left(1-e^{\beta t}\right)}} \tag{12.1}$$

$$I(t) = s(t)\times P(t) - s(t-1)\times P(t-1) + O(t) \tag{12.2}$$

$$O(t) = \int_{t_0}^{t} L(t,t')\times I(t)\,\mathrm{d}t' \tag{12.3}$$

本章涵盖 9 种能源类型（自备电网、混合电网、天然气、重油、硬煤、丙烷、汽油、煤油、柴油和轻燃料油）和 3 种排放类型，即所投入能源的直接（或现场）排放、能源生产的间接（或场外）排放（来自能源生产链和间接能源投入）和铝生产过程的排放（如阳极生产过程和电解过程的 CO_2、CF_4 和 C_2F_6 排放）。其中，直接能源排放系数由文献中的生命周期清单整理得到，并转化为统一的强度单位

(MJ/t); 间接化石燃料能源参数、电力生产能耗和传输损失来自美国能源部（DOE）的公开文件，电力生产能源数据来自国际铝业协会（IAI）年度报告，全球电力生产结构来源于美国能源信息署（EIA）。

大多数年份中模拟的原生铝产量与历史数据误差低于 8%，铝的历史在用存量主要对产品寿命假定和估计的国际间接贸易较敏感。全球在用存量的短寿命和长寿命情景中的结果与中等寿命情景结果存在 15%～30%的差异。单个含铝产品的贸易和铝含量数据具有很高的不确定性，但总体的不确定性相对较低，即贸易数据低于 10%、铝含量约为 20%。

12.2 全球铝循环与碳排放量

全球铝循环如图 12.2 所示，2009 年通过加工废料再生得到的铝已占全球铝锭生产的一半以上。当前全球铝的回收主要基于消费前的废料（3280 万 t），虽然可以减少单位产量的能源需求，但由于其在加工过程中成型和制造效率低，导致铝的需求和温室气体排放量反而有所增加（Liu et al.，2011；Milford et al.，2011），因此只有回收消费后的废料才有可能显著降低总能耗和排放。当前消费后的废料（1000 万 t）以饮料罐和报废车辆为主，主要是因为这些产品铝的使用量大且产品使用寿命相对较短。

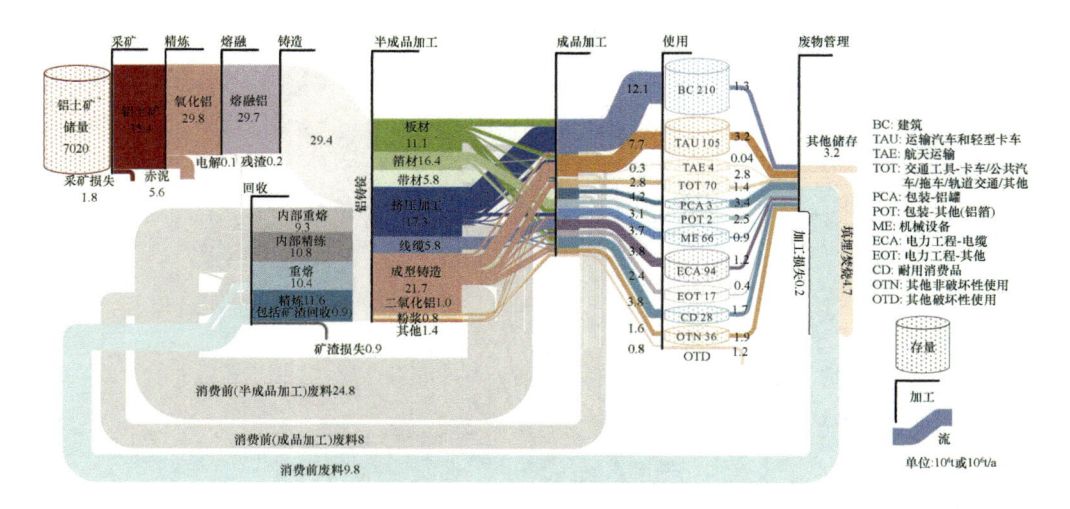

图 12.2　2009 年全球人为铝循环

在 2009 年，全球铝循环所带来的温室气体排放总量约为 4.5 亿 t CO$_2$eq（图 12.3），约占全球温室气体排放量的 1.1%，冶炼和其他与原生铝生产相关的工艺（采矿、精炼、冶炼所需的阳极材料）占总排放量的 90%以上。最重要的排放源是间接排放（占总排放量的 65%），主要来自电力生产，其次是过程排放（18%），主要来自化石燃料（17%）。

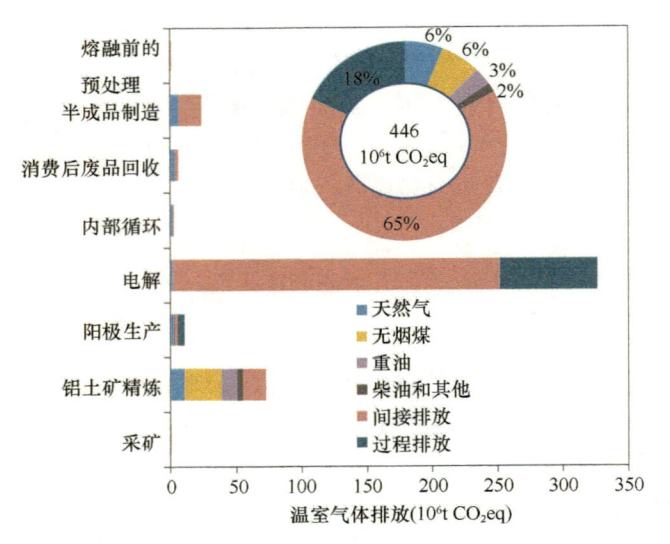

图 12.3 2009 年全球铝人为循环各生产阶段的温室气体排放

12.3　全球人均铝在用存量

2009 年，全球人均铝在用存量接近 90kg，其中发展中国家人均为 10~60kg，工业化国家人均为 200~600kg（图 12.4），这种差距往往是由财富、生活方式、城市化模式以及产品和基础设施中铝的材料强度等造成的。

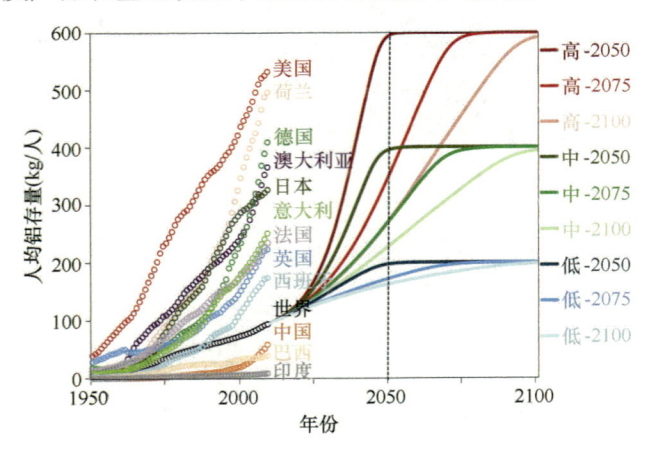

图 12.4　人均铝在用存量的历史数据和未来情景图
右侧纵轴指达到峰值年份

工业化国家铝的历史存量模式存在一些显著的相似之处：初期人均铝在用存量缓慢发展至 50kg/人的水平，随后以年均 5~10kg/人的近线性趋势增长。早在 20 世纪 80 年代，几个工业化国家的人均钢铁在用存量就已达到饱和状态（Müller et al.，2006，2011），但尚无迹象表明人均铝在用存量趋于饱和。长期来看，人均铝在用存量不可能以当前速度无限增长，而更可能出现铝产品趋于饱和或特定服务的铝需求量减少，存量增长速度随之放缓、平稳甚至下降。在铝在用存量达到饱和的假设下，我们通过存量驱动模型来模拟未来铝循环。该方法较基于流量的方法有以下优势（Bader et al.，2011；Gordon et al.，2006；Hatayama et al.，2009；Müller，2006，2011；Pauliuk et al.，2012）：①在用存量反映了建成环境中铝的最终需求量，动态存量同时影响着上游材料需求和铝废料回收；②在长期水平上存量驱动比流量驱动更稳健。

12.4 全球铝工业减排策略分析

根据工业化国家的历史发展模式，研究基于不同饱和水平和饱和时间设定了 9 种情景（图 12.4）。其中，饱和水平包括低（200kg/人）、中（400kg/人）和高（600kg/人）3 种情景，饱和时间（在用存量达到饱和水平 98%的时间）设为快速（2050 年）、中速（2075 年）和慢速（2100 年）3 种情景。在此基础上，研究进一步构建了 4 种减排策略（Pacala and Socolow，2004），基于 9 种在用存量情景，探索全球铝循环的减排路径和减排潜力（表 12.1）。利用当前的能耗和温室气体排放参数可以分别核算出无减排措施下不同情景的排放量，对比减排情景，即可估计排放差额和最大减排潜力。

表 12.1　减排策略及其在模型中的应用

减排策略	缩写	描述
高回收率	M1-NPC	到 2050 年，建筑和交通工具的回收率达 95%，其他最终产品的回收率达 90%
提高生产技术	M2-TY1	到 2050 年，所有半成品制造工艺中的金属损失率下降至 10%，成品制造工艺的金属损失率下降至 5%
提高排放效率	M3-TEE	电解环节耗电强度下降至 13.11kW·h/kg 铝，从 2030 年起电解环节碳排放为 0，阳极生产的碳排放强度增加到 2.08；铝土矿开采和氧化铝冶炼的全球平均能耗强度达到目前最先进的技术水平，即 9.5GJ/t 铝，并以每年 0.25%的速度提升；半成品制造的能耗强度下降 25%；天然气消耗降低 55%
电力脱碳技术的应用	M4-CCS+	到 2030 年，所有煤电厂的碳捕获和储存技术的效率将提升至 85%；通过更多地使用可再生能源、清洁煤等，电力的碳排放强度下降 30%

图 12.5 表明铝在用存量发展模式决定了未来排放量趋势。温室气体排放达到峰值后逐渐下降意味着全球铝在用存量趋于饱和，此时原生铝将只被用来弥补回收和再加工过程中的铝损失。如预期所示，高存量饱和水平会带来高需求量和高

排放量。2006~2050 年，不同情景下的铝需求量增长了 1.7~5.5 倍。中-2075 情景下铝需求量增长了近 3.3 倍，相当于之前研究到 2050 年需求量预测的 3 倍 (IEA，2009) 或 4 倍 (The Carbon Trust，2011)。在无减排措施条件下，2050 年低、中、高存量水平的排放量分别为 6 亿~7 亿 t、12 亿~14 亿 t 和 16 亿~23 亿 t，较 2000 年排放量增加了 1.7~6.5 倍。饱和时间提前意味着更早达到排放峰值，则 2050 年之前的累积排放量更高（图 12.5）。但当人均在用存量增长放缓且报废产品回收率上升时，由消费后废料加工生产得到的再生铝在铝原材料生产中的占比提升（图 12.6），从而使得到 2050 年的年度排放量会逐渐减少。

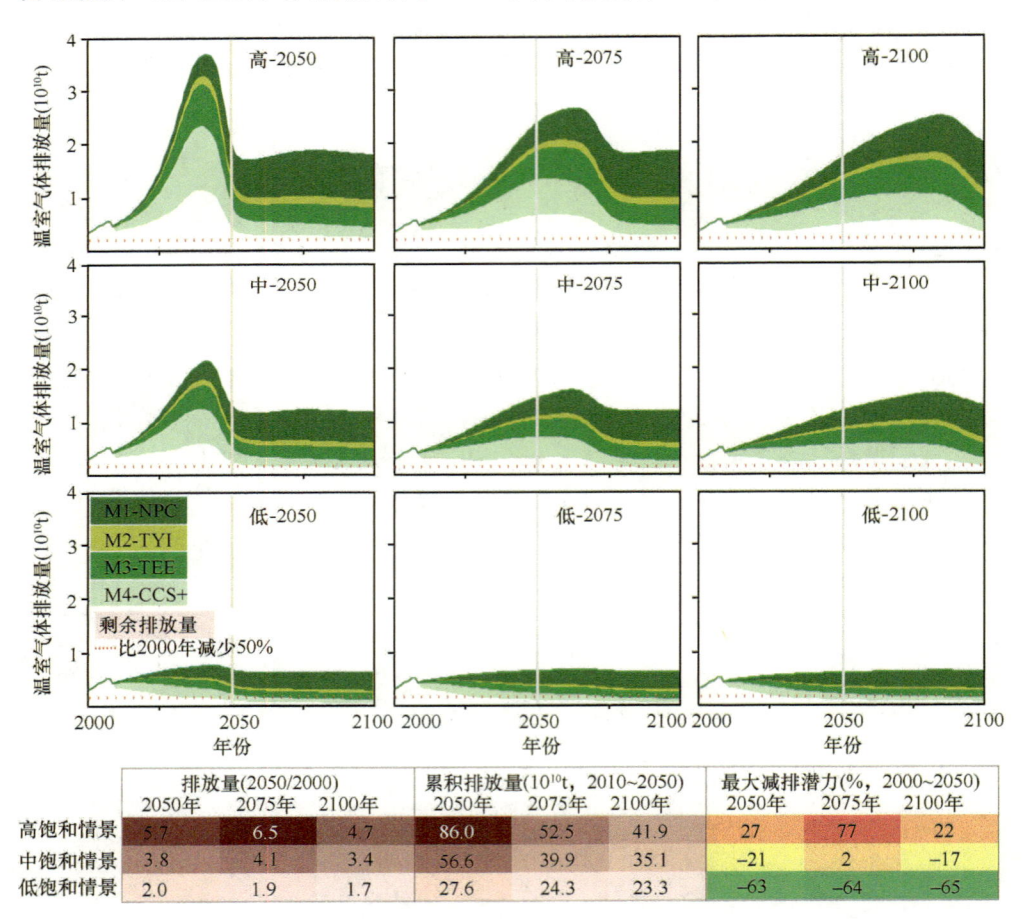

	排放量(2050/2000)			累积排放量(10^{10}t，2010~2050)			最大减排潜力(%，2000~2050)		
	2050年	2075年	2100年	2050年	2075年	2100年	2050年	2075年	2100年
高饱和情景	5.7	6.5	4.7	86.0	52.5	41.9	27	77	22
中饱和情景	3.8	4.1	3.4	56.6	39.9	35.1	−21	2	−17
低饱和情景	2.0	1.9	1.7	27.6	24.3	23.3	−63	−64	−65

图 12.5　基于 9 种在用存量情景的全球温室气体排放路径及减排量

减排策略的有效性很大程度上取决于存量动态、未来需求路径和废料可用性（图 12.5）。大部分铝需要投入大量电力冶炼矿石，提高排放效率（M3-TEE）和电力脱碳技术（M4-CCS+）可在短期减少更多的排放。然而从长期来看，在用存量趋于成熟稳定时,可利用的消费后废料更多,回收则成为21世纪下半叶主要的减排方式。目前降低原生铝排放强度仍然是减排策略的侧重点(IEA,2009;IPCC,2007;Norgate and Jahanshahi,2011),但其效益和潜力相对有限,尤其是在用存量达到饱和时间较早或饱和水平较低的情景。因此,惰性阳极、碳捕获与储存等技术(Das and Green,2010;IEA,2009)需在未来20~30年被广泛推广到市场中,才能实现较大的减排潜力。未来则需要通过开发回收利用技术和建设回收利用的基础设施等措施来回收利用消费后的废料,从而使减排潜力最大化。

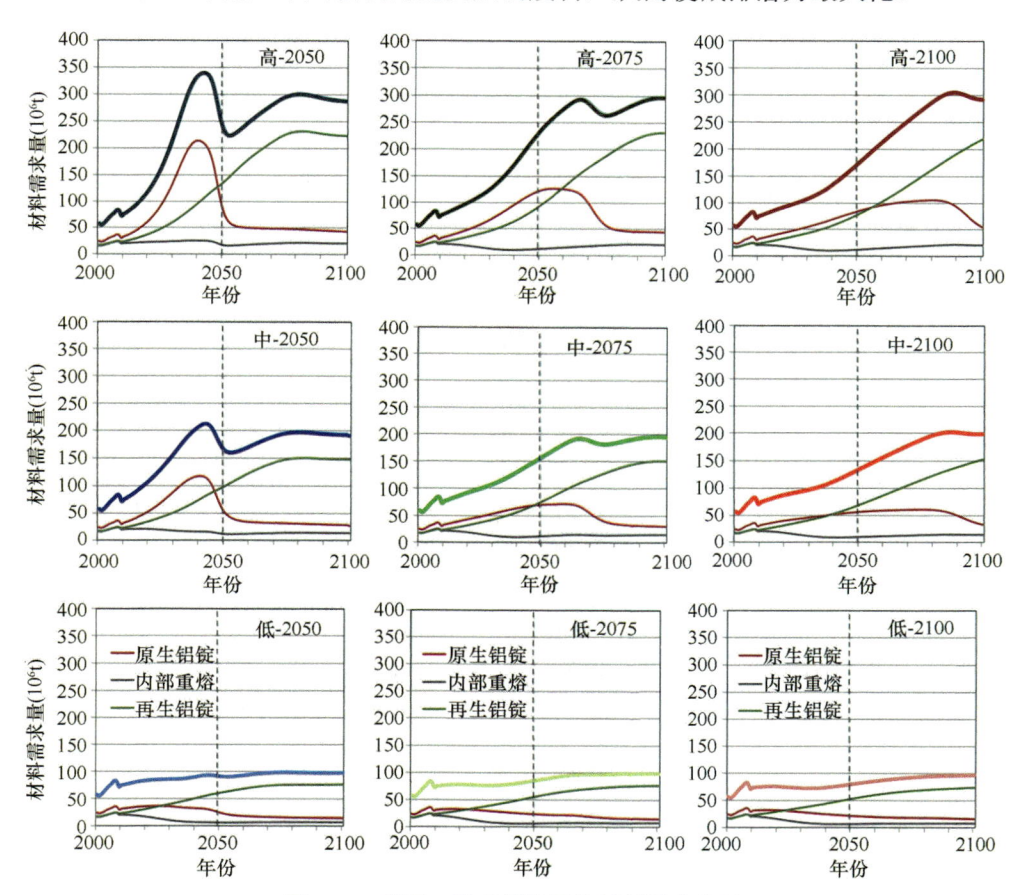

图 12.6 基于 9 种存量情景的材料需求路径

由原生铝的生产转向再生铝的生产也可能会面临若干挑战,其对铝行业的技术创新和资本投资战略的优先级具有重要启示意义。大量的设备投资和电解槽较长的使用寿命使这一转变的成本变得极高。使用多种废料和重复回收利用废料会引起合金元素的积聚,不利于材料成分的识别、材料质量以及未来回收利用率的进一步提高。因此,这要求我们从根本上改进报废产品的管理体系,如研究分拣不同合金的新技术（Modaresi and Müller，2012）。由于不同区域废料的可获取性很大程度上取决于社会经济背景、基础设施的组成和规模以及国际贸易模式，因此这种转变所需时间存在很大的地理差异。在未来几十年，发展中国家将继续以原生铝作为原料，其实现减排潜力的主要措施在于降低原生铝生产的排放强度。相反，工业化国家受益于其相对庞大的在用存量，有利于把握回收利用城市矿产和减排的先机。

只有在低饱和水平情景（200kg/人；图 12.5）下且回收率和新技术推广都符合乐观预期时，铝行业才可能在 2050 年之前实现温室气体排放量比 2000 年减少 50%的目标（即 2050 年排放量为 0.18 亿 t CO_2eq）。而在"中-2075"和 3 个高饱和水平情景下，无论采取何种减排策略都无法实现该目标。换言之，假设全球人均铝存量普遍达到当前工业化国家的水平，铝工业则无法实现针对《巴黎协定》目标的相应减排贡献。因此，我们有必要采用提高材料利用效率等传统策略以便用更少的在用存量来实现相同甚至更高的服务水平（Allwood and Cullen，2012），如材料创新和替代、轻量化设计、组件优化（Carruth et al.，2011）以及提高基础设施使用寿命和城市设计等（Heard et al.，2012）。

模拟的铝工业排放路径显示，推进低碳发展可能会引起排放量的持续增加，且排放量将于在用存量稳定的前 10 年或前 20 年内达到峰值。这就使得设定单个年度的减排目标存疑，如设定 2050 年气候减排目标时，不妨依据温室气体排放的时间轨迹和基于存量模式预期的累积排放量来设定。

本章的分析方法同样适用于以存量的形式提供社会服务并产生温室气体的其他材料，但结果和影响可能会随着材料不同而出现差异。例如，原生资源和再生资源的节能减排潜力存在明显差距，一些材料无法通过回收来取代排放密集型的原生资源（如水泥）。随着基于部门的温室气体减排方案日益受到关注（IAI，2008；Schmidt et al.，2008），了解这些差异对各部门实现长期气候目标至关重要。存量的区域划分、各地区存量的动态变化以及相应的减排潜力应该得到进一步的研究，从而更好地为国家和地区气候政策提供信息支撑。

第 13 章　铝及铝工业实现可持续发展的挑战和路径

13.1　铝及铝工业可持续发展面临的挑战

通过建立国家和全球尺度的铝的物质流分析和生命周期评价模型，本书全面分析了金属铝在国家和全球尺度经济系统中的代谢过程及其对可持续发展和人类福祉的影响，并基于此归纳了中国和全球铝工业可持续发展面临的巨大挑战（图13.1），主要有以下 5 点。

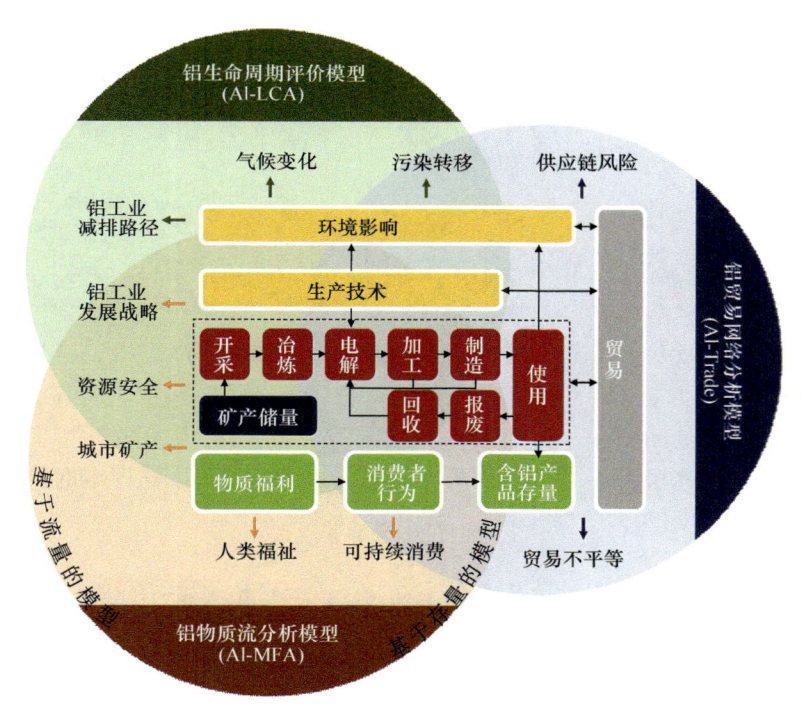

图 13.1　铝工业可持续发展面临的挑战

13.1.1　有限的铝土矿资源与持续增长的金属铝需求不相适应

全球平均人均铝在用存量仅为 90kg/人，远低于发达国家水平。随着全球经济和人口规模的持续上升，人均铝在用存量将会进一步增长。这将会加大对铝土矿资源的需求。而全球铝土矿已探明储量趋于稳定，数量长期处于 550 亿～750 亿 t。按现有铝土矿消费量计算，静态保障年限仅为 100 年。因此，在未来，世界可能面临无矿可用的风险。然而，中国的矿产短缺问题更为严峻。中国是氧化铝和电解铝的主要供应国，但铝土矿储量仅有 10 亿 t，静态保障仅有 15 年。

13.1.2　提高物质福利与铝工业节能减排要求之间存在矛盾

人均铝在用存量的高低表征了居民物质福利的多寡。如前所述，全球人均铝在用存量仍处于低位，且包括中国在内的发展中国家的人均铝在用存量远低于工业化国家，存在较大的提升空间。这无疑会导致全球铝工业规模的进一步扩大，从而增加铝工业的资源环境影响。然而，全球铝工业碳排放量已占到温室气体排放总量的 1%，中国的占比更高。但实现全球碳达峰和碳中和已迫在眉睫，中国也做出承诺要在 2060 年前实现碳中和。铝工业节能减排无疑是其中重要的一环。居民对提高物质福利的期待可能会阻碍铝工业节能减排目标的实现。

13.1.3　垂直型国际分工和高生产集中度加重了贸易依赖，加大了供应风险

铝生产的各阶段通常发生在不同国家且高度依赖自然条件。例如，铝土矿主要分布于南半球的热带地区，澳大利亚、拉丁美洲、加勒比地区（如巴西、牙买加和苏里南）以及非洲（如几内亚）的储量超过全球储量的 2/3。而高附加值的铝半成品和最终产品主要由北半球国家供应，如中国、德国和意大利等。这加重了各个国家对铝贸易的依赖。但由于各生产环节均集中于少数国家手中，当部分国家遭受灾害、矿产资源不足、开采成本上涨、地缘政治等因素影响时，全球供应链就可能面临中断的风险。

13.1.4　由产品差异导致的产业转移扩大了国家间不平等和全球环境影响

铝产品贸易过程伴随着资源和环境负荷的跨界转移。进口含铝产品的国家可以通过贸易将环境负荷转移到出口国。且由于含铝产品的附加值、资源、能源和环境强度不同，从事铝土矿开采和上游产品生产（如氧化铝、电解铝生产）的出口国相比从事其他生产环节的国家面临更低的经济效益和更高的环境成本。这无疑加剧了国家间的不平等。从事资源开采和上游产品生产的国家往往是发展中国家，技术水平落后，清洁能源占比低。产能转移到这些国家会进一步增加全球铝工业的资源损失和排放总量。

13.1.5 城市矿产储量持续增长，但回收利用水平亟待提高

目前再生铝已经占全球铝锭产量的一半以上，但大部分是由新废料而来，旧废铝的占比不大。随着越来越多的铝进入社会经济系统中，铝的城市矿产储量也将持续增大。由旧废铝生产的全球再生铝产量有望在2050年前超过原生铝，而中国将最晚在2040年前实现。由于再生铝生产过程的资源、能源和排放强度远低于原生铝，再生铝替代原生铝是实现铝可持续发展的必由之路。但目前再生铝产业仍面临着很多问题。首先，回收利用率低，目前各国都无法100%回收旧废铝，中国大概能回收80%~95%的旧废铝。其次，由于铝合金型号众多，分拣技术尚未能满足实际需求，旧废铝降级使用现象普遍，多次循环后会积聚大量杂质，限制了铝的循环次数。

13.2 对中国铝工业发展的启示

基于以上5个问题可知，中国铝工业面临着需求高、资源枯竭、贸易结构不合理、减排压力大和回收利用体系不完善等多种问题。针对这些问题，我们提出如下建议。

13.2.1 从全生命周期角度管理铝工业，提升资源效率，尽早实现"双碳"目标

从国家层面铝的物质流分析中可知，铝在全生命周期过程的每一个阶段均会发生数量和质量上的损失。而铝损失量越大，维持社会经济系统的铝流量就会越高，从而导致更多的铝资源能源消耗和温室气体排放。因此降低生命周期每个环节的铝数量与质量的损失，尤其是废铝回收环节，对解决资源短缺以及促进铝工业节能减排至关重要。铝的全生命周期各阶段均需要消耗能源、排放温室气体。原生铝电解和氧化铝冶炼环节的能耗与排放是最高的，是其他环节的10倍以上。尤其是全球一半以上的氧化铝和原生铝生产在中国，这两个环节对中国铝工业整体能耗和排放量的影响较大，必须给予更多关注。

为了实现铝的可持续生产和利用，中国应当在未来的几十年内持续关注如下整体性的战略：①从全生命周期角度尽量减少或避免铝的损失，持续降低各生命周期流程的铝损失率，特别要重视降低回收与再利用过程中铝的数量损失；②大力发展再生铝行业，重视回收与再利用过程中铝的质量损失问题，防止或避免循环过程中铝的降级利用；③采取总量控制策略，优化氧化铝和原生铝产能；④完

善市场机制在减排方面的作用，如建立完善的碳交易市场，对高能耗高排放铝企业征收环境税等。

依据上述分析以及各环节生产现状，特提出对各个生命周期流程的政策建议。

（1）铝土矿开采

造成采矿损失量大的主要原因是回采率低的民采矿山占总采矿量的比例很大。由于资金、技术、管理经验缺乏，并且缺乏统一规划、采富弃贫现象严重，民采矿山的采矿损失率很高，造成了中国铝土矿资源的极大浪费。因此国家应切实加强对铝土矿资源的管理，严格禁止私人乱采滥挖，鼓励从国外大量进口铝土矿。

（2）氧化铝冶炼

近年来能耗低但氧化铝回收率也低的拜耳法产能所占的比例越来越高，造成全国氧化铝平均回收率不升反降。因此，政策制定与实施的重点应该是通过技术进步不断提高拜耳法的氧化铝回收率，实现节能减排与降低铝损失率的双赢。另外，要严格控制氧化铝产量，通过淘汰落后产能实现技术提升。

（3）原生铝电解

尽管近年来损失率不断降低，但与发达国家相比仍有一定的差距，其政策制定与实施的重点是控制原生铝产量总量，加快淘汰落后的电解槽，同时不断提高电解铝厂的管理和电解操作水平。另外，要优化电力生产结构，充分利用水电、风电、光伏和核电资源，尤其是推广水电铝项目。

（4）铝材加工

中国的电解铝厂与铝铸件或铝材加工厂大多是分开的。由于单独的电解铝企业需要把铝液铸造为铝锭再运到铸件厂或铝材加工厂进行重熔，从而造成了铝的二次烧损。因此，原铝液铸锭阶段政策制定与实施的重点是实现电解铝厂和铸件厂或铝材加工企业的优化组合，通过提高铝液直接铸轧的比例，省略铝的铸锭和重熔环节从而减少烧损量；另外，应通过推动技术进步尤其是铝渣的回收技术，不断降低铝液的铸造损失率。

（5）含铝产品使用

尽管无法准确核算其数量，但是由腐蚀带来的铝损失量应该是不可忽略的，目前中国还没有这方面比较深入的研究，建议国家应该对此予以支持。同时，应该深入地核算铝粉的产量、消费量以及用于炼钢脱氧剂、炸药等的铝消费量，并探求利用其他材料进行替代的可能性。

（6）废铝回收与预处理

废铝回收行业小散乱严重，拆解技术水平落后，废铝预处理能力不足，且中国尚未建立完善的废铝回收利用体系，对再生铝回收路径、回收量的调查研究尚不充分，不能有效地对该行业进行管理。中国将在 20 年内进入废铝大量报废时期，因此一个更为完善的、专门化的废旧金属回收体系对于减少回收环节铝的损失量将具有越来越重要的意义。国家应该针对典型城市和区域，支持对典型报废产品如汽车、摩托车、自行车、易拉罐、建筑铝材以及电线电缆的流通体系及其产生量、回收量、回收率的调查研究，以支持建立一个全国性的废铝回收利用体系；在此基础上，建议国家鼓励建设更为集中化、专门化的废旧金属拆解、回收和清理园区；鼓励大型企业进入废铝回收与预处理领域，逐步限制、减少家庭作坊式的废铝回收厂家。在诸如《铝行业准入条件》一类的文件中应该对铝废料预处理环节的规模、能耗等方面做出明确而详细的规定。

（7）再生铝熔铸

再生铝企业多生产铸造铝合金产品，较少涉足变形铝合金领域，且再生铝产品品质较差，多以 ADC12 等低端或非标再生铝合金为主，同质化竞争严重。但中国废铝中变形铝合金废料的比例逐年上升，仅生产再生铸造铝锭会导致大量变形铝合金废料被用来生产铸造铝合金，产生降级利用问题，造成资源的巨大浪费。此外，再生铝行业多以 1 万 t/a 以下的小企业为主，缺乏监管，企业生产效率低下，能耗和污染严重。建议国家开展再生铝行业企业摸底调查，尤其要针对小型再生铝企业，弄清这些企业的规模、产量和技术水平，将企业纳入监管范围，禁止采用烧损、污染严重的坩埚熔炼再生铝。发挥行业协会作用，推动再生铝行业生产技术水平的提升，推动回收行业与再生铝行业互相融合，加强回收和利用环节的对接合作。

13.2.2 推进铝工业产业升级，限制高资源、能源、环境强度产品出口

中国是铝全球贸易网络中最为重要的国家，一方面中国通过进口大量的铝土矿、氧化铝和铝废料来满足国内以及出口需求，给全球带来了较高的资源压力；另一方面，自 2001 年中国加入世界贸易组织（WTO）以后，出口越来越多的未锻轧铝、铝加工材以及最终产品，造成越来越大的"生态逆差"，客观上为世界其他国家和地区对铝的消费贡献了大量的能源消耗与温室气体排放。中国应当在铝的全生命周期贸易方面努力实现"物质顺差"与"生态顺差"双顺差的目标。自 2004 年以来中国海关对于含铝产品的关税政策进行了一系列的调整（表 13.1），鼓励进口"两高一资"产品，允许铝以低能耗、低污染物排放、高附加值的最终

产品和部分半成品的形式出口,增加铝工业盈利能力,降低环境影响。但是,已有政策仍存在问题,主要是:①这些关税政策未能扩展到对最终产品进行调控,因此,尽管低附加值的未锻轧铝和部分铝加工材的出口被限制,但是铝在进一步加工制造之后仍然被大量出口并造成生态逆差的持续扩张;②单纯的关税政策并不能完全保障中国实现物质与生态双顺差的目标;③中国铝资源对外依存度太高,应对供应链风险的能力不足。

表 13.1　2004 年以来中国含铝产品的关税政策调整

含铝产品	海关代码	起始时间（年/月/日）	税率调整
铝矿砂及其精矿	26060000	2006/11/1	开征 10%的暂定出口关税
铝矿砂及其精矿	26060000	2006/11/1	出口关税税率由 10%上调到 15%
主要含铝的矿灰及残渣	26204000	2006/11/1	开征 10%的暂定出口关税
氧化铝	28182000	2004/1/1	取消出口退税
氧化铝	28182000	2006/1/1	进口关税税率由 8%降到 5.5%
氧化铝	28182000	2006/11/1	进口关税税率由 5.5%降到 3%
氧化铝	28182000	2008/1/1	取消进口关税
氢氧化铝	28183000	2004/1/1	取消出口退税
铝废碎料	76020000	2004/1/1	取消出口退税
铝废碎料	76020000	2006/1/1	取消进口关税
铝废碎料	76020000	2006/11/1	出口关税税率由 10%调整为 15%
未锻轧铝	7601	2004/1/1	出口退税税率由 15%降到 8%
未锻轧非合金铝	76011000	2005/1/1	取消出口退税
未锻轧非合金铝	76011000	2005/1/1	开征 5%的暂定出口关税
含铝量在 99.95%及以上的未锻轧非合金铝	76011010	2006/1/1	取消出口关税
含铝量低于 99.95%的未锻轧非合金铝	76011090	2006/11/1	出口关税税率由 5%上调到 15%
含铝量低于 99.95%的未锻轧非合金铝	76011090	2007/8/1	取消进口关税
未锻轧铝合金	76012000	2005/1/1	取消出口退税
未锻轧铝合金	76012000	2005/1/1	开征 5%的暂定出口关税
未锻轧铝合金	76012000	2005/7/1	取消出口关税
未锻轧铝合金	76012000	2008/8/20	开征 15%的暂定出口关税
铝粉	7603	2006/9/15	取消出口退税
铝条、杆、型材	7604	2006/9/15	出口退税税率由 13%降低到 11%
铝条、杆、型材	7604	2007/7/1	取消出口退税
铝条、杆、型材	7604	2009/2/1	取消加工贸易禁令
非铝合金制铝条、杆	76041010	2007/8/1	开征 15%的暂定出口关税
非铝合金制铝条、杆	76041010	2015/5/1	取消出口关税
铝合金制条、杆	76042910	2008/1/1	开征 15%的暂定出口关税
截面周长小于 210mm 的铝合金条、杆	76042910.99	2008/12/1	出口关税税率由 15%调低到 5%

续表

含铝产品	海关代码	起始时间（年/月/日）	税率调整
铝合金制空心异型材	76042100	2009/4/1	出口退税税率由0提高到13%
其他铝合金制型材、异型材	76042990	2009/4/1	出口退税税率由0提高到13%
铝丝及铝合金丝	7605	2006/9/15	出口退税税率由13%降低到8%
铝丝及铝合金丝	7605	2007/7/1	取消出口退税
铝丝及铝合金丝	7605	2009/2/1	取消加工贸易禁令
铝板带	7606	2006/9/15	出口退税税率由13%降低到11%
铝板带	7606	2008/12/1	出口退税税率由11%恢复到13%
铝箔	7607	2009/6/1	出口退税税率由13%提高到15%

基于以上分析，未来10～20年内中国铝进出口政策的重点应该是：通过不断调整关税政策，并辅之以财政、金融和外交手段，限制出口并鼓励进口铝废料、未锻轧铝、再生铝和部分铝半成品如铝挤压材；暂时不对高附加值的铝半成品如高端铝板带、铝箔和铝最终产品的进出口实行管制政策；同时国家应支持中国企业到国外购买铝土矿山，建立全球性的铝废料回收与运输网络，开办氧化铝、电解铝和再生铝厂并将产品运回国内。

13.2.3 倡导和发展可持续消费，将中国铝在用存量控制在一定水平

未来铝的需求量取决于如下因素：铝在用存量，铝在生命周期循环过程中的损失率，以及铝的净出口量。后两个因素已经在13.1.1小节和13.1.2小节中进行了分析。为缓解资源短缺，减少能源消耗与污染物排放压力，中国还需要控制铝在用存量。铝在用存量由人均铝在用存量的峰值，人均铝在用存量的增长速度，最终产品的服务年限决定。根据本书模拟的结果，人均铝在用存量的峰值越高，则中国未来的铝需求量也会越高。人均铝在用存量的增长速度越快，铝需求量峰值的来临时间也会越早，而且可能使电解铝工业在短时间内达到极高的能源消耗和污染物排放水平。含铝最终产品的服务年限越长，铝在社会经济系统中的服务周期也会越长，在同样的时间长度内损失的数量就会越小，铝需求量也会越低。

因此，中国未来的政策重点是：①降低人均铝在用存量的峰值；②调控人均铝在用存量的增长速度；③延长最终产品的服务年限。中国2016年的人均铝在用存量约为150kg/人，而美国、日本和欧洲的人均铝饱和存量为400～600kg/人。从模拟结果来看，如果中国达到像美国和日本等发达国家一样的消费水平，则无法实现《巴黎协定》达成的碳减排承诺。由于铝在用存量的主要载体是交通工具、建筑和耐用消费品等，因此中国需要倡导和发展可持续消费，在保证人民福利水

平不下降的前提下，控制人均汽车保有量、人均住房面积以及人均耐用消费品拥有量等指标，尽力减小其峰值；通过降低人均汽车保有量、人均建筑面积的增长速度从而延缓人均铝在用存量的增长速度，减缓峰值到来的时间；对于主要的含铝最终产品如汽车、家用电器、建筑铝型材等，通过更加良好的设计和管理维护以延长其服务年限，将有助于减少中国未来的铝需求量。

13.3 对全球铝工业发展的启示

对一国有利的策略并不一定能解决全球层面问题。针对上述 5 个问题，我们还需要提出全球层面的解决方案。

13.3.1 提升发展中国家铝工业技术水平，建立全球可持续生产方式

第二次世界大战至今，全球铝工业经历了大规模的产业转移。19 世纪 70 年代，澳大利亚、牙买加、苏里南和苏联是最大的铝土矿供应国，其产量占全球总产量的 60%。氧化铝生产和电解铝生产主要在美国、日本、苏联、加拿大、法国和德国等工业化国家。3 次能源危机极大地提高了这些国家的能源成本，加之劳动力价格上涨和环境规制收紧，19 世纪 80 年代之后，这些产业逐渐向拉丁美洲、东亚等发展中国家转移。到 21 世纪，除澳大利亚仍是铝土矿主产国外，其他国家被巴西、中国和印度尼西亚代替。氧化铝和原生铝产能已转移到中国、巴西等金砖国家。到 2010 年，金砖国家已经占有全球 40% 的铝土矿产量和 53% 的氧化铝产量（IAI，2014）。在这一时期，中国铝工业发展最快，已成为全球铝工业第一大国。

铝工业产业转移推升了全球铝工业资源、能源和碳排放强度。与发达国家相比，发展中国家的工业基础薄弱，技术水平落后，资源、能源和碳排放强度相对较高。目前，铝工业正在向以东南亚和南亚为代表的能源与人力成本低、环境管制宽松的国家转移。这些国家工业基础薄弱，技术水平落后，生产的资源、能源和碳排放强度较高。根据以往经验，铝工业的再次转移会导致一定时期内全球资源损失、能耗和碳排放强度的上升，但若这些国家技术水平得到提升，上升的资源、能源和碳排放强度将得到抑制。

由于存在产能转移的可能，仅个别国家技术水平提升无助于实现全球铝工业的可持续发展，要重点关注落后国家的发展情况，在全球范围实现技术与知识共享，建立可持续生产方式。因此在产业转移的过程中，产能输出国、产能承接国以及相关行业协会要起到引导和监管作用，要转移技术先进、管理完善的产能，争取在较短时期内实现技术跨越，尽量减小由产业转移带来的全球资源、能源、环境影响。

13.3.2 在全球范围大力发展再生铝产业，实现废铝高效利用

如前所述，在铝产业链各环节中，铝土矿开采、氧化铝冶炼和原生铝电解是3个资源、能源和碳排放强度最高，经济收益最低的环节。这些生产环节一直在各国间转移。但从全球层面来看，这些环节的转移无助于降低全球铝工业的生态环境影响。只要人类从自然界中获取铝资源，铝土矿开采、氧化铝冶炼和原生铝电解环节就无法避免。且铝土矿资源主要集中在南半球的少数国家，易受地缘政治、自然灾害等因素的影响。

幸运的是，铝资源除了从自然界获取外，还可以从城市矿产中获取。通过发展再生铝产业，可以大幅度降低获取铝资源的生态环境成本，实现铝工业低碳化发展。相比新废铝，从社会上回收的旧废铝具有更高的资源环境效益。2019年，全球共回收废铝3236万t，占铝总需求量的30.7%，其中旧废铝占比为60.8%（IAI，2021b）。另外，相比铝土矿资源，废铝资源的空间分布更为平均。正如之前所述，多数国家将在2050年之后进入铝大量报废时期。此时，各国可使用再生铝替代原生铝。

如前所述，再生铝的产量由城市矿产储量和废铝回收率决定。据预测，全球再生铝产量将在21世纪下半叶超过原生铝产量，成为主要的铝资源来源。但除了美国、欧洲、日本等发达国家和地区外，多数国家并没有完善的废铝回收利用体系，再生铝产业基础薄弱。因此，在全球范围内发展与完善再生铝产业将是未来20~30年的重要任务。发展再生铝产业尤其要注意废铝降级使用、资源浪费和环境管制问题。要推广废铝分类、破碎、除杂技术，提高再生铝的质量，避免降级使用；尽可能引进先进的再生铝熔炼技术，减少烧损，提高废铝回收利用效率；加强再生铝产业环境管制，避免二次污染。

13.3.3 实现生活方式的可持续转型，降低铝的人均在用存量

按照第12章的研究结果，只有在人均铝在用存量最低情景（200kg/人）下，铝工业才有可能在2050年实现减排目标。2009年，发达国家人均铝在用存量为200~600kg，远高于目标值。这说明，由于存在资源环境约束，发达国家原有的高消费高排放的生活方式已不适用。如果要达到200kg的目标值，无论是发达国家还是发展中国家，必须采取与环境相适应的可持续的生活方式，降低全球铝在用存量，从而降低铝全生命周期的生态环境影响。

在联合国设定的可持续发展目标中，第12项即为"负责任的消费和生产"（UNEP，2020）。但在这一项中，仅有对居民粮食消费减少的具体目标。而居民所使用的含铝成品主要是建筑、基础设施和交通工具。由于缺乏相关研究，如何合理分配和使用这些产品尚未有明确的方案。需加强可持续消费，尤其是耐用消费品的研究，以支持发达国家和发展中国家向更可持续生活方式的转变。

参 考 文 献

陈锦亚. 2007. 铝: 一个节能、环保和经济的解决办法[C]. 大连: 中国交通用铝国际论坛.
陈伟强, 石磊, 钱易. 2008b. 国家尺度上铝的社会流动过程解析[J]. 资源科学, 30(7): 1004-1012.
陈伟强, 石磊, 钱易. 2009. 1991~2007 年中国铝物质流分析(Ⅱ): 全生命周期损失估算及其政策启示[J]. 资源科学, 31(12): 2120-2129.
陈伟强, 熊慧, 石磊. 2008a. 铝循环过程的物质流分析: 框架、数据与待解的问题[J]. 资源再生, (6): 50-53.
成升魁, 闵庆文, 闫丽珍. 2005. 从静态的断面分析到动态的过程评价: 兼论资源流动的研究内容与方法[J]. 自然资源学报, 20(3): 407-414.
迟志坤, 唐明君, 夏建奎. 2001. 铝加工过程中原铝锭损耗率的研究及计算[J]. 轻合金加工技术, (8): 13-14, 40.
杜科选. 2007. 电解铝铸造过程金属损耗的预防[J]. 轻金属, (4): 31-34.
高天明, 杨沁东, 代涛. 2018. 氧化铝不同生产工艺资源环境效率比较[J]. 中国矿业, 27(1): 83-88.
国土资源部矿产开发管理司. 2002. 中国矿产资源主要矿种开发利用水平与政策建议[M]. 北京: 冶金工业出版社.
何传启. 2016. 中国现代化报告[M]. 北京: 北京大学出版社.
胡心平, 吕惠生, 吴炳尧. 2002. 压铸用化铝炉的能耗计算及元素损失率的测定[J]. 铸造, (4): 249-250.
矿产资源综合利用手册编辑委员会. 2000. 矿产资源综合利用手册[M]. 北京: 科学出版社.
李宏伟. 2003. 机遇与挑战: 中国废铝的回收利用再生铝行业的发展[J]. 有色金属再生与利用, (4): 9-12.
刘焕东, 韩正乾. 2007. 降低电解铝生产铸损率的工艺技术研究[J]. 科技信息(科学教研), (17): 528.
刘贤能, 刘爱德, 王祝堂. 1998. 铝炉渣处理技术的进展(1)[J]. 轻合金加工技术, (2): 3-6.
楼俞, 石磊. 2008. 城市尺度的金属存量分析: 以邯郸市 2005 年钢铁和铝存量为例[J]. 资源科学, (1): 147-152.
卢建. 2020. 铝加工不属于高耗能行业[J]. 轻合金加工技术, 48(11): 6-9.
罗兰·贝格. 2002. 有色金属深加工投资机会研究咨询报告[R]. 北京: 罗兰·贝格国际管理咨询公司.
门翠双. 2021. 中国氧化铝产业的 70 年发展历程(1950~2020 年)(下)[J]. 轻金属, (11): 1-8.
倪阳. 2021. 拜耳法生产氧化铝过程的碳排放核算[J]. 轻金属, (7): 4-8.
潘复生, 张丁非. 2006. 铝合金及应用[M]. 北京: 化学工业出版社.
彭保太, 彭炳锋, 吴杨琴, 等. 2020. 我国再生铝熔炼炉的改进方向[J]. 资源再生, (5): 54-57.
宋才飞. 2004. 中国铝合金压铸与再生铝市场[J]. 中国金属通报, (31): 6-7.
田荣璋. 2006. 铸造铝合金[M]. 长沙: 中南大学出版社.
王昶, 孙桥, 左绿水. 2017. 城市矿产研究的理论与方法探析[J]. 中国人口·资源与环境, 27(12):

117-125.

王东方, 陈伟强. 2018. 中国铝土矿贸易与供应安全研究[J]. 资源科学, 40(3): 498-506.

王飞虹. 2009. 中国铝消费的现状与前景[C]. 昆明: 中国国际铝业论坛.

王岩, 高振中, 刘振权, 等. 2004. 进口原铝锭出口铝材的发展道路更可取[J]. 轻合金加工技术, (9): 7-9.

王祝堂. 2002. 中国的再生铝工业[J]. 中国资源综合利用, (9): 30-38.

王祝堂. 2008. 中国不应成为世界再生铝的生产与供应基地[J]. 资源再生, (8): 30-31.

王祝堂, 田荣璋. 2005. 铝合金及其加工手册[M]. 长沙: 中南大学出版社.

武娟妮, 万红艳, 陈伟强, 等. 2010. 中国原生铝工业的能耗与温室气体排放核算[J]. 清华大学学报(自然科学版), 50(3): 407-410.

熊慧, 关慧勤, 陈祺. 2005. 我国Al-Scrap铝废料进口情况分析(二)[J]. 有色金属再生与利用, (10): 23-25.

杨毅, 郭尧琦, 朱文松, 等. 2018. 我国铝工业经济增长与碳排放脱钩的时空分异研究[J]. 矿冶工程, 38(6): 168-172.

张克仁, 田淑艳, 冯安生, 等. 2006. 中国大宗矿产资源综合利用的现状及对策[M]//中国可持续发展矿产资源战略研究"可供性分析"课题组. 中国可持续发展矿产资源战略研究: 可供性分析卷. 北京: 科学出版社: 566-649.

张亚斌, 范子杰. 2015. 国际贸易格局分化与国际贸易秩序演变[J]. 世界经济与政治, (3): 30-46, 156-157.

中国标准出版社第二编辑室. 2004. 铝及铝合金标准汇编: 上、下[M]. 北京: 中国标准出版社.

中国钢铁工业协会. 2016. 中国钢铁统计[M]. 北京: 中国钢铁工业协会.

中国可持续发展矿产资源战略研究"有色金属"课题组. 2005. 对我国铝土矿资源和氧化铝工业发展的认识[M]//中国可持续发展矿产资源战略研究"有色金属"课题组. 中国可持续发展矿产资源战略研究: 有色金属卷. 北京: 科学出版社: 266-277.

中国铝业公司贵州分公司. 2007. 中国铝业贵州分公司铝土矿资源利用情况及建议(内部报告)[R]. 贵阳: 中国铝业公司贵州分公司.

中国有色金属工业协会. 2005. 中国有色金属工业指标体系[M]. 北京: 冶金工业出版社.

中国有色金属工业协会再生金属分会. 2007. 对中国今年原铝再生铝及铝材产量与表观消费量的估算[EB/OL]. http://www.cmra.cn/newEbiz1/EbizPortalFG/portal/html/InfoContent.html?InfoPublish_InfoID=c373e916a03f83d78febf6c55fca6f8f[2011-05-05].

中华人民共和国工业和信息化部. 2013. 铝行业规范条件[EB/OL]. http://www.gov.cn/gzdt/2013-07/24/content_2454273.htm[2021-10-10].

AA. 1998. Life cycle inventory report for the North American aluminum industry[R]. Arlington, VA: Aluminum Association.

AA. 2010a. Aluminum statistical review for 2009[R]. Arlington: Aluminum Association.

AA. 2010b. Life cycle impact assessment of aluminum beverage cans[EB/OL]. http://www.pe-international.com/uploads/media/LCA_of_Aluminum_Beverage_Cans.pdf[2011-05-05].

Allwood J M, Ashby M F, Gutowski T G, et al. 2011. Material efficiency: a white paper[J]. Resources, Conservation and Recycling, 55(3): 362-381.

Allwood J M, Cullen J M. 2012. Sustainable Materials: with Both Eyes Open[M]. Cambridge: UIT Cambridge Limited.

Altenpohl D G. 2010. Aluminum: Technology, Applications and Environment. A Profile of a Modern

Metal Aluminum from Within 6th Edition[M]. New York: John Wiley and Sons.

Andresen I, Thyholt M, Geissler S, et al. 2001. Sustainable use of aluminium in buildings[R]. Trondheim: SINTEF Civil and Environmental Engineering.

Anonymous. 2011a. Die casting alloys[EB/OL]. http://www.kenwalt.com/DiecastingAlloys.pdf [2011-04-04].

Anonymous. 2011b. Energy crisis[EB/OL]. http://en.wikipedia.org/wiki/Energy_crisis[2011-09-15].

Atherton J. 2007. Declaration by the metals industry on recycling principles[J]. The International Journal of Life Cycle Assessment, 12(1): 59-60.

Awuah-Offei K, Adekpedjou A. 2011. Application of life cycle assessment in the mining industry[J]. The International Journal of Life Cycle Assessment, 16(1): 82-89.

Ayres R U, Ayres L W. 2002. A handbook of Industrial Ecology[M]. Cheltenham: Edward Elgar Publishing Limited.

Ayres R U, Ayres L W, Masini A. 2006. An application of exergy accounting to five basic metal industries[M]. In: Gleich A V, Ayres R U, Gössling-Reisemann S. Sustainable Metals Management: Securing Our Future-Steps Towards A Closed Loop Economy. Dordrecht: Springer: 141-194.

Ayres R U, Simonis U E. 1994. Industrial Metabolism: Restructuring for Sustainable Development[M]. Tokyo: United Nations University Press.

Backhouse C J, Clegg A J, Staikos T. 2004. Reducing the environmental impacts of metal castings through life-cycle management[J]. Progress in Industrial Ecology an International Journal, 1(1-3): 271-285.

Bader H P, Scheidegger R, Wittmer D, et al. 2011. Copper flows in buildings, infrastructure and mobiles: a dynamic model and its application to Switzerland[J]. Clean Technologies and Environmental Policy, 13(1): 87-101.

Bertram M, Buxmann K, Furrer P. 2009a. Analysis of greenhouse gas emissions related to aluminium transport applications[J]. The International Journal of Life Cycle Assessment, 14(S1): 62-69.

Bertram M, Martchek K J, Rombach G. 2009b. Material flow analysis in the aluminum industry[J]. Journal of Industrial Ecology, 13(5): 650-654.

Binder C R, Graedel T E, Reck B K. 2006. Explanatory variables for per capita stocks and flows of copper and zinc[J]. Journal of Industrial Ecology, 10(1-2): 111-132.

BIS. 2018. The effect of imports of aluminum on the national security[R]. Washington, D.C.: U. S. Department of Commerce, Bureau of Industry and Security.

Blomberg J, Söderholm P. 2009. The economics of secondary aluminium supply: an econometric analysis based on European data[J]. Resources, Conservation and Recycling, 53(8): 455-463.

Boin U M J, Bertram M. 2005. Melting standardized aluminum scrap: a mass balance model for europe[J]. Journal of the Minerals Metals & Materials Society, 57(8): 26-33.

Brunner P H, Rechberger H. 2003. Practical Handbook of Material Flow Analysis[M]. Boca Raton: CRC Press.

Buchner H, Laner D, Rechberger H, et al. 2015a. Future raw material supply: opportunities and limits of aluminium recycling in Austria[J]. Journal of Sustainable Metallurgy, 1(4): 253-262.

Buchner H, Laner D, Rechberger H, et al. 2015b. Dynamic material flow modeling: an effort to calibrate and validate aluminum stocks and flows in Austria[J]. Environmental Science & Technology, 49(9): 5546-5554.

Büsser S, Steiner R, Jungbluth N. 2008. LCA of packed food products[R]. Brussels: ESU Services Ltd for Flexible Packaging Europe.

Buxmann K. 1994. Ecological aspects of the use of aluminium in cars, with particular regard to recycling techniques[J]. Resources, Conservation and Recycling, 10(1-2): 17-23.

Carruth M A, Allwood J M, Moynihan M C. 2011. The technical potential for reducing metal requirements through lightweight product design[J]. Resources, Conservation and Recycling, 57: 48-60.

Chen W Q. 2018. Dynamic product-level analysis of in-use aluminum stocks in the United States[J]. Journal of Industrial Ecology, 22(6): 1425-1435.

Chen W Q, Graedel T E. 2012. Dynamic analysis of aluminum stocks and flows in the United States: 1900-2009[J]. Ecological Economics, 81: 92-102.

Chen W Q, Graedel T E. 2015. In-use product stocks link manufactured capital to natural capital[J]. Proceedings of the National Academy of Sciences of the United States of America, 112(20): 6265-6270.

Chen W Q, Graedel T E, Nuss P, et al. 2016. Building the material flow networks of aluminum in the 2007 U.S. economy[J]. Environmental Science & Technology, 50(7): 3905-3912.

Chen W Q, Shi L. 2012. Analysis of aluminum stocks and flows in Chinese mainland from 1950 to 2009: exploring the dynamics driving the rapid increase in China's aluminum production[J]. Resources, Conservation and Recycling, 65: 18-28.

Choate W T, Green J A. 2003. U.S. aluminum production energy requirements: historical perspective, theoretical limits, and new opportunities[C]. San Diego: The 4th Global Innovations Symposium on Energy Efficient Manufacturing Processes.

Ciacci L, Eckelman M J, Passarini F, et al. 2014. Historical evolution of greenhouse gas emissions from aluminum production at a country level[J]. Journal of Cleaner Production, 84: 540-549.

Clift R, Wright L. 2000. Relationships between environmental impacts and added value along the supply chain[J]. Technological Forecasting and Social Change, 65(3): 281-295.

Condeixa K, Haddad A, Boer D. 2017. Material flow analysis of the residential building stock at the city of Rio de Janeiro[J]. Journal of Cleaner Production, 149: 1249-1267.

Cristea A, Hummels D, Puzzello L, et al. 2013. Trade and the greenhouse gas emissions from international freight transport[J]. Journal of Environmental Economics and Management, 65(1): 153-173.

CSIRO Minerals. 2009. Review of current bauxite residue management, disposal, and storage: practices, engineering, and science[R]. Karawara, Australia: CSIRO Minerals.

Dahlström K, Ekins P. 2007. Combining economic and environmental dimensions: value chain analysis of UK aluminium flows[J]. Resources, Conservation and Recycling, 51(3): 541-560.

Dahlstrm K, Ekins P, He J, et al. 2004. Iron, steel and aluminium in the UK: material flows and their economic dimensions[EB/OL]. http://www.massbalance.org/projects/[2008-08-10].

Dai M, Wang P, Chen W Q, et al. 2019. Scenario analysis of China's aluminum cycle reveals the coming scrap age and the end of primary aluminum boom[J]. Journal of Cleaner Production, 226: 793-804.

Damgaard A, Larsen A W, Christensen T H. 2009. Recycling of metals: accounting of greenhouse gases and global warming contributions[J]. Waste Management & Research: The Journal for a Sustainable Circular Economy, 27(8): 773-780.

Das S. 2000. The life-cycle impacts of aluminum body-in-white automotive material[J]. Journal of the Minerals Metals & Materials Society, 52(8): 41-44.

Das S. 2012. Achieving carbon neutrality in the global aluminum industry[J]. Journal of the Minerals Metals & Materials Society, 64(2): 285-290.

Das S K, Green J A. 2010. Aluminum industry and climate change: assessment and responses[J]. Journal of the Minerals Metals & Materials Society, 62(2): 27-31.

Detzel A, Mönckert J. 2009. Environmental evaluation of aluminium cans for beverages in the German context[J]. The International Journal of Life Cycle Assessment, 14(S1): 70-79.

Ding N, Yang J, Liu J. 2016. Substance flow analysis of aluminum industry in Chinese mainland[J].

Journal of Cleaner Production, 133: 1167-1180.
Dittrich M, Bringezu S, Schütz H. 2012. The physical dimension of international trade, part 2: indirect global resource flows between 1962 and 2005[J]. Ecological Economics, 79: 32-43.
Ducker Worldwide. 2008a. On North American light vehicle aluminum content compared to the other countries and regions of the world, phase II [R]. Troy: Ducker Worldwide.
Ducker Worldwide. 2008b. On aluminum content in North American light vehicles: phase I [R]. Troy, Michigan: Ducker Worldwide.
Durucan S, Korre A, Munoz-Melendez G. 2006. Mining life cycle modelling: a cradle-to-gate approach to environmental management in the minerals industry[J]. Journal of Cleaner Production, 14(12-13): 1057-1070.
EAA. 1996. Ecological profile report for the european aluminium industry[R]. Brussels: European Aluminium Association.
EAA. 2006. Aluminium recycling: the road to high quality products[R]. Brussels: European Aluminium Association.
EAA. 2007. Aluminium recycling in LCA[R]. Brussels: European Aluminium Association.
EAA. 2008. Environmental profile report for the European aluminium industry: life cycle inventory data for aluminium production and transformation processes in Europe[R]. Brussels, Belgium: European Aluminium Association.
EAA. 2010. Life cycle assessment and aluminium: "what you need to know"[R]. Brussels: European Aluminium Association.
Earle D, Ratcliffe J. 2008. Aluminium and sustainability: a cradle to cradle approach[R]. Gloucestershire: Council for Aluminium in Buildings.
Efthymiou E, Cöcen Ö N, Ermolli S R. 2010. Sustainable aluminium systems[J]. Sustainability, 2(9): 3100-3109.
Ekvall T. 2000. A market-based approach to allocation at open-loop recycling[J]. Resources, Conservation and Recycling, 29(1-2): 91-109.
Ekvall T, Finnveden G. 2001. Allocation in ISO 14041: a critical review[J]. Journal of Cleaner Production, 9(3): 197-208.
Ekvall T, Tillman A M, Molander S. 2005. Normative ethics and methodology for life cycle assessment[J]. Journal of Cleaner Production, 13(13-14): 1225-1234.
Ekvall T, Weidema B P. 2004. System boundaries and input data in consequential life cycle inventory analysis[J]. The International Journal of Life Cycle Assessment, 9(3): 161-171.
Elshkaki A. 2007. Systems analysis of stock buffering: development of a dynamic substance flow-stock model for the identification and estimation of future resources, waste streams and emissions[D]. Leiden: Leiden University.
Elshkaki A, van der Voet E, van Holderbeke M, et al. 2004. The environmental and economic consequences of the developments of lead stocks in the Dutch economic system[J]. Resources, Conservation and Recycling, 42(2): 133-154.
EUROSTAT. 2001. Economy-wide Material Flow Accounts and Derived Indicators: A Methodological Guide[M]. Luxembourg: Office for Official Publications of the European Communities.
Evans R B. 2004. Primary aluminum: the China syndrome[EB/OL]. http://www.alcan.com/web/publishing.nsf/AttachmentsByTitle/Investors-Presentations/$file/UBS_Presentation.pdf[2007-10-09].
Falkenstein E V, Wellenreuther F, Detzel A. 2010. LCA studies comparing beverage cartons and alternative packaging: can overall conclusions be drawn[J]? The International Journal of Life Cycle Assessment, 15(9): 938-945.

Farrell A E, Plevin R J, Turner B T, et al. 2006. Ethanol can contribute to energy and environmental goals[J]. Science, 311(5760): 506-508.

Field F, Kirchain R, Clark J. 2000. Life-cycle assessment and temporal distributions of emissions: developing a fleet-based analysis[J]. Journal of Industrial Ecology, 4(2): 71-91.

Fischer-Kowalski M. 1998. Society's metabolism: the intellectual history of material flow analysis, Part Ⅰ, 1860-1970[J]. Journal of Industrial Ecology, 2(1): 61-78.

Fischer-Kowalski M, Hüttler W. 1998. Society's metabolism: the intellectual history of material flow analysis, part Ⅱ, 1970-1998[J]. Journal of Industrial Ecology, 2(4): 107-136.

Gao F, Nie Z, Wang Z, et al. 2009. Greenhouse gas emissions and reduction potential of primary aluminum production in China[J]. Science in China Series E: Technological Sciences, 52(8): 2161-2166.

GARC. 2006. Global aluminium recycling: a cornerstone of sustainable development[EB/OL]. http://www.c-a-b.org.uk/library/global_aluminium_rec_1170671165.pdf[2007-09-23].

Gleich A V, Ayres R U, Gößling-Reisemann S. 2006. Sustainable Metals Management: Securing Our Future-steps Towards A Closed Loop Economy[M]. Dordrecht: Springer.

Gordon R B, Bertram M, Graedel T E. 2006. Metal stocks and sustainability[J]. Proceedings of the National Academy of Sciences of the United States of America, 103(5): 1209-1214.

Graedel T E. 2002. The contemporary European copper cycle: introduction[J]. Ecological Economics, 42(1-2): 5-7.

Graedel T E. 2019. Material flow analysis from origin to evolution[J]. Environmental Science & Technology, 53(21): 12188-12196.

Graedel T E, Allwood J M, Birat J P, et al. 2011. What do we know about metal recycling rates[J]? Journal of Industrial Ecology, 15(3): 355-366.

Graedel T E, Beers D, Bertram M, et al. 2005. The multilevel cycle of anthropogenic zinc[J]. Journal of Industrial Ecology, 9(3): 67-90.

Graedel T E, Cao J. 2010. Metal spectra as indicators of development[J]. Proceedings of the National Academy of Sciences of the United States of America, 107(49): 20905-20910.

Graedel T E, Fuse K, Gordon R, et al. 2002. The contemporary European copper cycle: the characterization of technological copper cycles[J]. Ecological Economics, 42(1-2): 9-26.

Graedel T E, van Beers D, Bertram M, et al. 2004. Multilevel cycle of anthropogenic copper[J]. Environmental Science & Technology, 38(4): 1242-1252.

Green J A. 2007. Aluminum Recycling and Processing for Energy Conservation and Sustainability[M]. Novelty: ASM International.

Han J, Xiang W N. 2013. Analysis of material stock accumulation in China's infrastructure and its regional disparity[J]. Sustainability Science, 8(4): 553-564.

Hansen E, Lassen C. 2002. Experience with the use of substance flow analysis in denmark[J]. Journal of Industrial Ecology, 6(3-4): 201-219.

Hao M, Wang P, Song L, et al. 2020. Spatial distribution of copper in-use stocks and flows in China: 1978-2016[J]. Journal of Cleaner Production, 261: 121260.

Hatayama H, Daigo I, Matsuno Y, et al. 2009. Assessment of the recycling potential of aluminum in Japan, the United States, Europe and China[J]. Materials Transactions, 50(3): 650-656.

Hatayama H, Yamada H, Daigo I, et al. 2007. Dynamic substance flow analysis of aluminum and its alloying elements[J]. Materials Transactions, 48(9): 2518-2524.

Heard R, Hendrickson C, McMichael F C. 2012. Sustainable development and physical infrastructure materials[J]. MRS Bulletin, 37(4): 389-394.

Heath G A, Mann M K. 2012. Background and reflections on the life cycle assessment harmonization project[J]. Journal of Industrial Ecology, 16: S8-S11.

Hong J, Zhou J, Hong J, *et al*. 2012. Environmental and economic life cycle assessment of aluminum-silicon alloys production: a case study in China[J]. Journal of Cleaner Production, 24: 11-19.

Hu X, Wang C, Lim M K, *et al*. 2020. Characteristics of the global copper raw materials and scrap trade systems and the policy impacts of China's import ban[J]. Ecological Economics, 172: 106626.

IAI. 2000. Life cycle inventory of the worldwide aluminium industry with regard to energy consumption and emissions of greenhouse gases[R]. London: International Aluminium Institute.

IAI. 2003. Life cycle assessment of aluminium: inventory data for the worldwide primary aluminum industry[R]. London: International Aluminium Institute.

IAI. 2007. Life cycle assessment of aluminium: inventory data for the worldwide primary aluminum industry[R]. London: International Aluminium Institute.

IAI. 2008. Pioneering a voluntary global industry sectoral approach[R]. London: International Aluminium Institute.

IAI. 2010. Results of the 2009 anode effect survey[R]. London: International Aluminium Institute.

IAI. 2014. Historical aluminium inventories (1973-2014) [R]: International Aluminium Institute.

IAI. 2015. Calculating direct GHG emissions from primary aluminum production calculation worksheets [EB/OL]. http://www.ghgprotocol.org/sites/default/files/ghgp/Aluminium%20Sector%20GHG%20Workbook%20-%20version%202_1_0.xls.[2019-10-10].

IAI. 2018. Sustainable bauxite mining guidelines[EB/OL]. https://international-aluminium.org/resource/sustainable-bauxite-mining-guidelines/[2021-05-06].

IAI. 2021a. Statistics[EB/OL]. https://international-aluminium.org/statistics[2022-04-20].

IAI. 2021b. Global cycle[EB/OL]. https://alucycle.world-aluminium.org/public-access/[2022-04-20].

IEA. 2009. Energy technology transitions for industry: strategies for the next industrial revolution[R]. Paris: International Energy Agency.

IEA. 2017. Energy technology perspectives 2017: catalysing energy technology transformations[R]. Paris: International Energy Agency.

IEA. 2019. World energy outlook 2019[R]. Paris: International Energy Agency.

ILCD. 2010. Handbook general guide for life cycle assessment detailed guidance[R]. Luxembourg: International Reference Life Cycle Data System.

IPCC. 2007. Climate change 2007: mitigation contribution of working group Ⅲ to the fourth assessment report of the intergovernmental panel on climate change[R]. Cambridge: The Intergovernmental Panel on Climate Change.

ISO. 2006. Environmental management life cycle assessment requirements and guidelines: geneve: 14044[S]. Geneve: International Organisation for Standardization (ISO).

Jang E, Hong S J, Jung J S, *et al*. 2009. Analysis of aluminum flow and stock in Korea[R]. Presented at Life Cycle Assessment Ⅸ "Toward the Global Life Cycle Economy", Boston, 2009.

Jeswani H K, Azapagic A, Schepelmann P, *et al*. 2010. Options for broadening and deepening the LCA approaches[J]. Journal of Cleaner Production, 18(2): 120-127.

Johnson J, Jirikowic J, Bertram M, *et al*. 2005. Contemporary anthropogenic silver cycle: a multilevel analysis[J]. Environmental Science & Technology, 39(12): 4655-4665.

Johnson J, Schewel L, Graedel T E. 2006. The contemporary anthropogenic chromium cycle[J]. Environmental Science & Technology, 40(22): 7060-7069.

Kapur A, Graedel T E. 2006. Copper mines above and below the ground[J]. Environmental Science &

Technology, 40(10): 3135-3141.
Kim H J, McMillan C A, Keoleian G A, et al. 2010. Greenhouse gas emissions payback for lightweighted vehicles using aluminum and high-strength steel[J]. Journal of Industrial Ecology, 14(6): 929-946.
Klöpffer W. 1996. Allocation rule for open-loop recycling in life cycle assessment[J]. The International Journal of Life Cycle Assessment, 1(1): 27-31.
Klöpffer W. 2009. Experiences with the critical review process of aluminium LCI data[J]. The International Journal of Life Cycle Assessment, 14(S1): 45-51.
Koch M, Harnisch J. 2002. CO_2 emissions related to the electricity consumption in the european primary aluminium production a comparison of electricity supply approaches[J]. The International Journal of Life Cycle Assessment, 7(5): 283-289.
Koltun P, Tharumarajah A, Grandfield J. 2009. Greenhouse emissions in primary aluminium smelter cast houses: a life cycle analysis[J]. Materials Science Forum, 630: 27-34.
Koltun P, Tharumarajah A, Ramakrishnan S. 2005. An approach to treatment of recycling in LCA study[C]. Sydney: The The fourth Australian LCA Conference.
Lambertides N, Savva C S, Tsouknidis D A. 2017. The effects of oil price shocks on U.S. stock order flow imbalances and stock returns[J]. Journal of International Money and Finance, 74: 137-146.
Lanzano T, Bertram M, de Palo M, et al. 2006. The contemporary European silver cycle[J]. Resources, Conservation and Recycling, 46(1): 27-43.
Larson E D. 2006. A review of life-cycle analysis studies on liquid biofuel systems for the transport sector[J]. Energy for Sustainable Development, 10(2): 109-126.
Lenzen M. 2000. Errors in conventional and input-output-based life-cycle inventories[J]. Journal of Industrial Ecology, 4(4): 127-148.
Lenzen M, Moran D, Kanemoto K, et al. 2013. Building eora: a global multi-region input-output database at high country and sector resolution[J]. Economic Systems Research, 25(1): 20-49.
Li Q, Zhang W, Li H, et al. 2017. CO_2 emission trends of China's primary aluminum industry: a scenario analysis using system dynamics model[J]. Energy Policy, 105: 225-235.
Licht C, Peiró L T, Villalba G. 2015. Global substance flow analysis of gallium, germanium, and indium: quantification of extraction, uses, and dissipative losses within their anthropogenic cycles[J]. Journal of Industrial Ecology, 19(5): 890-903.
Liu G, Bangs C E, Müller D B. 2011. Unearthing potentials for decarbonizing the U.S. aluminum cycle[J]. Environmental Science & Technology, 45(22): 9515-9522.
Liu G, Bangs C E, Müller D B. 2013. Stock dynamics and emission pathways of the global aluminium cycle[J]. Nature Climate Change, 3(4): 338-342.
Liu G, Müller D B. 2012. Addressing sustainability in the aluminum industry: a critical review of life cycle assessments[J]. Journal of Cleaner Production, 35: 108-117.
Liu G, Müller D B. 2013a. Mapping the global journey of anthropogenic aluminum: a trade-linked multilevel material flow analysis[J]. Environmental Science & Technology, 47(20): 11873-11881.
Liu G, Müller D B. 2013b. Centennial evolution of aluminum in-use stocks on our aluminized planet[J]. Environmental Science & Technology, 47(9): 4882-4888.
Liu L, Aye L, Lu Z, et al. 2006. Analysis of the overall energy intensity of alumina refinery process using unit process energy intensity and product ratio method[J]. Energy, 31(8-9): 1167-1176.
Liu W, Cui Z, Tian J, et al. 2018. Dynamic analysis of lead stocks and flows in China from 1990 to 2015[J]. Journal of Cleaner Production, 205: 86-94.
Liu Z, Geng Y, Adams M, et al. 2016. Uncovering driving forces on greenhouse gas emissions in China' aluminum industry from the perspective of life cycle analysis[J]. Applied Energy, 166:

253-263.
Løvik A N, Restrepo E, Müller D B. 2015. The global anthropogenic gallium system: determinants of demand, supply and efficiency improvements[J]. Environmental Science & Technology, 49(9): 5704-5712.
Mao J S, Dong J, Graedel T E. 2008. The multilevel cycle of anthropogenic lead[J]. Resources, Conservation and Recycling, 52(8-9): 1058-1064.
Marco O D, Lagioia G, Amicarelli V, et al. 2009. Constructing physical input-output tables with material flow analysis (MFA) data: bottom-up case studies[M]. In: Suh S. Handbook of Input-Output Economics in Industrial Ecology. Dordrecht: Springer: 161-187.
Martchek K. 2006. Modelling more sustainable aluminium[J]. The International Journal of Life Cycle Assessment, 11(1): 34-37.
McMillan C A. 2011. Modeling temporal aluminum material flows and greenhouse gas emissions to evaluate metals recycling allocation in life cycle assessment[D]. Ann Arbor: University of Michigan.
McMillan C A, Keoleian G A. 2009. Not all primary aluminum is created equal: life cycle greenhouse gas emissions from 1990 to 2005[J]. Environmental Science & Technology, 43(5): 1571-1577.
McMillan C A, Moore M R, Keoleian G A, et al. 2010. Quantifying U.S. aluminum in-use stocks and their relationship with economic output[J]. Ecological Economics, 69(12): 2606-2613.
Melo M T. 1999. Statistical analysis of metal scrap generation: the case of aluminium in Germany[J]. Resources, Conservation and Recycling, 26(2): 91-113.
Menzie W D, Barry J J, Bleiwas D I, et al. 2010. The global flow of aluminum from 2006 through 2025[R]. Reston: U.S. Geological Survey.
Meyer F M. 2004. Availability of bauxite reserves[J]. Natural Resources Research, 13(3): 161-172.
Miatto A, Schandl H, Forlin L, et al. 2019. A spatial analysis of material stock accumulation and demolition waste potential of buildings: a case study of Padua[J]. Resources, Conservation and Recycling, 142: 245-256.
Michaelis P, Jackson T. 2000. Material and energy flow through the UK iron and steel sector. Part 1: 1954-1994[J]. Resources, Conservation and Recycling, 29(1-2): 131-156.
Milford R L, Allwood J M, Cullen J M. 2011. Assessing the potential of yield improvements, through process scrap reduction, for energy and CO_2 abatement in the steel and aluminium sectors[J]. Resources, Conservation and Recycling, 55(12): 1185-1195.
Modaresi R, Müller D B. 2012. The role of automobiles for the future of aluminum recycling[J]. Environmental Science & Technology, 46(16): 8587-8594.
Moors E H. 2006. Technology strategies for sustainable metals production systems: a case study of primary aluminium production in The Netherlands and Norway[J]. Journal of Cleaner Production, 14(12-13): 1121-1138.
Müller D B. 2006. Stock dynamics for forecasting material flows: case study for housing in the Netherlands[J]. Ecological Economics, 59(1): 142-156.
Müller D B, Wang T, Duval B, et al. 2006. Exploring the engine of anthropogenic iron cycles[J]. Proceedings of the National Academy of Sciences of the United States of America, 103(44): 16111-16116.
Müller D B, Wang T, Duval B. 2011. Patterns of iron use in societal evolution[J]. Environmental Science & Technology, 45(1): 182-188.
Müller E, Hilty L M, Widmer R, et al. 2014. Modeling metal stocks and flows: a review of dynamic material flow analysis methods[J]. Environmental Science & Technology, 48(4): 2102-2113.
Murakami S. 2006. Material flows and stocks of metals surrounding Japan[C]. Sendai: The Symposium on Advanced Material Flow.

Nakajima K, Osuga H, Yokoyama K, et al. 2008. Material flow analysis of aluminum dross and environmental assessment for its recycling process[J]. Journal of the Japan Institute of Metals, 72(1): 1-7.

Nappi C. 2013. The global aluminium industry: 40 years from 1972[R]. London: International Aluminium Institute.

Newman P. 1996. Reducing automobile dependence[J]. Environment and Urbanization, 8(1): 67-92.

Norgate T. 2009. Assessing the sustainability of aluminium and steel production using exergetic life cycle assessment[EB/OL]. http://conference.alcas.asn.au/2009/Norgate%20paper.pdf[2010-01-03].

Norgate T, Haque N. 2010. Energy and greenhouse gas impacts of mining and mineral processing operations[J]. Journal of Cleaner Production, 18(3): 266-274.

Norgate T, Jahanshahi S. 2011. Reducing the greenhouse gas footprint of primary metal production: where should the focus be[J]? Minerals Engineering, 24(14): 1563-1570.

Norgate T, Lovel R. 2004. Water use in metal production: a life cycle perspective[R]. Clayton South: Commonwealth Scientific and Industrial Research Organization.

Oda T, Daigo I, Matsuno Y, et al. 2010. Substance flow and stock of chromium associated with cyclic use of steel in Japan[J]. ISIJ International, 50(2): 314-323.

OECD. 2019. Measuring distortions in international markets the aluminium value chain[R]. Paris: OECD.

Olivieri G, Romani A, Neri P. 2006. Environmental and economic analysis of aluminium recycling through life cycle assessment[J]. International Journal of Sustainable Development & World Ecology, 13(4): 269-276.

Ootani M, Onoye T, Miyazaki M. 2002. Life cycle inventory of aluminum wrought products for various usage[C]. Tsukuba: The 5th International Conference on Ecobalance, LCA Research Committee.

Pacala S, Socolow R. 2004. Stabilization wedges: solving the climate problem for the next 50 years with current technologies[J]. Science, 305(5686): 968-972.

Pauliuk S, Milford R L, Müller D B, et al. 2013. The steel scrap age[J]. Environmental Science & Technology, 47(7): 3448-3454.

Pauliuk S, Wang T, Müller D B. 2012. Moving toward the circular economy: the role of stocks in the Chinese steel cycle[J]. Environmental Science & Technology, 46(1): 148-154.

Pizzol M, Christensen P, Schmidt J, et al. 2011. Impacts of "metals" on human health: a comparison between nine different methodologies for life cycle impact assessment (LCIA)[J]. Journal of Cleaner Production, 19(6-7): 646-656.

Plunkert P A. 2005. Aluminum recycling in the United States in 2000[R]. Washington, D.C.: U.S. Geological Survey.

Qu S, Guo Y, Ma Z, et al. 2019. Implications of China's foreign waste ban on the global circular economy[J]. Resources, Conservation and Recycling, 144: 252-255.

Rauch J N. 2009. Global mapping of Al, Cu, Fe, and Zn in-use stocks and in-ground resources[J]. Proceedings of the National Academy of Sciences of the United States of America, 106(45): 18920-18925.

Rebitzer G, Buxmann K. 2005. The role and implementation of LCA within life cycle management at Alcan[J]. Journal of Cleaner Production, 13(13-14): 1327-1335.

Recalde K, Wang J, Graedel T E. 2008. Aluminium in-use stocks in the state of Connecticut[J]. Resources, Conservation and Recycling, 52(11): 1271-1282.

Reck B K, Müller D B, Rostkowski K, et al. 2008. Anthropogenic nickel cycle: insights into use, trade, and recycling[J]. Environmental Science & Technology, 42(9): 3394-3400.

Reck B K, Rotter V S. 2012. Comparing growth rates of nickel and stainless steel use in the early 2000s[J]. Journal of Industrial Ecology, 16(4): 518-528.

Reyna J L, Chester M V. 2015. The growth of urban building stock: unintended lock-in and embedded environmental effects[J]. Journal of Industrial Ecology, 19(4): 524-537.

Roberts M J. 2003. Modified life cycle inventory of aluminium die casting[D]. Melbourne: Deakin University.

Rostkowski K, Rauch J, Drakonakis K, et al. 2007. "Bottom-up" study of in-use nickel stocks in New Haven, CT[J]. Resources, Conservation and Recycling, 50(1): 58-70.

Ryberg A, Ekvall T, Person L, et al. 1998. Life cycle assessment of packaging systems for beers and soft drinks: aluminium cans[R]. Copenhagen: Environmental Protection Agency.

Santero N J, Masanet E, Horvath A. 2011. Life-cycle assessment of pavements. part Ⅰ: critical review[J]. Resources, Conservation and Recycling, 55(9-10): 801-809.

Schipper B W, Lin H C, Meloni M A, et al. 2018. Estimating global copper demand until 2100 with regression and stock dynamics[J]. Resources, Conservation and Recycling, 132: 28-36.

Schlesinger M E. 2007. Aluminum Recycling[M]. Boca Raton: CRC Press.

Schmidt J, Helme N, Lee J, et al. 2008. Sector-based approach to the post-2012 climate change policy architecture[J]. Climate Policy, 8(5): 494-515.

Schmidt J, Thrane M. 2009. Life cycle assessment of aluminium production in new Alcoa smelter in Greenland[EB/OL]. http://uk.nanoq.gl/Emner/News/News_from_Government/2009/09/w/media/274FEC1E8D684F21808A5667896D755A.ashx[2010-01-09].

Schrynmakers P D. 2009. Life cycle thinking in the aluminium industry[J]. The International Journal of Life Cycle Assessment, 14(S1): 2-5.

Schwarz H G. 2008. Technology diffusion in metal industries: driving forces and barriers in the German aluminium smelting sector[J]. Journal of Cleaner Production, 16(1): S37-S49.

Schwarz H G, Briem S, Zapp P. 2001. Future carbon dioxide emissions in the global material flow of primary aluminium[J]. Energy, 26(8): 775-795.

Seppälä J, Koskela S, Melanen M, et al. 2002. The finnish metals industry and the environment[J]. Resources, Conservation and Recycling, 35(1-2): 61-76.

Sibley S F. 2011. Overview of flow studies for recycling metal commodities in the United States [EB/OL]. http://pubs.usgs.gov/circ/circ1196-AA/[2012-02-17].

Sirkin T, ten Houten M. 1994. The cascade chain[J]. Resources, Conservation and Recycling, 10(3): v-vi.

Song L, Wang P, Hao M, et al. 2020a. Mapping provincial steel stocks and flows in China: 1978-2050[J]. Journal of Cleaner Production, 262: 121393.

Song L, Wang P, Xiang K, et al. 2020b. Regional disparities in decoupling economic growth and steel stocks: forty years of provincial evidence in China[J]. Journal of Environmental Management, 271: 111035.

Soria A, Luo Z. 2008. Prospective study of the world aluminium industry[R]. Luxembourg: Joint Research Centre, Institute for Prospective Technological Studies.

Spatari S, Bertram M, Fuse K, et al. 2002. The contemporary European copper cycle: 1 year stocks and flows[J]. Ecological Economics, 42(1-2): 27-42.

Spatari S, Bertram M, Fuse K, et al. 2003. The contemporary European zinc cycle: 1-year stocks and flows[J]. Resources, Conservation and Recycling, 39(2): 137-160.

Steen-Olsen K. 2009. Environmental assessment of aluminium production in Europe: current situation and future scenarios[D]. Trondheim: Norwegian university of science and technology.

Steinberger J K, Roberts J T, Peters G P, et al. 2012. Pathways of human development and carbon emissions embodied in trade[J]. Nature Climate Change, 2(2): 81-85.

Suh S, Huppes G. 2005. Methods for life cycle inventory of a product[J]. Journal of Cleaner Production, 13(7): 687-697.

Sullivan D E. 2005. Metal stocks in use in the United States[R]. Washington, D.C.: U.S. Geological Survey.

Sverdrup H U, Ragnarsdottir K V, Koca D. 2015. Aluminium for the future: modelling the global production, market supply, demand, price and long term development of the global reserves[J]. Resources, Conservation and Recycling, 103: 139-154.

Takahashi K I, Terakado R, Nakamura J, et al. 2010. In-use stock analysis using satellite nighttime light observation data[J]. Resources, Conservation and Recycling, 55(2): 196-200.

Tan R B, Khoo H H. 2005. An LCA study of a primary aluminum supply chain[J]. Journal of Cleaner Production, 13(6): 607-618.

Tanikawa H, Managi S, Lwin C M. 2014. Estimates of lost material stock of buildings and roads due to the great east Japan earthquake and tsunami[J]. Journal of Industrial Ecology, 18(3): 421-431.

Tharumarajah A. 2008. Benchmarking aluminium die casting operations[J]. Resources, Conservation and Recycling, 52(10): 1185-1189.

The Carbon Trust. 2011. International carbon flows: aluminium[R]. London: The Carbon Trust.

Troyes University of Technology. 2009. Recycling rates of aluminium from end-of-life commercial vehicles: four case studies[EB/OL]. http://www.eaa.net/upl/4/en/doc/Recycling%20rates%20of%20aluminium%20from%20EOL%20commercial%20vehicles.pdf[2010-08-20].

Ulgiati S, Raugei M, Bargigli S. 2006. Overcoming the inadequacy of single-criterion approaches to life cycle assessment[J]. Ecological Modelling, 190(3-4): 432-442.

UN. 2017. World population prospects: the 2017 revision. Volume Ⅱ: demographic profiles[R]. New York: Population Division, Department of Economic and Social Affairs, United Nations.

UNEP. 2010. Metal stocks in society-scientific synthesis[R]. Paris: United Nations Environment Programme.

UNEP. 2020. Goal 12: ensure sustainable consumption and production patterns[EB/OL]. https://www.unenvironment.org/explore-topics/sustainable-development-goals/why-do-sustainable-development-goals-matter/goal-12[2021-12-01].

USGS. 2005. Aluminum stocks in use in automobiles in the United States[EB/OL]. http://pubs.usgs.gov/fs/2005/3145/fs2005_3145.pdf[2006-05-18].

USGS. 2006. Aluminium end-use statistics[EB/OL]. http://minerals.usgs.gov/ds/2005/140/aluminum-use.xls[2009-07-30].

USGS. 2010. Bauxite and Alumina Statistics and Information[EB/OL]. https://www.usgs.gov/centers/national-minerals-information-center/bauxite-and-alumina-statistics-and-information[2010-10-02].

USGS. 2011. Minerals yearbook 2010: bauxite, alumina, and aluminium[R]. Washington, D.C.: U.S. Geological Survey.

USGS. 2021. Mineral commodity summaries 2021[EB/OL]. https://pubs.er.usgs.gov/publication/mcs2021 [2021-05-06].

Van der Voet E, Lifset R J, Luo L. 2010. Life-cycle assessment of biofuels, convergence and divergence[J]. Biofuels, 1(3): 435-449.

Van der Voet E, van Oers L, Nikolic I. 2004. Dematerialization: not just a matter of weight[J]. Journal of Industrial Ecology, 8(4): 121-137.

Van der Voet E. 2002. Substance flow analysis methodology[M]. In: Ayres R U, Ayres L W. A handbook of Industrial Ecology. Cheltenham: Edward Elgar Publishing Limited: 91-101.

Villanueva A, Wenzel H. 2007. Paper waste: recycling, incineration or landfilling? A review of existing life cycle assessments[J]. Waste Management, 27(8): S29-S46.

Wang J, Graedel T E. 2010. Aluminum in-use stocks in China: a bottom-up study[J]. Journal of Material Cycles and Waste Management, 12(1): 66-82.

Wang Q C, Wang P, Qiu Y, et al. 2020. Byproduct surplus: lighting the depreciative europium in China's rare earth boom[J]. Environmental Science & Technology, 54(22): 14686-14693.

Wang T, Müller D B, Graedel T E. 2007. Forging the anthropogenic iron cycle[J]. Environmental Science & Technology, 41(14): 5120-5129.

Werner F. 2005a. Development of the value-corrected substitution for aluminium windows[M]. In: Werner F. Ambiguities in Decision-Oriented Life Cycle Inventories. Berlin/Heidelberg: Springer-Verlag: 181-197.

Werner F. 2005b. Material and market characteristics of aluminium[M]. In: Werner F. Ambiguities in Decision-Oriented Life Cycle Inventories. Berlin/Heidelberg: Springer-Verlag: 169-180.

Werner F, Richter K. 2000. Economic allocation in LCA: a case study about aluminium window frames[J]. The International Journal of Life Cycle Assessment, 5(2): 79-83.

Williams E D, Weber C L, Hawkins T R. 2009. Hybrid framework for managing uncertainty in life cycle inventories[J]. Journal of Industrial Ecology, 13(6): 928-944.

Wolman A. 1965. The metabolism of the city[J]. Scientific American, 213(3): 179-193.

WorldAutoSteel. 2010. Life cycle assessment case study demonstrates automotive material green house gas comparison[R]. Brussels: World Steel Association.

Yellishetty M, Ranjith P G, Tharumarajah A, et al. 2009. Life cycle assessment in the minerals and metals sector: a critical review of selected issues and challenges[J]. The International Journal of Life Cycle Assessment, 14(3): 257-267.

Yue Q, Wang H, Lu Z, et al. 2014. Analysis of anthropogenic aluminium cycle in China[J]. Transactions of Nonferrous Metals Society of China, 24(4): 1134-1144.

Yue Q, Wang H, Lu Z. 2012. Quantitative estimation of social stock for metals Al and Cu in China[J]. Transactions of Nonferrous Metals Society of China, 22(7): 1744-1752.

Zamagni A, Buttol P, Porta P L, et al. 2008. Critical review of the current research needs and limitations related to ISO-LCA practice: deliverable D7 of work package 5 of the CALCAS project[EB/OL]. http://www.leidenuniv.nl/cml/ssp/publications/calcas_report_d7.pdf[2010-01-05].

Zhang C, Chen W Q, Liu G, et al. 2017. Economic growth and the evolution of material cycles: an analytical framework integrating material flow and stock indicators[J]. Ecological Economics, 140: 265-274.

Zhang Y, Sun M, Hong J, et al. 2016. Environmental footprint of aluminum production in China[J]. Journal of Cleaner Production, 133: 1242-1251.

Zhou N, Fridley D, Khanna N Z, et al. 2013. China's energy and emissions outlook to 2050: perspectives from bottom-up energy end-use model[J]. Energy Policy, 53: 51-62.

Zink T, Geyer R, Startz R. 2018. Toward estimating displaced primary production from recycling: a case study of U.S. aluminum[J]. Journal of Industrial Ecology, 22(2): 314-326.